本书系天津市哲学社会科学规划项目
“生态社会主义的生态正义观研究”（TJZX15-006）”的结项成果

生态社会主义的正义观研究

SHENGTAI SHEHUI ZHUYI DE ZHENGYIGUAN YANJIU

王桂艳——著

天津社会科学院出版社

图书在版编目（CIP）数据

生态社会主义的正义观研究 / 王桂艳著. -- 天津 : 天津社会科学院出版社, 2023.5
ISBN 978-7-5563-0884-2

Ⅰ. ①生… Ⅱ. ①王… Ⅲ. ①生态社会主义－研究 Ⅳ. ①D091.6

中国国家版本馆CIP数据核字(2023)第082054号

生态社会主义的正义观研究
SHENGTAI SHEHUIZHUYI DE ZHENGYIGUAN YANJIU
选题策划：韩 鹏
责任编辑：吴 琼
责任校对：李思文
装帧设计：高馨月
出版发行：天津社会科学院出版社
地　　址：天津市南开区迎水道7号
邮　　编：300191
电　　话：（022）23360165
印　　刷：北京建宏印刷有限公司
开　　本：787×1092　1/16
印　　张：14.75
字　　数：205千字
版　　次：2023年5月第1版　2023年5月第1次印刷
定　　价：78.00元

目 录

绪　论　关于几个问题的说明

> 烟雾和灰尘弥漫在城市的上空。许多人惊讶于这些关于空气污染的记载，尽管那时的污染程度无疑比现在轻得多，但那毕竟发生于几千年前没有工业污染也没有汽车尾气排放的时代，仅仅是由于人类活动而引起如此之恶劣的空气状况。①
>
> ——唐纳德·休斯

没有人与自然和谐的存在状态，黄金时代的辉煌显然不能延续太久！

1962年，蕾切尔·卡森（Rachel Carson）《寂静的春天》一书出版，这让处于文明进程中的人们感到恐惧——恐惧人类活动招致的恶劣生态环境状况。征战自然，本是人类文明的起点，却成了自我毁灭的终点。刚开始是人们对自然资源的过度索取以致耗尽本土资源，现在人们开始扩增生态资源范围和挖掘深度，新一轮生态征战离毁灭一段文明已经不远了。借用休斯的话来说：生态意义上的失败，交织着社会、政治和经济的不利因素，致使雅典经历了文明阶段的灾难性衰

① ［美］J·唐纳德·休斯.世界环境史：人类在地球生命中的角色转变 第2版［M］.赵长凤，王宁，张爱萍，译.北京：电子工业出版社，2014：72.

落①。显然,我们正在经历同样的事情。资本主义的"黄金时代"打破了人与自然的平衡状态,有限的生态资源与生产的无限扩大之间的矛盾不断加剧,一系列社会正义问题随之而来——全球范围内的资源掠夺与污染转移、经济利益的公正分配与责任的平等承担、政治权利的民主保障以及社会权益的公正获取,等等。生态问题已然不再只关心生态本身,而更关乎社会正义之情势。为此,西方绿色分子开始宣传生态原教旨主义、生态女性主义、生态现实主义、生态自由主义等,试图通过社会的生态化操作防治生态危机。生态社会主义便是其中之一。

一、何谓生态社会主义

"生态学马克思主义"这一概念最早是本·阿格尔(Ben·Agger)在《西方马克思主义概论》中使用的,之后成为学术界普遍接受的话语;与此同时,西方生态运动中涌现出生态社会主义的说法。国内出版的专著和论文中也经常看到生态学社会主义、生态学马克思主义或生态马克思主义等相关概念。在此,本书并不关心译者在概念用法上的习惯使然,而是聚焦于用语之间理论主旨、概念内涵有别之处,需要勘定的是"生态社会主义"和"生态马克思主义"。按照学者郇庆治的观点,生态社会主义是一种与生态自治主义相对应的生态政治理论流派与运动,指的是马克思、恩格斯之后特别是当代马克思主义者和社会主义理论家依据生态环境问题政治意义日渐突出的事实而逐渐形成的、在社会主义视角下对生态环境问题的政治理论分析与实践应对②。显而易见,郇庆治试图将生态马克思主义的理论、红绿政治的联合以及生态实践运动都纳入生态社会主义的框架结构之中,即从更为广义的层面来理解"生态社会主义"。在他看来,生态马克思主义旨在阐明马克思主义理论及其传统对于人类目前面临的生态环境难题的相关性,并因而构成了广义的生态社会主义研究的主要理论基础③;红绿政治运动理论重在探讨环境政治学者如何从生态社会主义视角来看生态运动和绿党,而生

① [美]J·唐纳德·休斯.世界环境史:人类在地球生命中的角色转变 第2版[M].赵长凤,王宁,张爱萍,译.北京:电子工业出版社,2014:74.

② 郇庆治主编.重建现代文明的根基:生态社会主义研究[M].北京:北京大学出版社,2010:2.

③ 郇庆治主编.重建现代文明的根基:生态社会主义研究[M].北京:北京大学出版社,2010:2.

态运动与绿党又如何看待生态社会主义理论对它们行动战略与实践的影响①。青年学者蔡华杰将郇庆治的观点概括如下表：

<table>
<tr><th colspan="3">生态社会主义的构成生态社会主义的构成②</th></tr>
<tr><td rowspan="5">生态社会主义（广义）</td><td rowspan="2">生态马克思主义</td><td>马克思的生态学</td></tr>
<tr><td>生态学马克思主义</td></tr>
<tr><td>生态社会主义（狭义）</td><td></td></tr>
<tr><td rowspan="2">“红绿”政治运动理论</td><td>社会主义视角下的绿色运动和绿党</td></tr>
<tr><td>生态运动和绿党对社会主义的回应</td></tr>
</table>

当然，对于“生态社会主义”这一概念国内学界还有多种其他解释，例如陈学明等学者认为，生态社会主义的概念内涵更广，包括生态马克思主义，但是这里的生态社会主义与生态马克思主义两者并非完全相同，只有具有马克思主义倾向的人才是生态马克思主义者，这就把非马克思主义倾向的生态理论家排除在生态马克思主义阵营之外。本书以为，郇庆治的解释更贴近西方学术语境，且相对合理。理由在于以下三个方面：

(1)这种解释更好地划分了广义和狭义的生态社会主义。广义的生态社会主义包括生态马克思主义、“红绿”政治运动理论以及狭义生态社会主义；狭义的生态社会主义指的是对现代生态环境难题的社会主义政治理论分析和一种未来绿色社会的制度设计及其实现。它的核心性问题是论证现代生态环境问题的资本主义制度根源和未来社会主义社会与生态可持续性原则的内在相容性③；

(2)这种解释恰到好处地区分了生态社会主义阵营内的学术共同体。以詹姆斯·奥康纳(James O' Connor)等为代表的学术共同体明确地高扬自我的生态社会主义身份，而以约翰·贝拉米·福斯特(John Bellamy Foster)等为代表的学

① 郇庆治主编.重建现代文明的根基：生态社会主义研究[M].北京：北京大学出版社，2010：13.
② 蔡华杰.当代生态社会主义发展观研究[D].福州：福建师范大学，2013：8.
③ 郇庆治主编.重建现代文明的根基：生态社会主义研究[M].北京：北京大学出版社，2010：6.

术共同体尽管具有未来社会的社会主义制度倾向,但从未以“生态社会主义者”的身份自居。

(3)这种解释不仅把生态社会主义看成一种较有影响的社会思潮,更将其当作改变当前恶劣生态环境的政治实践运动。

基于此,本书的行文安排将以广义的生态社会主义为据,叙事说理。

二、何谓正义

“正义”(justice)一词出自古希腊文,最初是以神话的形式表述,指直线平放之物,一切事物皆以此为序,意指真实、公平的原则。而最早以书面形式表达这一概念的是荷马史诗《伊利亚特》和《奥德赛》中的“dikē”一词,意指按照一定的自然和社会秩序行事,后被译为英文的“justice”。① 正义的原初内涵意在指明人的外在规定性。而后,梭伦认为,正义不仅关乎人的外在尺度,更关涉自身德性(苏格拉底与此同出一辙),并把正义理解为“应该得到”。即是说,正义是必须遵守的伦理原则,它是调整和约束人与人关系的价值准则。在此,我们得到的是关于正义的内在指向(伦理指向)。随后,柏拉图将“正义”引入政治领域,将其分为城邦正义与个人正义,城邦正义要求城邦成员各司其职、互不干预;个人正义则是人的理智与欲望的和谐状态。显然,柏拉图已不再满足于正义的外在规定性和内在指向,试图在“城邦”这个综合场域来建构正义的基本内涵,即正义是一个社会的政治概念。基于此,本书认为,“正义”一词在古希腊时期就有了自然的、伦理的和社会(政治)的价值指向。在中世纪宗教神学体系中,基于物质世界和精神世界的逻辑颠倒,正义已然成为一种服从关系——人对上帝的绝对服从,这种服从关系又以《圣经》为基本的判断标准。埃德加·博登海默(Edgar Bodenheimer)在《法理学:法律哲学与法律方法》一书中说,阿奎那所说的正义,实质上说的是“一种习惯,依据这种习惯,一个人以一种永恒不变的意志使每个人获得

① [美]阿拉斯戴尔·麦金太尔.谁之正义?何种合理性?[M].万俊人,等译.北京:当代中国出版社,1996:19-20.

其应得的东西”①。文艺复兴之后,人们开始不断反省宗教对人的压制性,试图把人从神权统治中解放出来,实现从信仰神到尊重人的转变。关于正义的种种学说兴盛于此:“有其所有,偿其所负”是基本的正义原则(格劳秀斯),“个人之物归个人”即为正义(斯宾诺莎),遵从人之理性即为正义(洛克),彼此意志统一且行为和谐即为正义(康德),等等。显然,欧洲中世纪直至近代,圣人先贤重在探讨正义的超验层面,但有关正义的经验层面(抑或社会层面)的关注稍有欠缺。随着罗尔斯(John Rawls)《正义论》的出版,这种境况逐渐得到改善。在《正义论》一书中,罗尔斯明确指出:“正义是社会制度的首要德性,正像真理是思想体系的首要德性一样……在一个正义的社会里,平等公民的各种自由是确定不移的,由正义所保障的权利决不受制于政治的交易或社会利益的权衡。”②显然,罗尔斯对正义所作的政治学阐释与马克思的“正义”并不那么相符合。在马克思主义看来,正义既是一个历史范畴,也是一个阶级范畴,正义的本质从根本上讲是与生产方式、人类文明发展趋势相一致的社会关系,它表明了个体与社会之间的矛盾运动的张力,其价值在于满足个体和社会的需求,维持两者的动态平衡关系,从而保证社会的正常运转。可见,正义是一种和谐的价值关系。更明确地说,马克思主义的正义概念并不是一个单一概念,而是一个由经济(自由、平等)、政治(民主、法治)、社会(公正)等各领域综合搭建的社会概念。在此,廓清正义与其相关概念间的异同是必要的。

正义与平等 阶级社会以来,“平等”的观念一直存在,从财富的分配、社会地位的差别到权利的占有、程序的运用,“平等”在各个领域均存在,是“正义问题”的核心。但是,人们所持有的“平等”观念实际上是相当不同的,在不同时期的侧重点也有所不同,而且平等作为正义问题的核心内容应该是一个多层概念。因此,我们将要讨论的平等的基本内涵是正义范围内的平等。也就是说正义与

① [美]E. 博登海默. 法理学:法律哲学与法律方法[M]. 邓正来,译. 北京:中国政法大学出版社,1999:265.

② [美]约翰·罗尔斯. 正义论修订版[M]. 何怀宏,何包钢,廖申白,译. 北京:中国社会科学出版社,2009:3.

平等都是一种价值关系,但分殊有别。“平等”(equality)一词可被理解为“无差别”“相等”“一般”等,是指在经济、政治、社会、法律等领域中,对象性双方不因程度、价值、质量、性质、能力或状况差异而区别对待,而是具有同等地位,享受同等权利。正如恩格斯指出:“一切人,作为人来说,都有某些共同点,在这些共同点所及的范围内,他们是平等的,这样的观念自然是非常古老的。但是现代的平等要求与此完全不同;这种平等要求更应当是从人的这种共同特性中,从人就他们是人而言的这种平等中引申出这样的要求:一切人,或至少是一个国家的一切公民,或一个社会的一切成员,都应当有平等的政治地位和社会地位。”①因而,“平等”依然重在表明人与人之间的对等关系,并且,它不仅反映了这种对等关系的道德旨趣,更侧重约束对等关系的法律规制。正义与平等都是一种价值关系。但是,两者之差异也是显而易见的:其一,就范畴大小而言,正义范畴要大于平等范畴,即正义包含平等;其二,正义是一个普遍性概念,而平等更多的是一个政治、法律概念;其三,平等需要接受正义的规制。按照戴维·米勒(David Miller)所说:正义是一种社会美德——它告诉我们如何安排我们的关系,相互之间怎样行动才是正当的②,“平等的要求应当服从于大多数人的共同利益,如果争取平等的结果却是对社会总体利益的损害,那么就不是正义的”③。

正义与自由 正义是自由的限度。“自由”(Liberta,古拉丁语)一词与“解放”同义,指从自然、经济关系、宗教关系束缚中解放出来,从而实现人格上的独立,因而“自由即有权做一切无害于他人的任何事情”(1789 年《人权宣言》第四条)。在心理学上,自由是按照自己的意愿做事,不受外界的强制和干涉;在社会学上,自由是不侵害他人的善的行为;在法律上,自由是不违法。总体而言,现实生活中,自由是历史的产物,也只能予以历史地说明。我们通常说,人类自诞生以来,无时无刻不处于某种不自由的束缚之中,却又无限向往自由,因此,从这个

---

① 中共中央马克思恩格斯列宁斯大林著作编译局. 马克思恩格斯选集(第 3 卷)[M]. 北京:人民出版社,2012:480.

② [英]戴维·米勒. 社会正义原则[M]. 应奇,译. 南京:江苏人民出版社,2008:25 -26.

③ 李冬梅. 马克思正义观及其当代意义[D]. 沈阳:辽宁大学,2014:27.

意义上讲,人类的发展进程就是不断追求自由的过程,也是不断消解不自由的过程,这就是马克思主义所强调的从必然王国向自由王国的飞跃。同时,人类追求自由这一活动本身需要以某种程度的自由为基础,因此,自由就是对不自由的消解活动,这种对不自由的消解活动是按照“一定规则”行事的属己行为。此处,“一定规则”就是自由的边界,就是正义。简言之,正义是自由的限度。正如阿德勒所言,在正义与自由的从属关系中,“正义具有最高的价值……我们必须求助于正义才能纠正在自由和平等方面出现的错误”①。如同平等需要接受正义的规制那样,自由同样需要得到正义的调节和限制。

正义与公正 正义是公正价值的正当性的判断标准。《辞源》对于公正的解释是:“不偏私,正直”,即不偏不倚,这就意味着需要一个“公”道与“正”道作为标准,才能进行是否“公”、是否“正”的价值判断。《现代汉语词典》中,“公正”是指公平正直、没有偏向;“正义”是指公正的、有利于人民的(道理)。② 可见,公平与正义的结果必然是向善的,有利于人们的。胡海波在《正义的追寻》一书中说,“人在其历史发展过程中对于权力、财富、功利、权利、美德等生活价值的追求,只有在符合人对自身的本质追求时才是正义的,否则就注定要陷于不正义之中”。③即是说,虽然公正带有明显的价值取向,但正义才是判断这种价值取向正当性的标准。在一定程度上,正义与公正的属种关系表明正义比公正更有理想性,更有利于人们向善。

综上所述,正义是一种和谐的价值关系,包含平等、自由、民主、公正等价值观念,因而是一个普遍性的社会概念。既然正义是一个普遍性的社会概念,那么它自身就一定暗含了“属加种差”的框架结构,包括制度正义、环境正义、分配正义和生产正义等。廓清正义与相关概念之间的异同,就有了考辨生态社会主义

---

① [美]摩狄曼·J.阿德勒.六大观念:真善美、自由、平等、正义[M].陈珠泉,杨建国,译.北京:团结出版社,1989:140.

② 中国社会科学院语言研究所词典编辑室编.现代汉语词典修订本[M].北京:商务印书馆,1996:1607.

③ 胡海波.正义的追寻:人类发展的理想境界[M].长春:东北师范大学出版社,1997:24.

“正义”的基础和方向。需要继续追问的是,生态社会主义语境中的正义是何种正义呢?

三、环境正义抑或社会正义?

环境正义问题肇始于发达国家环境伦理、环境运动的蓬勃发展与其环境治理责任缺失之间的矛盾。“1983 年在美国东南部的一项研究也显示其所调查区域的有毒废物处理地的四分之三都位于以非裔美国人为主导的社区。尽管这种调查是抽样的,但它揭示了美国环境政策受到种族主义影响的这一明显事实”①。基于此,美国以及全球性的环境组织将经济正义和种族问题放置于环境问题的分析之中,正式提出环境正义问题。1994 年,美国政府在其发布的环境正义执行令中试图去除不利于少数民族群体和低收入群体健康的环境项目和政策。

在《环境正义:发展中国家环境伦理问题探究》一书中,曾建平指出:“‘环境正义’或‘环境公正’(environmental justice)在广义上是指人与自然之间实施正义的可能性问题,即种际正义;狭义上包含两层含义:一是指所有主体都应该拥有平等享用环境资源、清洁环境而不遭受资源限制和不利环境伤害的权利,二是指享用环境权利与承担环境保护义务的统一性,即环境利益上的社会公正。”②尽管两种定义稍有差别,但有一个核心内涵已经被共同接受,即环境利益与负担的公平分配。“在环境正义的语境里,环境是一种在社会成员中进行分配的物品。而所谓的环境正义(environment justice),并非是‘对环境的正义’(justice to the environment),而是指环境利益或负担在人群中的分配正义。”③既然环境正义的主旨内涵表明了环境利益与负担的分配关系,那么它就不只是关照生态环境本身,而是涉及更多、范围更广。这就是说,我们不能像利奥波德的“大地伦理”那样——把自然当作人类社会发展的限度和标尺,仅仅从环境领域来考察环境正义,仅仅把目光聚焦在狭窄的荒野保存以及环境管理的技术方面;而是要在人与

---

① 马晶. 环境正义的法哲学研究[D]. 长春:吉林大学,2005:7.

② 曾建平. 环境正义:发展中国家环境伦理问题探究[M]. 济南:山东人民出版社,2007:9.

③ 马晶. 环境正义的法哲学研究[D]. 长春:吉林大学,2005:11.

自然、人与人、人与社会的关系之中,考察环境资源的公正分配与环境防治责任的平等承担。

结论是清楚的,环境正义的核心问题不在于自然,而在于社会;环境正义的核心是社会正义。克利福德·雷奇沙芬(Clifford Rechtschaffen)等在《环境正义》(*Environmental Justice*)一书中说:"威胁当地居民健康和几乎不提供直接经济利益的不良土地资源利用方式,对社区的生活质量、发展潜力和观念都产生了负面影响,并可能导致进一步的社会和经济退化。"①环境正义的价值就在于它将与环境有关的所有要素统统整合进社会领域,这样环境正义问题就变成了社会问题,是社会正义的一部分。例如,在工业社会当中,由于不同个人抑或群体掌握财富的多寡不一,那么他/他们所处的环境地位就不相同,经济因素便成为环境正义问题的决定性因素。"某一个影响环境负担分配的具体决策,尽管在表面上可能仅仅是对于相关区域和人群的个别不正义,但假如考虑到支配所有理性经济人进行大量类似决策的经济逻辑的普遍性,那么,这种不正义就是一种社会的不正义。"②除此之外,我们还可用政治、民族、宗教、社会、伦理、法律等方面的资料加以论证和说明,但是我们的基本观点不会发生改变。

现在,我们来考察生态社会主义视域中的"正义"是否同样如此。马克·史密斯(Mark J. Smith)和皮亚·庞萨帕(Piya Pangsapa)在《环境与公民权:整合正义、责任与公民参与》一书中指出:环境议题从来就有并且还会继续具有一个社会正义的维度,而由于环境难题是由发展带来的,所以它们不可能与劳动和社会福利的议题轻易地或者说准确地分开③。生态社会主义认为,生态危机与资本主义生产方式、资本主义政治制度之间存在互生关系。资本从诞生那一刻起,就与自然、与人相对立。资本以穷竭式的逻辑方式对待自然,必将耗尽自身生产所必

---

① Clifford Rechtschaffen, Eileen Gauna, Catherine A. O' Neill. *Environmental Justice: Law, Policy, and Regulation (Second Edition)* [M]. Durham: Carolina Academic Press, 2009: 13.

② 马晶. 环境正义的法哲学研究[D]. 长春:吉林大学,2005:16.

③ [英]马克·史密斯,皮亚·庞萨帕. 环境与公民权:整合正义、责任与公民参与[M]. 侯艳芳,杨晓燕,译. 济南:山东大学出版社,2012:246.

需的生产条件,其严重后果是生态系统的彻底毁灭和资本主义制度的自我崩溃。改变或延缓危害后果的发展局势的唯一途径就是实现社会正义。在此,生态社会主义者把生态危机还原为人类的社会危机,并赋予生态危机与社会危机以内在的一致性。为了解决这种内在一致性的合法性问题,生态社会主义者逐步回到马克思主义的历史唯物主义当中,并在那里找到了答案。他们认为,环境正义之所以是社会正义,实质在于人类社会与自然是实践基础上的统一体。我们可以更明确地展示生态社会主义者将环境正义勘定为社会正义的图示(如下图)。

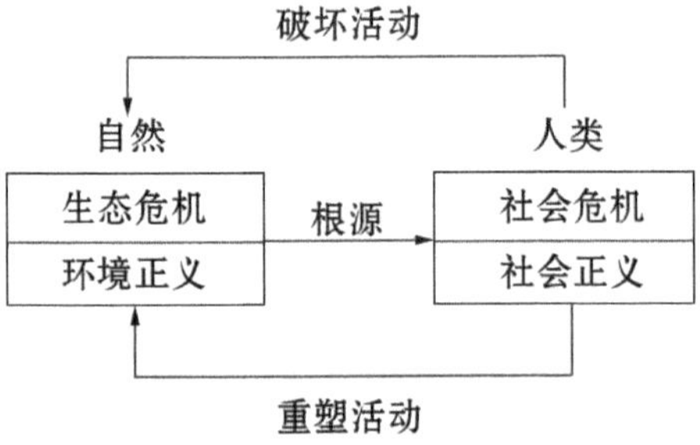

从生态社会主义对资本主义社会的非正义性的批判来看,不难发现,无论是对“资本的癌性增长”“非正义性生产”的批判,对政治制度反生态性的批判,还是对“控制自然观念”“消费主义价值观”抑或“科学技术的反生态性”的批判等,生态社会主义批判的焦点都在社会的非正义性。依据“环境正义的核心是社会正义”这一基本判断以及生态社会主义的理论家所批判的焦点问题,我们可以得出这样的观点:生态社会主义的正义是社会正义。

第一章
生态社会主义正义观的逻辑基点

罗尔斯在《正义论》一书中说："在目标互异的个人中间，一种共有的正义观建立起公民友谊的纽带，对正义的普遍欲望限制着对其他目标的追逐。"①即是说，一个良序的社会总是接受着公共的正义观的调节。环境议题同样如此。"环境是人类生活各方面关切的中心，这意味着，我们应该避免在环境议题和减少贫困之间划分界线，因为解决环境议题也要考虑社会的非正义。"②不巧，在全球性生态危机频发的情势中，我们离所谓的"公共的正义观"渐行渐远，这正是生态社会主义学者们回到正义问题的合法基点。

一、生态社会主义正义观的现实基点

理论源自现实的召唤。"一种理论，无论它多么精致和简洁，只要它不真实，就必须加以拒绝或修正。"③因此，理论分析的首要任务是回到现实，回到那个理论赖以构建的现实基点。生态社会主义通过对西方工业文明与全球生态危机的

① ［美］约翰·罗尔斯. 正义论（修订版）［M］. 何怀宏，何包钢，廖申白，译. 北京：中国社会科学出版社，2009：4.

② ［英］马克·史密斯，［英］皮亚·庞萨帕. 环境与公民权：整合正义、责任与公民参与［M］. 侯艳芳，杨晓燕，译. 济南：山东大学出版社，2012：246.

③ ［美］约翰·罗尔斯. 正义论（修订版）［M］. 何怀宏，何包钢，廖申白，译. 北京：中国社会科学出版社，2009：3.

反思，对苏联社会主义生态模式的批判，对当前生态社会运动与绿色政治改革进行经验总结，搭建了生态社会主义正义观的现实基点。

（一）西方工业文明与全球生态危机

20世纪60年代《寂静的春天》发表伊始，反思人类存续中的环境正义危机就成为社会的共同话题。回顾生态崩溃史，不难发现，环境正义危机与西方工业文明具有极高的同步性。在一定意义上，生态危机是工业文明的产物，人们急需对现存的文化体系进行反思和解构。在日益严重的生态危机面前，如何扬弃以人与自然的分裂与对立为特征的工业文明，走出一条人与自然和谐发展的可持续性生态文明之路，令生态社会主义者深思。工业文明将环境扩张下的利润增长看成是最高目标，正像恩格斯在《自然辩证法》中所说："到目前为止的一切生产方式，都仅仅以取得劳动的最近的、最直接的效益为目的。"①这种结果导致：一方面表现为工业化大生产所带来的生态与环境灾难，即生态视域中人与自然之间的非正义性；另一方面则是资本主义生产对人的压迫与剥削，即发展视域中人与人之间的非正义性。基于此，生态社会主义反思工业文明引发的生态正义问题便有了三种基本路向，一是测评工业化趋势中生态环境本身所具有的能力与限度问题——自然正义，二是将生态环境置于社会发展之中来思考人与自然的关系问题——社会正义，三是将生态环境置于人类史来思考工业社会中人与人的关系问题——人类正义。

其一，工业文明加剧了文明与自然的矛盾，引起生态社会主义对自然正义的不断反思。第二次工业革命以后，科学技术不仅推动了生产力的发展，更是促进了社会的进步，进入工业社会后人们享受到了文明带来的成果：经济增长、人口增长以及各种高消费、奢侈消费。然而，正当发达资本主义国家享尽工业文明成果的时候，生态危机向人们席卷而来，人口、粮食、能源、原材料、环境、生态等危机接踵而至。目前，因工业化而引起的生态危机主要有以下几种表现：

① 中共中央马克思恩格斯列宁斯大林著作编译局. 马克思恩格斯文集（第9卷）[M]. 北京：人民出版社，2009：562.

一是环境污染。主要是指由于自然或是人为导致的环境构成要素——如大气、土壤、水等的污染。例如工业革命后，煤炭被大量使用，其燃烧后的灰尘与原本的雾气混合形成黑雾，1952 年伦敦大雾事件，导致至少四千人死亡。

二是生态破坏。主要是指人类实践活动造成的生态系统恶化的现象，如森林和草原的锐减和退化、水土的流失和荒漠化等。2020 年《全球森林资源评估报告》中的数据显示，自 1990 年以来，全球森林共有 4.2 亿公顷遭到砍伐与毁坏。尤其是在东南亚和南非洲一些欠发达国家，人们为了种植庄稼或是发展畜牧业，大量砍伐森林。

三是资源和能源的过度消耗问题。世界自然基金会发布的《生命行星报告》（2004），运用“生命行星指数”和“生态足迹”两个指标对人类利用自然资源状况进行分析。报告显示，人类对石油、煤炭等资源的广泛使用使得人类生态足迹不断增长。资源和能源的过度消费不仅造成了世界性的资源和能源的短缺，而且造成了严重的生态环境污染和破坏。

四是臭氧层破坏和全球变暖问题。近几十年来，作为制冷剂的氟利昂在诸多领域被使用。这导致臭氧层被大大削弱，无论是南极还是北极上空都形成了规模巨大的臭氧层空洞，这不仅加重紫外线对人类的伤害，还加重全球气温不断升高。据报道，2022 年 7 月北极圈的温度甚至一度达到 30 摄氏度以上。

显然，生态危机已成为全球性的问题。全球内所有的主体都无法摆脱它的威胁。它是我们这个时代的重要特征。换言之，简单地思考生态危机情势下的自然正义已经不能满足生态社会主义的批判要求，必须将环境正义批判的视域扩大到自然以外的其他因素。

其二，工业文明异化了人与自然的关系。生态社会主义着眼人与自然关系问题考察社会正义。丹尼斯·梅多斯（Dennis L. Meadows）等人 1972 年在《增长的极限》一书直言不讳地警告道：若不改变已有的工业增长模式，整个地球的生态系统将超越自身的极限而走向崩溃。二十年之后，丹尼斯·梅多斯等人受罗马俱乐部委托对此前的结论进行检验，出版《超越极限》一书，在此书中他们在总结自然环境危机原因时提出：

影响 = 人口 × 富裕 × 技术①，即 $I = P \times A \times T$

I：Impact（环境影响）；P：Population（人口数）；

A：Affluence（富裕程度或生活水平，通常可用人均 GDP 代表）；

T：Technology（技术因素，通常可用单位 GDP 的环境影响代表）；

这说明，对工业社会环境危机问题的分析已经开始从人口、科学技术、经济发展等多角度、全方位进行考察。生态社会主义指出工业文明的创造性只是表现在用不同的方式把劳动与原材料结合起来生产出新产品的能力，不过，它的破坏性却表现为所有要素（社会、自然、人）都遭受着系统性的破坏、同化和异化。更明确地说，生态社会主义对生态正义问题的思考并非限于自然正义，更在于反思自然正义基础上的社会正义。因此，生态社会主义认为，追溯生态正义危机的深层根源，需要超越生物学、环境科学、人口学等界限，深入人类社会，尤其是到生产方式中去挖掘，而生态社会主义对工业化进程中资本化的扩大再生产的批判切中要害。

其三，工业文明导致了人与人的异化。生态社会主义从人与人之间的关系来看待正义问题。工业社会一方面使人与自然的关系彻底异化，另一方面使人与人的关系也彻底异化。正如马尔库塞（Herbert Marcuse）在《单向度的人》中所阐述，工业文明的发展带来了社会的高度繁荣与进步，但它却窒息了自由的需要，人们无法按照自己的真实意愿生活，无意识肯定和认同资本主义社会，成为了单向度的人。威廉·莱斯（William Leiss）在《满足的限度》中也强调，高强度市场架构下的工业社会，物质财富快速积累与持续增长，却使人们将满足感寄托在消费上，同时使人的焦虑和挫折感加剧，社会不平等状况加剧，其“必然的结果是

① ［美］唐奈勒·H. 梅多斯，丹尼斯·L. 梅多斯，约恩·兰德斯. 超越极限：正视全球性崩溃，展望可持续的未来［M］. 赵旭，等译. 上海：上海译文出版社，2001：104

由少数精英阶层代理人实施更加令人压抑的独裁政治统治形式"①，这就强化了现代社会的不合理性。福斯特"踏轮磨坊式的生产"这一比喻，对资本主义生产与资本主义制度进行了入木三分的刻画，也揭开了资本主义生产方式与生态危机关系之谜。

事实已表明，工业社会的急速发展已经超越了生态环境所能承载的极限，势必会造成生态危机。因此，基于生态危机的严峻挑战，反思工业化情势下的社会正义问题并不需要从人口和技术等外在的因素去寻找，当然，内在的因素也不是人的欲望，而应该从生产方式中去寻找，生态危机最深的根源正是西方现代工业生产方式在全球扩张。在一个生态和谐的社会，不仅需要建立人与自然的和谐关系，更需要建立人与人、人类社会内部、不同文化之间的相互信赖的关系。

（二）苏联社会主义生态模式的失败

安德列·高兹（Andre Gorz）在其著作《资本主义，社会主义，生态：迷失与方向》的开篇指出："作为一种制度，旧的社会主义（指东欧和苏联）已然式微。作为一种运动和有组织的政治力量，它殚精竭虑，力不从心。似乎它不久前所宣称的种种目标均已失效，它赖以存在的社会力量正在消失。旧的社会主义似乎丧失了其预言维度、物质基础和'历史主体'，它有关劳动和历史的预言在人类历史发展和致使无产阶级或至少是工人阶级退出历史舞台的技术变动中落了空。"②虽然，在苏联实现社会正义的理想已经陨落，但是却不能忽视苏联社会主义模式对生态问题影响的分析。20 世纪 90 年代之后，东欧剧变、苏联解体成为西方学术界关注的焦点，社会正义问题逐渐上升为新的历史性课题。毋庸置疑，苏联社会主义生态模式给科学社会主义与生态问题相结合提供了一个可供考察的对象。

在理论上，以列宁、布哈林等为代表的苏联马克思主义者不同程度地继承和

---

① ［加］威廉·莱斯. 满足的限度［M］. 李永学，译. 北京：商务印书馆，2016：128.

② ［法］安德列·高兹. 资本主义，社会主义，生态：迷失与方向［M］. 彭姝祎，译. 北京：商务印书馆，2018：i.

发展了马克思主义关于人与自然辩证统一的思想。正如列宁所言,“外部世界、自然界的规律,是人的有目的的活动的基础”①,要在坚持人与自然辩证关系的前提下,运用马克思主义的方法批判资本主义对生态环境和生存条件的严重破坏。“说工人生活日益困难是由于自然界减少了它的赐物,这就是充当资产阶级的辩护士。”②基于此,列宁提出了必须在社会主义制度下发挥科学技术在解放无产阶级和改善工人工作环境中的作用。同样,布哈林也坚持了马克思关于人与自然之间的辩证观点,赋予创新地提出了生态“平衡论”。福斯特赞扬布哈林“在运用马克思关于人和自然的新陈代谢相互作用的思想方面走得最远”③。福斯特引用布哈林的观点总结道:“社会和自然之间的关系就是一个社会再生产的过程。在这个过程中,社会使用着人类劳动的能量和从自然界(用马克思的话说就是‘自然的物质’)那里获得的一定数量的能量。消耗的和获得的能量之间的平衡显然是社会增长的决定性因素。假如在劳动中获得了超过了所失去的,那么对于社会来说就会随之发生重要后果,社会将会随着超出的数量而变化。”④布哈林在这里谈到了人类劳动连接着自然与社会进行物质变化的过程,正如其所言:“自然界还是人类社会的培养基。这就决定着它具有极其重要的意义。”⑤在具体实践方面,苏联领导人看到了合理利用资源及保护资源的重要性,并从法律(如 1917 年的《土地法令》、1918 年的《森林法》等)等多个方面采取具体措施来推进环境保护的建设。可以说,苏联社会主义的生态模式在理论和实践方面的探索都取得了可喜成就。

不过,在苏联后期的生产和建设过程中生态环境不仅没有得到有效保护,还

---

① 中共中央马克思恩格斯列宁斯大林著作编译局. 列宁全集(第 55 卷)[M]. 北京:人民出版社,1990:157.

② 中共中央马克思恩格斯列宁斯大林著作编译局. 列宁全集(第 5 卷)[M]. 北京:人民出版社,1986:90.

③ [美]约翰·贝拉米·福斯特. 马克思的生态学:唯物主义与自然[M]. 刘仁胜,肖峰,译. 北京:高等教育出版社,2006:270.

④ [美]约翰·贝拉米·福斯特. 马克思的生态学:唯物主义与自然[M]. 刘仁胜,肖峰,译. 北京:高等教育出版社,2006:270.

⑤ [苏]尼·布哈林. 历史唯物主义理论[M]. 北京:东方出版社,1988:113.

遭到了严重破坏。1924 年列宁逝世，斯大林接任苏联最高领导人，并发起了“大清洗运动”。苏联生态环境知识分子遭到残酷迫害，而被斯大林视为政治对手的布哈林首当其冲，瓦维洛夫被诽谤为叛国分子，其生态著作遭到封杀。在这一时期，斯大林更重视人的主观能动性及其对自然的积极改造，而忽视了人类实践活动对自然的消极影响，致使生态环境保护事业遭受到巨大冲击。从此，苏联走上了一条农业、轻工业、重工业比例失调的片面追求高增长高积累的畸形发展之路，并为此付出了高昂的环境代价。这在一定意义上说明了斯大林因拒绝自然辩证法、压制自然科学的发展而走向“高速工业化、重工业优先化、全盘国有化和全盘集体化”的畸形发展。即是说，在自然、社会与人的关系中，正义理想已被荡平。曾任俄罗斯联邦政府总理的叶·普里马科夫在回答苏联模式为什么失败时说：“毋庸讳言，斯大林逝世后，苏联的改革尝试始终未曾间断过，国家一直试图摆脱依靠行政命令管理经济模式给经济造成的危机……但是，每一次的改革尝试都以失败告终。”①

苏联社会主义生态模式是在特定社会历史条件（经济上所有制形式单一、政治上过分集权、发展战略上优先发展重工业的工业化道路）下形成的。这种模式后来被东欧一些社会主义国家采用，并被推广到欧亚十几个社会主义国家。这种生态模式长期实行一种高度集权的政治体制，结果使经济增长与生态保护处于严重不平衡状态，造成了严重的生态问题。回顾学术史不难发现，苏联社会主义生态模式在很大限度上影响了生态社会主义，生态社会主义以当代生态领域的新变化和现实情势为基点，在大量事实的基础上认真反思苏联社会主义生态模式的经验教训，对其忽视人与自然关系的发展模式进行了深刻批判并试图重释马克思主义正义理论的本真价值。

萨拉·萨卡认为，苏联环境正义危机的原因包括主客观两重因素，主观因素是少数苏联共产党员及社会人员的道德沦丧；客观因素是苏联的经济社会改革并未能克服增长的极限从而付出了生态代价，最终造成了经济成本与经济损失

---

① ［俄］叶·普里马科夫. 思想之声［M］. 李成滋，译. 北京：中央编译出版社，2012：51.

的双重增加。一方面,萨拉·萨卡把自然资源的有限性勘定为增长极限范式下限制生态正义实现的主要因素,并把苏联社会主义“失败”的主要原因归结为不切实际地将富裕的资本主义国家生活水平作为自身进步的尺度。在这一尺度的指导下,苏联所有的经济改革都未能准确地评估出资源的限制作用并将其根除。另一方面,“增长极限”作为生态正义危机的病理症结,最终必然引起理性新人①的道德异化。“新人以个人一无所有而自豪,以为了大众的福利而舍弃个人的利益而自豪。”②但是,现实情况与之截然相反,苏联的共产党专政并非无产阶级专政,它暗地里形成了一个新阶级,即精英阶级。大多数苏联公民虽然讨厌精英阶级的特权,但他们并不努力改变这一状况,而是试图追随并加入这一阶级。“拥有权力和特权的新阶级的形成,是‘社会主义的’苏联社会道德沦丧的最强有力的证据。”③新人的道德异化证明了苏联社会主义制度并未创造出适合生态正义的道德秩序,反而造成了道德的沦丧,其中的消费欲望和贪婪程度与资本主义社会并无二致。从以上两方面可以看出,生态正义危机的根源是自然资源的增长极限——在自私自利的市场机制作用下自然资源的增长极限终有一日将被突破。因此,资本主义社会和传统社会主义社会中经济的增长极限与道德沦丧之间的必然逻辑决定了苏联模式下生态正义不可实现性。

奥康纳则认为,苏联社会主义生态模式的失败根源在于“政治而非经济问题;这也就是说,与资本主义的情况不同,大规模的环境退化可能并非社会主义的内在本质”④。其中原因有三:其一,苏联在经济文化相对落后的社会状况下实行“高投入、高消耗”的经济发展模式,必然以牺牲自然为代价;其二,在背弃民主的集权体制下,生态知识分子几乎没有或者完全没有政治权力,自由缺失;其三,

---

① 新人是萨拉·萨卡的理想人类,是投身环保事业实现生态正义的布道者。新人具备三个优良品质:对生态正义价值的忠诚——建立理想的生态社会;实践家——按照生态社会图景改造世界;代表大众利益——毫不利己专门利人。

② [印]萨拉·萨卡.生态社会主义还是生态资本主义[M].张淑兰,译,山东大学出版社,2012:59.

③ [印]萨拉·萨卡.生态社会主义还是生态资本主义[M].张淑兰,译,山东大学出版社,2012:72.

④ [美]詹姆斯·奥康纳.自然的理由:生态学马克思主义研究[M].唐正东,臧佩洪,译.南京:南京大学出版社,2003:418.

官僚体制强化技术管理人员的企业意识,摒弃社会生态意识。

总体而言,无论生态社会主义将苏联社会主义生态失败原因归于何处,我们都不难看出,生态社会主义正竭尽所能地从苏联社会主义生态模式中总结教训、挖掘经验,为社会主义制度与生态问题相结合做出了巨大贡献。因此,苏联社会主义生态模式的失败是生态社会主义的现实基点之一。

(三)生态社会运动与绿色政治改革

第二次世界大战后,继苏联社会主义生态模式失败,国际工人运动逐渐走向衰落,西欧共产党提出的“欧洲共产主义”也以失败告终。与此同时,西方资本主义国家科学技术迅猛发展,生产力取得了巨大进步,资本的力量和技术的创新也为资本主义的全球扩张提供了支持。然而资本主义发展到20世纪60年代初,由于资本主义基本矛盾无法得到根本解决,其表现形式在不同领域都有所凸显。与此同时,伴随着发达资本主义国家经济第二个“黄金时代”的到来,环境污染、资源枯竭、物种大量灭绝、全球温室效应加剧等情况也接踵而至,资本主义在创造辉煌的同时也加重了人与自然的矛盾,引发了日益严重的全球性生态危机。生态危机的爆发,使人们越来越广泛而深刻地反思自己的行为:1962年,蕾切尔·卡森出版了《寂静的春天》一书,以DDT等杀虫剂和化学药品大量使用所带来的危险性,说明资本主义一边推动经济社会的发展,一边又因为付出的生态代价而使整个世界的生命受到威胁,因而我们必须警醒自然界所受的威胁。正如西方学者阿尔文·托夫勒(Alvin Toffler)所说:“可以毫不夸张地说,从来没有任何一个文明,能够创造出这种手段,能够不仅摧毁一个城市,而且可以毁灭整个地球。”①

20世纪70年代初,由于环境问题的提出和生态危机的显现,一些西方发达资本主义国家,兴起了各种绿色运动,这些运动以反环境污染、处理好人与自然的关系以及维护生态平衡等为宗旨。这种绿色运动虽然最初是作为社会运动出现的,但是在发展的过程中,人们也期待有一个绿色政治作为替代旧秩序的基

① [美]阿尔文·托夫勒.第三次浪潮[M].朱志焱,等译.北京:新华出版社,1996:128.

础,从而逐渐发展成为要求实现社会公正的绿色政治运动。绿色政治运动以中产阶级为主体逐渐成为一种新兴的革命力量,产生了绿党,并对全球生态格局乃至政治格局产生了重要影响。这里的“绿”包含生态和政治两层含义:“一方面,它代表生生不息的生命和人与自然的和谐,这是绿党的‘生态’含义;另一方面,‘绿党’之‘绿’代表了一种中间阶级和中间道路。‘绿’是相对于共产党、社会民主党等所代表的‘红’和各类资产阶级政党所代表的‘白’而言的’,绿党试图超越‘左’和‘右’,去寻找一条社会变革的‘第三条道路’。”①绿党从这一含义上包含生态社会主义这一流派。因此,生态社会主义也称之为“绿党社会主义”,是西方左翼阵营中代表生态运动的绿党和其他左翼政党所组成的共同联盟。

首先,绿色政治运动对后工业社会的崛起以及全球发展模式进行了深刻反思。他们认为,后工业社会的崛起以及消费社会的来临使得人们对整个世界的发展模式提出了质疑。罗马俱乐部所编写的一系列报告指出:科学技术,一方面为人类文明的繁荣提供了有利的可能性;另一方面大大增强了人类影响自然的能力、大大扩展了人类对居住环境的影响;同时进一步展示工业化对自然环境的破坏和人类应该对环境问题所承担的责任。所有的结果使人们不再寄希望于资本主义制度,也对工业文明及其生活方式加以反思。绿色政治运动对后工业社会的崛起以及全球发展模式的深刻反思具有一定合理性。

其次,绿色政治运动将生态思维引入正义维度。卡普拉等人认为,绿色政治以“生态学、社会责任感、基层民主和非暴力”为主要原则,而这种社会责任感“意味着社会正义和某种保证:不会由于按照生态学要求去重建经济和消费社会的纲领,而使穷人和工人阶级受到损害”②。而且绿色政治运动也开始维护女性和少数民族权益。如德国绿党自成立之初就将女性解放纳入社会正义范畴,德国绿党进入联邦议会后,28 名议员中有 10 名女性,并成立了女性政治工作组。20

---

① 时青昊. 20 世纪 90 年代以后的生态社会主义[M]. 上海:上海人民出版社,2009:18.

② [美]弗·卡普拉,[美]查·斯普雷纳克. 绿色政治:全球的希望[M]. 石音,译. 北京:东方出版社,1988:66.

世纪 70 年代,绿色和平组织的目标要求开始转型:生态化要求转为政治方面的问题。这一组织主张要建立一种符合生态发展的模式,这种模式在政治上强调基层民主,在社会发展上追求自由平等和社会正义。20 世纪 90 年代以后,绿色运动逐渐发展为绿色政治,而生态正义问题也被纳入政治理论的框架。这一理论提出了不同于传统正义观的正义思维方式,这种思维方式引导人们开始重新反思人与自然的关系并主张实现生态正义。这一理论认为要实现生态正义就必须产生生态与政治联姻的思维与行动,必须改变现存的生存方式,承认人类与自然界是统一的整体观念、承认自然有其内在的价值。绿色政治运动将生态思维注入正义维度,这对当代的政治理论和生态理论都产生了一定影响,传统的人类中心主义也受到了挑战。这是一种新的正义观,它扩展了人们对未来正义的前景设想。

最后,绿色政治运动以生态优先为核心价值诉求。“生态优先原则是建立在系统论思想基础之上的政治价值认知……它以系统论思想为其哲学支撑,提倡一种有机整体系统,信奉后物质主义,尊重自然内在价值。”①系统论意味着生态正义的全局化,需要从整体性的角度来观察世界和人类身处的环境,仅仅从自身利益出发的关于人与自然的传统错误观念,忽视了自然作为人类生存和发展基础的生态整体性的思维。因此,我们必须把生态危机与社会正义相联系。正如“大多数人现在面临的难题根本不是与‘自然’相关的:它们是与财富、资源从穷人向地球人口中已经富裕的少数的转移相关的”②。在绿色政治视域中,人与自然的不和谐关系根源在于人类的社会结构,如果强调生态优先的价值的话,必然将生态问题置于人类社会结构之中,要求社会成员具有责任感,那么社会正义就成为生态政治必不可少的要素。可见,绿色政治运动的最大诉求就是以实现社会正义为根本前提。

---

① 陈霞.绿色政治的价值诉求与理论构建:人与自然关系的政治学思考[J].理论与现代化,2014(5):35-40.

② [英]安德鲁·多布森.绿色政治思想[M].郇庆治,译.济南:山东大学出版社,2012:191.

由此可见,生态社会主义的产生和发展是当代资本主义经济、政治发展新变化的结果。绿色运动对整个世界的发展模式以及世界政治格局都有一定的影响,这主要表现为:首先,影响了人类社会经济发展模式与消费模式。绿色运动的兴起使环境问题进入人们的视野,并逐渐成为高层次政治,这推动了传统增长抑或死亡的发展模式向高效、清洁、绿色的生产模式转变,消费模式也由崇尚资源挥霍与奢侈消费转向以提高人们的生活质量的适度消费模式。其次,影响了政党的格局。绿党的出现也是西方民众对传统资产阶级政治不满的产物,资产阶级一再标榜自由与民主,但是国家机器却掌控在少数精英手中,因此,民众要求政治基层化、民主化。绿党结成联盟、参与政权以新的生态正义思维平衡政党格局。最后,绿色运动还对维护世界和平、保障女性权益等方面产生了重大积极影响。二战结束后,以美国为首的北约军事集团和以苏联为首的华约军事集团形成了尖锐的军事对立,尤其是核武器的威慑就像阴影一样存在。和平反战运动应运而生,绿党延续了这一政治框架,为双方通向和解奠定了社会基础。"没有绿色和平运动拉开反核反战的和平序幕,就没有'冷战铁幕'的谢幕。"①当下无论是发达资本主义国家还是发展中国家,如何实现生态正义已经成为人类无法回避的一个焦点问题。

二、生态社会主义正义观的理论基点

探讨环境问题的现实境遇是为了寻找抑或构建一套切实有效的行动理论,一切建构理论的活动必有其理论基点。它总是在回溯、批判、总结的逻辑演进中提炼满足当下需求的有益成分。生态社会主义进行了与正义相关的思想活动无出其右。

(一)生态社会主义正义观的理论基础

生态社会主义理论的产生与发展有着强大的理论基础。生态社会主义是战后"西方马克思主义者"根据变化了的社会现实对马克思主义的一种新的理论阐

① 刘东国.绿党政治[M].上海:上海社会科学院出版社,2002:15.

释。“西方马克思主义者”既反对资本主义制度，同时也认为现存的社会主义制度仍有可以完善的空间。生态社会主义注重运用马克思主义理论对生态运动改造，其主要代表人物发表的诸多论述不仅推动了生态学、生态主义理论的进步，而且更加强调马克思主义与生态学、生态社会主义的联系。由此，可以说，生态社会主义正义观的主要理论来源包括马克思主义关于人与自然关系的理论、法兰克福学派的社会批判理论、生态女性主义的正义理论以及生态学、系统论、未来学等理论成果。

1. 马克思主义关于人与自然关系的理论

生态社会主义试图超越资本主义与传统社会主义模式，构建一种人与自然和谐的绿色社会模式。而人与自然和谐共生这一理念的马克思主义理论基础是其人与自然关系理论。

第一，自然是客观自然与历史自然的统一。生态社会主义认为，马克思主义理论中，人与自然是有机联系、不可分割的，两者互为对方的一部分，也必须通过对方来显现自身。马克思、恩格斯首先肯定了先于人类历史的自在自然是客观存在的，并且具有优先地位。这种自在自然，从时间上来说是在历史长河之中人类出现之前就存在的自然。生物学的发展表明，自然界发展到一定阶段人类才诞生，也就是说自然界在人类产生之前就以自身的形式或是规律存在着，它先于人和人的意识而存在；从空间上来说是人类实践活动之外存在着的自然，当人类产生之后，自然界就成为人类认识和实践的客体，自然就不再是费尔巴哈所认为的那种纯粹自然。而哪怕是人类的感性活动造成了自然界以及人类社会的巨大改变，“外部自然界的优先地位仍然保存着”①。此外，马克思、恩格斯还提出了自然—社会关系的辩证观点。马克思在《1844 年经济学哲学手稿》中曾特别指出，“自然界，就它自身不是人的身体而言，是人的无机的身体。人靠自然界生活。这就是说，自然界是人为了不致死亡而必须与之处于持续不断的交互作用

---

① 中共中央马克思恩格斯列宁斯大林著作编译局. 马克思恩格斯全集(第 3 卷)[M]. 北京：人民出版社，1960：50.

过程的、人的身体。所谓人的肉体生活和精神生活同自然界相联系,不外是说自然界同自身相联系,因为人是自然界的一部分"①。社会的自然演化过程即是一个动态的人与自然相互作用的过程。"自然及其对它的看法影响和改变人类社会——人类社会改变自然,被改变的自然又影响着社会进一步地改变它,等等。"②人类社会是自然本身的一个方面,同时自然在人类社会的发展过程中被重塑和重释。也就是说,人类在改造自然的过程中,使社会力量本身进入自然存在当中,并赋予自然存在以新的尺度——社会性或历史性。从这种意义上讲,自然不仅具有客观实在性,而且具有社会历史性。马克思强调,"在人类历史中即在人类社会的形成过程中生成的自然界,是人的现实的自然界"③,离开人而"被抽象地理解的、自为的,被确定为与人分隔开来的自然界,对人来说也是无"④。

第二,人是自然存在属性与社会存在属性的统一。生态社会主义认为,在马克思主义看来,人与自然是互相渗透、互相作用的,社会是由人生产和塑造的,自然也在按照人类的需求与欲望发展并同人发生关系。马克思主义认为,自然史和人类史彼此制约,自然史反映的是人与自然的关系,而人类的历史反映的则是人与人之间的关系。当人与自然发生关系时,作为社会性的人在改造自然的时候总是受到人与人关系的影响;而在人与人的关系中,经济关系又是最基础的关系,经济关系又是以自然为基础。因此,人与人的关系与人与自然的关系相互制约,互为中介。人类作为自然界整体的一部分,不能拒绝它的内在规律,马克思主义认为,人是自然的存在物,人在改造自然过程的同时也在改造社会,还形成了人独特的社会性,"在最无愧于和最适合于他们的人类本性的条件下来进行这

① 中共中央马克思恩格斯列宁斯大林著作编译局. 马克思恩格斯全集(第3卷)[M]. 北京:人民出版社,2002:272.

② [英]戴维·佩珀. 生态社会主义:从深生态学到社会正义[M]. 刘颖,译. 济南:山东大学出版社,2012:123.

③ 中共中央马克思恩格斯列宁斯大林著作编译局. 马克思恩格斯全集(第3卷)[M]. 北京:人民出版社,2002:307.

④ 中共中央马克思恩格斯列宁斯大林著作编译局. 马克思恩格斯全集(第3卷)[M]. 北京:人民出版社,2002:335.

种物质变换”①,必须时刻记住,“我们决不像征服者统治异族人那样支配自然界,决不像站在自然界之外的人似的去支配自然界——相反,我们连同我们的肉、血和头脑都是属于自然界和存在于自然界之中的;我们对自然界的整个支配作用,就在于我们比其他一切生物强,能够认识和正确运用自然规律”。②

第三,生产劳动是人与自然实现最终统一的现实途径。马克思、恩格斯论证了人与自然之间在生产劳动的基础上相互依存、相互制约的辩证关系。他们从自然界与人的进化过程中,论述了人的生产劳动活动不断地调整人与自然之间的关系。在人类产生之前,动物的存在只是依赖于自然、利用自然,其生存活动虽然会对自然环境产生一定的破坏,但自然界本身会进行修复。劳动使猿的手解放出来,推动进化为人。人类进入其童年时期——蒙昧时代,开始制造和使用工具,主要从事采集、狩猎等活动,但由于生产工具相对落后影响了人对自然的开发和利用。随着生产工具的进步,人类随之进入野蛮时代,种植、游牧等活动使得人在自然界中获得了更多自由,但人对自然更多地是依赖,仍充满敬畏。人类达到文明时代,这一时期人类通过生产劳动对自然界进行加工和改造,尤其是工业的发展使得人们认为可以控制自然,对自然界产生巨大影响。但自然界的优先地位也仍然存在着,人们也仍然要从自然中获取物质资料。但进入资本主义社会之后,人类的生产劳动使得人与自然的关系出现了异化,人与自然之间的物质变换断裂,资本主义社会出现了严重的自然环境破坏现象,“关于这种惊人的经济变化必然带来的一些现象……地力耗损——如在美国;森林消失——如在英国和法国,目前在德国和美国也是如此;气候改变、江河干涸在俄国大概比其他任何地方都厉害”。③ 并且,工人阶级更多地承受着这种自然环境破坏的后果。恩格斯在《工人阶级状况》一书中写道,工业生产所产生的碳酸气滞留在城

① 中共中央马克思恩格斯列宁斯大林著作编译局. 马克思恩格斯文集(第7卷)[M]. 北京:人民出版社,2009:928 – 929.

② 中共中央马克思恩格斯列宁斯大林著作编译局. 马克思恩格斯文集(第9卷)[M]. 北京:人民出版社,2009:560.

③ 中共中央马克思恩格斯列宁斯大林著作编译局. 马克思恩格斯文集(第10卷)[M]. 北京:人民出版社,2009:627.

市中，工人区也聚集了大量污浊空气，于是工人阶级“几乎全都身体衰弱，骨瘦如柴，毫无气力，面色苍白”①，死亡率很高。因此，未来社会不仅要实现人类政治、经济自由，还要实现人与自然和谐统一，这样的社会不可能像资本主义那样人成为技术的奴役。在未来的社会，人类劳动的成果不再是外在于自身的东西，科学技术进步基础上的劳动将使人与自然达到和谐统一并能使人从自然中得到解放。不过，需要说明的是，人类本能由此而否定劳动及其对自然的支配本身。

第四，人与自然的和谐是人与人、人与社会协调关系的基础。对此，马克思指出：“人对自然的关系直接就是人对人的关系，正像人对人的关系直接就是人对自然的关系，就是他自己的自然的规定。”②人与自然是协调统一的。马克思、恩格斯强调“凡是有某种关系存在的地方，这种关系都是为我而存在的”③。人与自然的关系也是为我而存在的，是以“我”即人为主体，以自然界为客体的一种主客体关系。作为客体，自然处于一种被动的状态，作为主体，人与其他动物的区别就在于人们有意识，能思维，可以根据自身的目的和需要进行物质生产，在这个过程中，人作为主体其意识以及实践活动都具有能动性的创造作用。人作为主体可以对于客体的本质和规律进行再现，并按照自己的目的和需求对客体进行改造，使其获得主体的规定。因此，人们也就能够以自己的活动改造自然。自人类诞生以来，人类的实践使得自然界出现翻天覆地的变化。马克思主义发现过去的一切旧历史观都忽视了物质实践活动这个现实的基础，这样一来，“就把人对自然界的关系从历史中排除出去了，因而造成了自然和历史之间的对立”④。恩格斯也指出，要协调人与自然的关系“需要对我们的直到目前为止的

---

① 中共中央马克思恩格斯列宁斯大林著作编译局. 马克思恩格斯文集（第 1 卷）[M]. 北京：人民出版社，2009：418.

② 中共中央马克思恩格斯列宁斯大林著作编译局. 马克思恩格斯文集（第 1 卷）[M]. 北京：人民出版社，2009：184.

③ 中共中央马克思恩格斯列宁斯大林著作编译局. 马克思恩格斯全集（第 3 卷）[M]. 北京：人民出版社，1960：34.

④ 中共中央马克思恩格斯列宁斯大林著作编译局. 马克思恩格斯全集（第 3 卷）[M]. 北京：人民出版社，1960：44.

生产方式，以及同这种生产方式一起对我们的现今的整个社会制度实行完全的变革”①。

马克思主义关于人与自然和谐的实现在生态社会主义的理论中得到了合理的阐述。生态社会主义借用马克思主义关于人与自然的关系理论，尤其是人类历史与自然历史的辩证关系理论，论证了马克思主义理论内在的生态意蕴以及资本主义社会固有的反生态性。

2. 法兰克福学派的社会批判理论

法兰克福学派自成立之初，就把马克思的理论与卢卡奇(György Lukács)、柯尔施(Karl Korsch)等人的“批判的马克思主义”理论结合起来，以其不妥协的否定精神从哲学、经济学、政治学、社会学、文化学和美学等领域对资本主义社会进行了深入分析与批判。生态社会主义继承了法兰克福学派社会批判理论的批判精神，对后工业社会由于高生产、高消费所导致的生态危机、人的异化等资本主义非正义问题进行了深刻的揭露和批判。

批判控制自然的思想。生态社会主义者，如莱斯从人类征服、控制自然的历史考察中找到了全球生态环境危机的罪魁祸首——以技术控制自然的观念，这一观点为生态社会主义奠定了理论基础，而其理论来源之一就是霍克海默和阿道尔诺的《启蒙辩证法》。该书于20世纪40年代出版，“在马克思主义的旗帜下对启蒙的辩证过程的揭示，对人追求支配和统治自然的知识形式的批判，对‘田园牧歌式的生活’的神往，可以说是开了生态社会主义的先河”②。霍克海默和阿道尔诺认为，启蒙本是唤醒世界，却倒退为新的神话：启蒙本欲以知识代替幻想，但却开启了对理性的顶礼膜拜，知识也变成了“对他人劳动的剥削以及资本”③；启蒙试图打破众神的等级制度，但它在消除旧的不平等与非正义的同时又

① 中共中央马克思恩格斯列宁斯大林著作编译局. 马克思恩格斯文集(第9卷)[M]. 北京：人民出版社，2009：561.

② 陈学明. 生态社会主义[M]. 台北：智扬文化事业股份有限公司，2003：5.

③ [德]马克斯·霍克海默，[德]西奥多·阿道尔诺. 启蒙辩证法：哲学断片[M]. 渠敬东，曹卫东，译. 上海：上海人民出版社，2006：2.

陷入了新的非正义的二元性的神话魔掌;启蒙使得主体得以确立,但个人却被物化;启蒙打破了自然的束缚,随着支配自然的力量的增长,不仅自然在衰落,支配人、统治人的权力也在同步增长。“启蒙在为现实社会服务的过程中,逐步转变为对大众的彻头彻尾的欺骗。”①

科学技术批判思想。科学技术批判是法兰克福学派社会批判理论的重要组成部分,法兰克福学派着眼于科学技术的负面影响,并将科学技术看成是一种意识形态,指出科学技术已经异化为一种新的控制工具,造就了单向度社会、单向度人以及单向度思维。霍克海默认为,科学技术作为人类生产力之一对社会生活和生产起到了重大贡献,但科学技术也是一种意识形态,“因为它保留着一种阻碍它发现社会危机真正原因的形式……任何一种掩盖社会真实本质的人类行为方式,即便是建立在相互争执的基础上,皆为意识形态的东西”②。之后,马尔库塞和哈贝马斯(Jürgen Habermas)等人发展了这一思想,马尔库塞认为,作为生产力的科学技术现已经具有政治化倾向、意识形态性质,“技术的逻各斯被转变成依然存在的奴役状态的逻各斯”③,这种技术统治给自然、经济、政治、文化、人的自我发展等领域带来了破坏性影响。阿格尔、高兹、奥康纳等生态社会主义者深受法兰克福学派科学技术批判思想,在对资本主义社会、生态、消费等问题的分析过程中,不仅考察了科学技术的异化及其影响,还探索了在颠覆资本主义生产方式基础上克服科学技术异化、构建生态技术的理想设计。

消费异化思想。法兰克福学派认为消费是人类社会存在的一个尺度,因此必须全面考察消费及其对社会的影响。资本主义社会为了实现良性发展,不断鼓励和扩大国民的消费需求。于是,消费随着经济社会的发展,不再只是满足自身的需求,而是变成了社会的风尚并渗透社会价值中。“当品牌成为家庭词汇的

---

① [德]马克斯·霍克海默,[德]西奥多·阿道尔诺.启蒙辩证法:哲学断片[M].渠敬东,曹卫东,译.上海:上海人民出版社,2006:34.

② [德]马克斯·霍克海默.批判理论[M].李小兵,等译.重庆:重庆出版社,1989:5.

③ [美]赫伯特·马尔库塞.单向度的人——发达工业社会意识形态研究[M].刘继,译.上海:上海译文出版社,2008:127.

时候，当包装、加工的食品广泛出现的时候，当汽车占据了美国文化的中心位置的时候，消费者社会就在20世纪的美国产生了。"①马尔库塞、弗罗姆等人认为，消费异化扭曲了人的灵魂、破坏了自然环境，证明了资本主义社会的腐朽性。马尔库塞在分析自由社会时指出，灌输物质需求与精神需求是反对解放最有效的斗争形势，但这种灌输的需求是虚假需要，会使侵略、非正义等永恒化，也会使个人和社会制度一体化，从而维护资本主义制度。与此同时，工人在消费过程中消解了剥削性的生产过程所产生的疲惫与乏趣，产生出了成就感与愉悦感，但这并不是真正的自由，还使受操控的工人丧失了主体性、阶级意识与自由。为了满足人们庞大的消费欲望，资本主义生产肆无忌惮地剥削与利用自然，从而造成了生态危机。弗罗姆认为，人们逐渐认识到建立新世界、造就新人的允诺并不能实现，究其原因除了资本主义经济矛盾之外，还在于享乐主义与自私、利己、占有欲等性格特征，这就涉及生存方式的问题。弗罗姆认为，人的生存方式可以分为重占有和重生存两种，资本主义社会是重占有的社会，而消费是重要的占有形式，"我所占有的和所消费的东西即是我的生存"②。但人占有物却并不意味着人控制物，反而是物控制着人，因而消费变成被操控的活动，人也就无法达成丰裕的心理。阿格尔、莱斯、高兹等人的异化生产与异化消费理论深受马尔库塞、弗罗姆等消费异化的影响，将物质消费与生态危机结合起来，提出了"生态理性""生产更少，生活更好"的口号。

3. 生态女性主义的正义理论

生态女性主义一词，最早是由法国女性主义学者弗朗索瓦·德·埃奥博尼(Francoise D' Eaubonne)于1974年在《女性主义或死亡》一书中提出的，用以表达对女性的压迫与对自然的压迫之间的联系。著名的生态女性主义者鲁特尔(Rosemary Radford Ruether)指出："生态女性主义，或生态(学)的女性主义，是查

① [美]艾伦·杜宁. 多少算够：消费社会与地球的未来[M]. 毕聿，译. 长春：吉林人民出版社，1997：12.

② [美]埃里希·弗罗姆. 占有还是生存：一个新社会的精神基础[M]. 关山，译. 北京：生活·读书·新知三联书店，1989：32.

察女性受支配和自然受支配之间的相互关联。其目的是透过对她们的病源和厉行有更适当的理解,而在策略及世界观上去解放或治疗这相互关联的支配。"①华伦(Karen J. Warren)强调:"生态社会主义看到女性与自然被统治之间的联系,但对于联系的本质,以及是否其中的一些联系是潜在的解放还是强化了对女性的有害成见,他们持不同意见。"②但无论他们之间分歧有多大,生态女性主义都承认:首先,地球上的所有生命处于一个相互联系的网络中,并无高低贵贱的等级之分,因此,建立和谐的生态世界是生态女性主义的理想;其次,在父权制下,自然界的生存斗争和女性的生存斗争相似,女性更有希望结束人统治自然的状态;最后,女性与自然的压迫都是自然—文化二元对立的产物,因此,生态环境危机的解决和女性解放是息息相关的。

由此可见,生态女性主义以正义为核心价值,要求实现性别正义、环境正义与发展正义,这对生态社会主义正义观产生了重大影响。

生态女性主义批判传统正义观是以男性为中心的正义观,"在传统道德与政治哲学中,理论家们要么使用'一般的'男性术语,要么使用更具包容性的术语,惟独把女性排除在外"③。从生物学的角度看,人类从出生就被自然归为"男""女",社会从诞生之初就由男性和女性共同组成,但在人类社会发展进程中,女性多数时间处于"第二性"的地位,这与女性所做出的贡献并不匹配。因此,生态女性主义着力批判了女性工作边缘化的社会现实,并要求重构女性工作。玛丽亚·米斯(Maries Mies)根据女性所从事无报酬或是低报酬的劳动而提出了"家庭主妇化"概念。在现实中,女性所从事的劳动,如照顾老人、养育孩子、家务劳动等都处于隐蔽状态。如果没有女性劳动的存在,男性就不可能出卖劳动力以换取工资,但"在所有经济学理论和模型中,妇女从事的生育和维持生命的工作

---

① 萝特.生态女性主义:对神学的挑战//王晓朝,杨熙楠.生态与民族[M].桂林:广西师范大学出版社,2006:57.

② Karen J. Warren. *Ecofeminist Philosophy: A Western Perspective on What It Is and Why It Matters*[M]. Lanham/Boulder/New York/Toronto/OXford: Rowman & Littlefield Publishers, 2000:21.

③ 郭夏娟.为正义而辩:女性主义与罗尔斯[M].北京:人民出版社,2004:75.

都以‘免费品’的形式出现，就像空气、水和阳光一样”①。玛丽莲·华林也批判了国内生产总值（GDP）的概念没有将女性所做的大量家庭工作和非正规经济中的无酬工作计入其中。薇尔·普鲁姆伍德（Val Plumwood）要求以女性关怀来改写自古希腊社会以来形成的理性主义二元论逻辑结构，“重新调整理性的结构，不是按照精英统治和理性利己主义的主宰模式来设置——因为它们不承认他者对自己的制约，我们把这种调整建立在彻底的民主、共同合作和相互性的基础之上”②。

生态女性主义的环境正义涉及的主要是人与自然的关系问题。生态女性主义从西方主客二分的思维出发，批判西方自文艺复兴、启蒙运动后，随着科学技术水平、人的价值以及人类理性地位的提升，人们实现了对自然界的“祛魅”，将自然视为可以掌控、利用的客体存在，而将自己视为自然的主宰者，形成了人与自然的二元对立；它要求跳出人类视角，从整体上思考人与自然之间的关系：自然是一个有机整体，构成整体的每一个要素都是自然界的一部分，有其独特的价值与地位，人类也是这一整体的一部分，因而要尊重每一个人以及每一个非人自然的权利与价值。苏珊·格里芬（Susan Griffin）认为自然和女性一样都是地球上的生命，他们之间是和谐共生的，“我们了解我们自己。我们知道我们由大地而生。我们知道这大地由我们而生。因为我们了解我们自己。我们是自然。我们是理解自然的自然。我们是拥有自然之观念的自然。哭泣的自然。对自然讲述着自然的自然”③。玛丽·梅勒（Mary Mellor）用生态整体主义的概念表达了人类和自然在一个框架内的相互依赖性，认为人类是嵌入“自然”之中的，即“人类在其生态和生物环境中具体化和嵌入的物质现实的历史性展现”④。如何恢复以及实现环境正义，生态女性主义认为应该关注关怀伦理，倡导爱、关怀、公正等伦理

① ［德］玛丽亚·米斯. 可持续发展社会中的妇女与工作［J］. 魏开琼，译. 黄向阳，校. 中国矿业大学学报（社会科学版），2016，18（3）：70－78.

② ［澳］薇尔·普鲁姆德. 女性主义与对自然的主宰［M］. 马天杰，李丽丽，译. 重庆：重庆出版社，2007：214.

③ ［美］苏珊·格里芬. 女人与自然：她内在的呼号［M］. 毛喻原，译. 重庆：重庆出版社，2007：365.

④ Mary Mellor. *Feminism & ecology*［M］. Cambridge：Polity Press，1997：138.

原则。内尔·诺丁斯(Nel Noddings)认为,关怀就是对某人或是某物负责,保护并维持其发展,包括自然关怀、伦理关怀等,“伦理关怀来源于并且包括了自然关怀,没有自然关怀,也就没有伦理关怀,自然关怀是伦理关怀的基础,伦理关怀通过对自然关怀的记忆作出反应”①。

生态女性主义的发展正义主要是指对第三世界发展正义的关注,其主要代表人物是范达娜·席瓦(Vandana Shiva)。她认为,资本主义发展是由男性主导的,不仅剥削和边缘化了女性与自然,还对第三世界造成毁灭性影响。发达资本主义国家在发展过程中,将其现代性模式强加给全世界,其结果是,世界实际上正在变成一种“单一文化”,从而丧失了植物和动物生命以及人民和文化的多样性。“当单一耕种模式替代了多样性的耕种系统,当农耕产业的目标由提供多种富有滋养力的粮食转变成替转基因工程粮种、除草剂和杀虫剂创造市场机会,抢夺收成的现象正随处可见。”②当以男性为主导的世界经济开始崩溃时,女性、自然、第三世界将会第一个跌入深渊。玛丽·梅勒也认为在资本主义发展过程中,发达国家与发展中国家、不发达国家处在一个并不平等的市场:发展中国家、不发达国家的国际贸易经常受到非关税的限制、利率或汇率的影响而出口困难;发达国家可以利用已经积累的财富从发展中国家、不发达国家吸引原材料和劳动力,又可以随意“倾倒”不需要的产品,甚至当生态环境出现危机时,资本主义生产者也未必会为此付出代价,因为在竞争激烈的市场中,生产者会通过逃避环境税、购买污染权等方式将污染的后果转移给穷人或是不发达国家。因此,他们要求维护第三世界国家传统生活方式的权利,实现第三世界国家的发展正义。

越来越多的西方生态社会主义者看到了生态社会主义的女性维度或是把女性等边缘性主体作为变革资本主义的希望之一。例如,阿格尔在提出生态学马克思主义的概念后,又结合批判理论与女性主义等理论对这一概念进行了概括。

---

① 肖薇.女性主义关怀伦理学[M].北京:北京出版社,1999:138.

② [印]范达娜·席瓦.失窃的收成:跨国公司的全球农业掠夺[M].唐均,译.上海:上海人民出版社,2006:5.

高兹认为，生态运动和女性运动有着内在的联系，构建新社会必须首先恢复女性原则，这样才能解决生态问题，“正如马尔库塞所表明的，后工业的社会主义，即共产主义，要么将是女性的，要么将根本不存在”①；奥康纳从资本主义“第二矛盾”的概念出发，论证了实现生态社会主义的重要动力是包括女性主义在内的新社会运动；科威尔（Joel Kovel）使用“自然的性别分歧”概念，论证了男性对女性的支配是人对自然支配的范型，并提出了“新一代的生态社会主义必须与生态女性主义结成紧密的政治与战略同盟”②，因为生态女性主义需要社会主义以打破资本主义的束缚，同时生态社会主义也需要生态女性主义以打破性别与自然间的隔阂，他甚至还认为生态社会主义可以作为生态女性主义的分支；弗雷·贝托（Frei Betto）和迈克尔·洛威（Michael Lowy）认为，生态社会主义的核心理念包括：“生态学、本土主义、地方自治主义伦理、整体主义、团结互助、女性主义和尊崇精神”③；艾瑞尔·萨勒（Ariel Salleh）也强调性别差异会影响到生态社会主义的理论化。

4. 生态学、系统论以及未来学的理论成果

生态社会主义正义观都离不开生态学、系统论以及未来学的理论成果。

其一，生态社会主义正义观与生态学有关，欧内斯特·海克尔（Ernst Haeckel）认为，“生态学是指一种知识体系，它关注自然的经济学——对动物与其无机环境和有机环境的所有关系的调查，首先包括与那些与其有直接或间接联系的动物和植物的友善和有害的关系——简言之，生态学就是对被达尔文称为生存斗争条件的所有复杂相互关系的研究”④。20 世纪初，生态学逐渐成为一门独立的自然科学，研究动植物与其栖息地之间的关系——“有机体系统与环境关系，以及自种群层次以上的各级系统（种群、生态系统、城乡复合系统、全球生命系

① Andre Gorz. *Farewell to the Working Class: An Essay on Post-Industrial Socialism*[M]. Translated by Michael sonenscher. London: Pluto Press, 1982: 85.

② Joel Kovel. The Ecofeminist Ground of Ecosocialism[J]. *Capitalism Nature Socialism*, 2005(2): 1 – 8.

③ Frei Betto, Michael Löwy. Ecosocialism and Spirituality[J]. *Capitalism Nature Socialism*, 2010(2): 87 – 99.

④ 转引自林祥磊. 梭罗、海克尔与“生态学”一词的提出[J]. 科学文化评论, 2013(2): 18 – 28.

统)的结构、过程及其与外部环境的关系，甚至包括了有机体以下，特别是生物大分子的一些宏观方面”①。20 世纪 30 年代，人们开始将生态学看作是经济学延伸到整个世界的结果，认为生态学与经济学以不同的原则与规律运行，但在资本主义时代二者的原则是对立的，生态学遵循自然的限制，而经济学则要求无限增长。之后，生态学与政治学、社会学、伦理学、美学等学科融合发展，“突然以一种即使在我们这个已被打上科学印记的时代也是极不寻常的方式应邀登场，来扮演一个核心的理智的角色……他们的学科所形成的影响力之大，简直可以把我们的时代称之为‘生态学时代’了”②，其理论体系和内涵不断被丰富。特别是，挪威哲学家阿伦·奈斯(Arne Naess)对生态学做出“浅生态学”与“深生态学”之区分，突破了以往生态学的研究范围，将环境科学转向新的政治哲学，无论是对环境问题的根源还是环境问题解决途径的思考都更深入一步，将环境问题与社会制度、社会文化等问题结合起来。这也将生态社会主义的技术批判以及制度批判引向深入，并为生态社会主义描绘理想蓝图铺平了道路。

其二，生态社会主义正义观念又与系统论相关。系统思想古已有之。人类社会诞生之初，由于科学技术水平低下，人们对自然世界的认识有限——直观且笼统地认识。正如恩格斯所说：“在希腊人那里——正是因为他们还没有进步到对自然界进行解剖、分析——自然界还被当做整体、从总体上来进行观察。自然现象的总的联系还没有在细节上得到证明，这种联系在希腊人那里是直接观察的结果。”③作为一门学科的系统论是 20 世纪 30 年代随着科学技术进步以及科学理论取向整体化而诞生的，其代表人物美籍奥地利人、理论生物学家、哲学家路德维希·冯·贝塔朗菲(Ludwig Von Bertalanffy)《一般系统理论》一书的发表确立了这门学科的地位。“系统”体现的是相互联系的各要素构成一个具有一定结构和特定功能的整体，因此，系统论要求采取更广泛的视野、从系统各要素的

---

① 常杰，葛滢编著. 生态学[M]. 北京：高等教育出版社，2010：5.

② [美]唐纳德·沃斯特. 自然的经济体：生态思想史[M]. 侯文蕙，译. 北京：商务印书馆，1999：13.

③ 中共中央马克思恩格斯列宁斯大林著作编译局. 马克思恩格斯文集(第 9 卷)[M]. 北京：人民出版社，2009：438.

特征出发认识整体。系统论具有四个基本原则:“整体性原则,相互联系的原则,有序性原则和动态原则。”①构成系统的各要素都不是孤立的存在,它们各自具有独特的特色与作用,存在于复杂且有组织的运动之中,但他们又相互联系构成一个统一整体,这时各组成要素只有在整体之中才能实现其功能,而整体也具有了各要素在孤立状态下所没有的性质与功能。系统论认为,世界就像一个巨大的有机体,在整个世界生态系统中,人类只是其中一部分,在人与自然的关系中,应该赋予自然以平等的价值地位。因此,生态正义必须是整体的、系统的,也就是说,系统论为生态社会主义正义观念提供了思考人与自然关系的基本准则和尺度。

其三,生态社会主义正义观念还与未来学相关。未来学的概念是德国政治学家奥·克·弗莱希塞姆(Ossip K. Flechtheim)最早于1943年提出的,他认为未来学“是一门关于未来的科学,它与历史密切相关,可以看作是历史向新的时间范围的外延,它必须利用不同的研究方法,做更高水平的说明、概括和推测工作”②。随着20世纪50年代末期科学技术在各个领域所发生的深刻变化,未来学作为一门新兴的综合学科迅猛发展。世界各国政府,联合国教科文组织、环境保护组织,甚至是大型企业都纷纷建立起对未来的专门研究,他们运用各种科学工具和手段,以期建立起预测未来的动态系统,进而构建解决现实问题和应对未来可能出现的问题的对策方案。因此,未来学也经常被称为“未来预测”或“未来研究”。根据对未来发展趋势的不同认识,未来学大致分为三大流派:悲观派、乐观派和现实派。乐观派对人类社会历史的发展,尤其是资本主义社会的矛盾持乐观主义态度,尤其是科学技术的加速发展可以解决资本主义社会的矛盾、促进人类社会向前发展;悲观派则相反,他们深信资本主义社会的矛盾会全面激化、科学技术的破坏性潜力增强以及未来的不确定性加大;现实派则不会简单地支持或是否定技术与现实社会,要求采用更协调的态度。根据对未来研究对象的

---

① 霍绍周编著.系统论[M].北京:科学技术文献出版社,1988:20.

② 转引自顾境清编著.未来学概论:讲义[M].上海:上海市未来研究会,1982:2.

不同认识，未来学大概可以分为四大流派：技术观点派、社会历史学派、生态学派和价值哲学派。① 技术观点派依据技术决定论片面夸大科学技术的积极作用，认为未来是由技术所决定的；社会历史学派以“后工业化社会”这一概念为基础，依据非生产部门在资本主义社会中的地位研究资本主义社会经济结构以及意识形态等的变化；生态学派根据资本主义社会生态环境变化，试图构建“社会—技术—自然界”的世界模型，探讨世界人口增长、自然资源消耗、环境污染等与社会发展之间的关系；价值哲学派则致力于填补以上三个流派的空白，将价值体系看作是历史发展的动力。无论对未来学进行何种划分，生态问题都是未来学的一个重大课题。而且从生态视角看，未来学为生态社会主义分析当代生态危机及其实质，尤其是探寻实现生态正义之道并构建未来理想的正义模式提供了启发和有益资源。

可见，生态学、系统论以及未来学的重要理论依然是生态社会主义正义观的理论基础之一，但也并不能就此认为，生态社会主义正义观的理论基础仅限于此，生态社会主义正义观仍处于不断借鉴、丰富和发展的理论态势之中。

（二）生态社会主义对正义方案的反思性批判

目前，关于生态正义的实现道路，学界已给出了诸多方案，其中较有影响和代表性的是生态资本主义、市场社会主义、民主社会主义等。但是，在生态社会主义看来，以上方案并不能解决生态危机并实现生态正义。究其缘由，生态社会主义认为，现有方案依然存在诸多无法克服的弊端或缺陷。

生态社会主义认为，生态危机的根源在于资本主义生产方式，因而不变革资本主义制度的改良主义措施均无法解决生态危机。福斯特在《生态危机与资本主义》一书中明确指出，资本主义经济以追求利润为首要目标，这势必会造成生态环境危机，因此生态与资本主义之间具有不可调和的矛盾。科威尔也认为资本本身具有内在的反生态趋势，因为“（1）资本具有降低自身生产条件的趋势。（2）为了生存，资本必须无止境扩展。（3）资本导致世界的混乱——这一体系使

① 张继泽. 未来学[M]. 贵阳：贵州人民出版社，2013：127－134.

贫富的两极分化日益扩大，以至于无法控制经济危机。只要资本规则存在，这一合并就会使生态危机成倍增长，无论采取什么措施都无法避免这些隐患”①。因而，在此经济基础上建立起来的上层建筑就会维护资本主义“增长抑或死亡”的经济体系，以致资本主义社会做出有害自然以及整个社会的决策。

但资产阶级理论家们却否认生态危机的资本主义制度根源，将其归咎为人口数量、消费程度以及技术发展，认为“随着基因组的突破进展，随着惊人的信息技术与远程通信不断结出硕果，随着像燃料电池（该产品的燃烧产物为水蒸气）这种几乎零污染的能源设备的出现，随着科学的全方位进步，以及随着宣传机器的蓬勃发展，人与自然的矛盾变得似乎可以化解”②，于是尝试在资本主义制度内以市场、技术等手段解决生态危机，形成了生态化市场力和生态凯恩斯主义两种实现生态正义方案的生态资本主义，但生态社会主义者认为这两种方案均不能奏效。前者的拥护者认为：“资本主义市场经济内部可以利用的经济手段和机制，特别是价格机制，是解决生态问题的最好方法。”③认同这一方案的人认为，环境的成本是资本主义生态危机的根源，因此，解决生态问题必须将外化的环境成本内化——让污染者支付治理环境污染的费用，以使价格机制彻底反映全部成本。他们的具体主张包括环境税费改革，通过颁发环境许可证降低企业污染力度，通过增收环境税来增加企业的环境治理责任。生态凯恩斯主义则希望在解决生态问题的同时解决失业问题。他们认为，生态化市场力的方案不过是将环境转换为可交易的商品，届时大企业/垄断性企业便可通过支付高额费用（囤积大量污染许可证）来污染更多环境，以至于污染成了合法行为。因此，环境税费改革并不能降低环境污染总量，解决生态问题只能求助于国家行动——建立配套的规章制度、罚没条例和惩罚体系，使社会服从于国家总体的生态指令——才

① [美]乔尔·科威尔. 自然的敌人：资本主义的终结还是世界的毁灭？[M]. 杨燕飞，冯春涌，译. 北京：中央民族大学出版社，2015：34.

② [美]乔尔·科威尔. 自然的敌人：资本主义的终结还是世界的毁灭？[M]. 杨燕飞，冯春涌，译. 北京：中央民族大学出版社，2015：139.

③ [印]萨拉·萨卡. 生态社会主义还是生态资本主义[M]. 张淑兰，译. 济南：山东大学出版社，2012：148.

能实现生态正义。另外,为解决失业问题增加就业岗位必须建立对环境友好的劳动密集型技术工业,在某种程度上,它至少能延长工业产品更新换代的周期,缩减产品生产、流通、消费和回收的中间流程。但是,在萨拉·萨卡(Saral Sarkar)看来,生态资本主义并非实现生态正义的有效药方。(如下图所示)

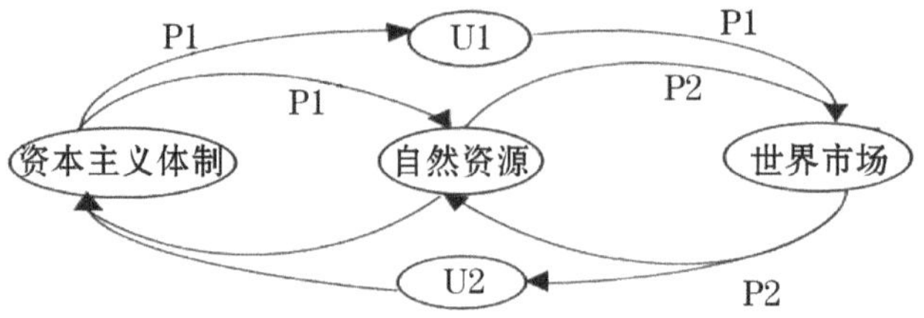

注:U1,U2:大规模失业
P1:profit,贪婪的逐利
P2:power,增长动力

从图片可以看出,萨拉·萨卡认为,资本主义经济的原始增长完全建立在充足的自然资源基础之上,资本主义体制内自私自利的逐利性质(P1)是资本主义企业利润最大化的主要动力。为提高生产效率、降低单位成本并提高利润,企业不得不致力于新技术的引进与研发。长此以往,不仅昂贵,而且"麻烦"的劳动力将被工业技术取代,不可避免地导致大规模失业(U1),并造成大量的无效生产和资源浪费。失业意味着社会总体收入降低、国民购买力减弱,社会无法消费由自己生产出来的产品。反过来,失业必然导致市场价格下跌,进而使连续不断的经济繁荣与增长变得不可能。不进则退,囿于资本主义经济受限于残酷的外部强制——优胜劣汰,它不得不开辟国际市场以获得更多资源、扩大产品销售和使用范围,与此同时,失业压力得到缓解。但是,当自然资源不再能完全支撑全球经济扩展需求时,技术引进与产品创新作为新的增长动力(P2)又被提上日程,劳动分工持续加剧,区域的比较优势日益重要,劳动生产再次被技术生产代替,大规模失业 U2 再次爆发。与 U1 不同,U2 影响范围更广:全球性的失业危机,危害更大、全球性的经济危机,破坏力更强,最终导致全球性的无效生产与资源浪费。萨拉·萨卡认为资本主义经济问题的症结很明显:"把总收益的增加与经济的增长这两个概念混淆了。”①收益增加≠经济增长,收益增加包含治理环境污染的成本,而经济增长仅仅考虑企业的生产和经营成本。换言之,资本主义经济只对经济成本感兴趣,并对社会成本不加以考虑。鉴于自然资源的有限性和资本主义体制的自私与贪婪必然产生社会不公正的生产和经济关系,而这一关系又是以人与自然、人与人的生态不公正为基础的。因此,资本主义的经济模式和过度消费的生产方式必然破坏我们赖以生活的自然基础。而且“资本主义的基本原则,即自私自利和贪婪,它们与平等的理想,甚至是限制不平等的理想,完全不兼容。既要成为任何类型的资本主义的拥护者,又要成为资源(环境空间)方面的平等主义者,二者是一个悖论”②。

与此同时,基于生态资本主义方案的症结,表面看,市场社会主义的方案是可行的。但萨拉·萨卡断言,实现生态正义采用市场社会主义方案不可能奏效。市场社会主义本身就是一种理想妥协于现实的折中产物。社会主义要求生产资料社会化,实行国家所有制。但在一些左翼的欧洲人士看来,如果国家拥有所有的生产资料并对劳动产品进行分配,那么国家的宏观“计划”使得社会成员无法自由做出与自身现实需求相符合的经济行为,单纯的社会主义计划经济是失败的。正如约希姆·毕乔夫(Joachim Bischoff)和迈克尔·梅纳德(Michael Menard)所言,“把社会所有权限定为国家所有权,所带来的只能是专制的变体”③。单纯的计划经济条件下毫无民主、自由可言,依靠个体努力实现劳动解放的夙愿必然化为泡影。因此,部分左翼人士认为,实现经济上的民主、自由与解放,从根本上说,不仅需要计划,而且需要私人企业与市场机制——市场社会主义。市场社会主义允许私人企业的存在,只要国有经济占据经济制高点、保障较大部分的生产和分配是通过社会主义的生产关系进行的就可以。在资本与劳动者的关系上,

① [印]萨拉·萨卡.生态社会主义还是生态资本主义[M].张淑兰,译.济南:山东大学出版社,2012:158.

② [印]萨拉·萨卡.生态社会主义还是生态资本主义[M].张淑兰,译.济南:山东大学出版社,2012:180.

③ 转引自[印]萨拉·萨卡.生态社会主义还是生态资本主义[M].张淑兰,译.济南:山东大学出版社,2012:191.

市场社会主义认为,工人应该成为资本的管理者,奥塔·赛克(Ota Sik)提出了工人的"资本参与"思想,要求工人购买股份以维持其责任,雷内·霍尔特施(Rene Höltschi)和克里斯蒂安·罗克斯特劳(Christian Rockstroh)在此基础上提出"雇员公司"模式,所有的雇员既是资产管理公司的成员,也是企业管理公司的成员,实行民主管理。这样就实现了经济民主。鉴于效率、个人发展等影响因素,市场社会主义者不仅不反对市场机制,他们还要求使用市场机制,但囿于经济增加与收益增长之间存在严重的不对称,必须用国家的宏观调控计划干预自由市场的自私自利行为,以保证单个市场行为与宏观计划的基本意图和目标相一致。鉴于此,市场社会主义拥护者坚称,要实现生态正义就必须在计划与市场之间达成天衣无缝的结合:计划侧重于长期的宏观经济方针规划,而市场则强调短期的经济增长效应。计划与市场之间彼此通信、互纠错误,以此防止市场经济的周期性危机。计划经济中引入市场机制能为当前的经济增长提供必备的驱动力。通过劳动者参与资本市场,劳动者成为公司管理人员,可以预防劳动者与资本家之间的矛盾与冲突。但是,生产关系决定市场结构的原因,计划与市场绝不是比肩等同,而是计划大于市场,而国有企业始终占据制高点。

萨拉·萨卡认为,首先,价值观是社会主义区别于资本主义的重要因素,"各尽所能、各取所需"是社会主义标准的价值取向,而市场社会主义则是对这一价值观的否定与排斥。如果市场社会主义把经济体制建基于利润动机之上,那么它就允许自由竞争的存在。届时工人所有者就会像资本家那样血腥相斗,收入的不平等成为既定的合法事实——工人必须为参与资本竞争而遭受的不平等承担责任。其次,市场社会主义不能真正实现经济民主。收入的不平等暗示了经济权力的不平等,因而市场社会主义竭力倡导的经济民主依然不可能。就参与企业的决策过程而言,工人在规模较大的公司中基本上远离企业的管理,而且由于存在着对参与的限制、参与的极限以及市场的不确定性,使得工人的参与变得更加困难。再次,市场社会主义中,失业危机依然不能根除。道理很简单,计划经济必然强迫企业雇佣超额劳动力并迫使其接受低工资待遇,市场机制不能接受这种要求。在萨拉·萨卡看来,市场社会主义期望在吃掉蛋糕的同时拥有更多蛋糕；在强调经济收缩的同时期望经济快速增长，在考虑宏观计划的同时又着眼于微观利润动机，这些只能是左翼人士自欺欺人的幻想。最后，市场社会主义不能实现经济的可持续增长。萨拉·萨卡深信生态极限的现实及其意义，只有收缩经济，直到达到稳定状态才能最终实现经济可持续发展。但在市场社会主义理论中；一方面，经济增长仍然是资本主义社会的重要目标，另一方面，经济增长和环境保护是可以兼得的，甚至认为经济增长意味着环境保护的增加。萨拉·萨卡认为市场社会主义并不能为经济收缩和可持续的社会转型提供正确的框架，理由如下：(1)市场社会主义经济体制中同样存在与经济收缩相矛盾的内在"增长动力"；(2)允许竞争必然导致无效生产与资源浪费；(3)市场价格机制的优势并不能实现。

就此，以生态资本主义和市场社会主义实现生态正义的方案都被否定了。与此同时，一种改良主义的方案逐渐呈现出来——民主社会主义。

1899年，在《社会主义的前提和社会民主的任务》中，伯恩斯坦(Eduard Bernstein)第一次提出了"民主社会主义"这一概念，而后演变成为一种社会思潮。按照安东尼·克罗斯兰(Anthony-Crosland)的界定，民主社会主义等于"政治自由主义＋混合经济＋福利国家＋凯恩斯主义经济政策＋承诺平等"①。可以说，民主社会主义认为只有社会主义才能践行民主，也只有民主才能实现社会主义，但又放弃社会主义必胜的信念而追求人的解放。为此，它主张实行生产资料的公有制以及对经济实行民主化、计划化管理，也实行自由主义，追求自由与团结互助。以20世纪70至20世纪80年代为界限，20世纪80年代以前，民主社会主义更多地致力于批判资本主义造成的人的普遍异化现状，为实现人与人之间良好关系的制度而奋斗；20世纪80年代后，在经济危机以及科技革命带来的结构性失业等问题的影响下，民主社会主义开始了转型。一方面，民主社会主义认为传统的左或右地看问题并不能涵盖现代社会出现的新问题，如生态问题。因此，他们开启了第三条道路，开始放弃国有化以及国家对经济的计划调控，在

---

① 转引自史志钦. 全球化与欧洲社会民主党的转型[M]. 北京：中央编译出版社，2007：4.

国家与市场、安全感与灵活性、市场效率与社会正义之间寻找平衡点，如英国工党用“混合经济、民主和社会正义”代替生产资料公有制与国家对经济的管理监督。另一方面，民主社会主义开启了绿色转型，如欧洲社会党要求欧盟制定环保政策，保护森林、土壤、水资源、气候等，并要求对工业社会进行生态革新，使经济发展同生态环境保护与人的健康发展联系起来。由于所谓的市场既不产生计划，也不产生意义，因此，民主社会主义主张在考虑社会和自然的需要基础上，充分发挥国家政府在环境保护中的重要作用，如进行生态税改革、通过法律手段规制破坏生态环境的行业等。但是，管窥民主社会主义不难发现其滞后性、实用性以及不确定性特征。正如胡振良、常欣欣在《当代世界社会主义前沿问题》一书中指出的那样：“社会主义的思想热情逐步让位于改良主义的现实功利，理论的原则性向实践的实用性屈服、体制内的改良和对体制本身的改革被统一在一个不间断的民主进程之中。”①显然，这并不能让生态社会主义感到满意。

另外，生态社会主义对正义方案的反思还表现为重新解释人类中心主义。生态中心主义认为，自然界具有不依赖于人存在的内在价值，因此，人类所有的生态运动不仅仅是为了维护人类自身的利益，还是出于对自然内在价值的维护，人类的经济活动也必须按照生态系统的要求进行社会变革。“人类是生态系统、生物圈和生态过程中的有机组成部分，理应遵循生物共同体的行为规则，平等对待其他成员。”②早期生态社会主义坚持生态中心主义，他们认为现代社会的生态环境问题是由于人类中心主义的生产或是观念造成的，要求以生态中心主义为立场来解决生态问题。控制自然、异化消费等都是人类中心主义的表现。莱斯在《自然的控制》中认为只要控制自然的观念还在，生态环境问题就不可避免，因而控制自然的观念是生态危机的根源。人类自诞生之初，就开启了摆脱自然的历程，天气、气候、洪水、地震等现象的规律慢慢被人们所认识，于是人们逐渐有

① 胡振良，常欣欣主编. 当代世界社会主义前沿问题[M]. 北京：中共中央党校出版社，2011：122－123.

② 肖显静. 环境与社会：人文视野中的环境问题[M]. 北京：高等教育出版社，2006：269.

了控制自然的观念。这种观念也就使得自然成为人及其生产的附属物。阿格尔认为,异化劳动理论是马克思最重要的理论之一,是非常深刻和不朽的理论。但与此同时,阿格尔又认为异化劳动理论只关注了生产领域,而忽视了消费领域的异化问题。在资本主义社会,消费并不是由于消费者的真实需求而是由商家宣传刺激而带动的,而且这种消费可以补偿异化劳动所带来的痛苦。异化消费会导致更多的异化生产,又会进一步加深生态的负担。后来,生态中心主义代表人物泰德·本顿(Ted Benton)以坚持生态主义的基本立场为前提,认为要用绿色历史唯物主义取代马克思主义的历史唯物主义观,并与凯特·索普(Kate Soper)、罗宾·艾克斯利(Robyn Eckersley)等形成了生态中心主义的生态社会主义阵营,认为人类中心主义的生态社会主义更关注人类利益而止步于人的健康和福祉,从而无法真正关注整个生态利益,从而强调生态社会主义必须建立在生态中心主义基础上。为此,瑞尼尔·格伦德曼(Reiner Grundmann)、戴维·佩珀(David Pepper)等人挺身而出,以重解马克思主义的人类中心主义立场为策略,提出"重返人类中心主义"的口号,抵抗生态中心主义。在格伦德曼看来,生态中心主义的方法是前后矛盾的,因为生态平衡的定义是人类行为,而纯粹从自然立场来阐述是不可能的,生态危机是由人及其社会行为引起的,也应在社会中解决。而人类中心主义具有可持续发展的价值理念。理由在于,一方面人类中心主义赋予自然的工具性价值,认为其是内在价值与工具价值的统一;另一方面人类中心主义并非是生态危机的根源。佩珀也认为马克思主义的人类中心主义是一种"弱"人类中心主义。这种"弱"人类中心主义才是对生态正义的坚持,才是对生态环境的深切关切。佩珀认为,生态中心主义优先考虑自然及其内在价值,对现代技术以及民主政治缺乏信任,憎恨中央集权和物质主义,且在其对经济的认识中充斥着马尔萨斯主义的理论观点与对资本的排斥,从而走向了小规模的地方自治主义。他还从人类中心主义的角度出发通过人的社会性与合作性、唯物主义、集体主义、阶级分析、多元主义、结构主义、发展理论等对生态中心主义进行批判,认为人类只能是人类中心主义的。同时,佩珀也赞同格伦德曼的观点,认为马克思主义并不是生态中心主义。因此,未来的生态社会主义社会应该是"人类中心论的(尽管不是在资本主义——技术中心论的意义上说)和人本主义的。它拒绝生物道德和自然神秘化以及这些可能产生的任何反人本主义,尽管它重视人类精神及其部分地由与自然其他方面的非物质相互作用满足的需要"①。

总之,生态社会主义全面地完成了对现有生态正义实现方案的反思性审视,甚至是否定。现在,他们必须提出一种(至少在他们自己看来是可行的)新的生态正义方案。

(三)生态社会主义正义观实现的逻辑必然

很明显,生态资本主义与市场社会主义的严重症结在于发展方式上的不可持续性,那么就必须建立一个非资本主义的、或更精确地说一个社会主义的世界,而"唯一正确的框架应该被称作'生态社会主义'"②。诚如科威尔所说:"全球生态崩落的紧急性已经重构了抵抗资本的工程。这仅仅是体现了马克思主义者需要紧跟现实的变化。然而,生态危机当然并不意味着应该放松对那些生产剩余价值劳动场所的资本进行抵制——事实上,如果忽略了无产阶级劳动这一现实以及应将无产阶级这一人类重要组成部分融入新的生产方式这一需求,那么想要建立一个生态社会主义是不可能的。"③佩珀(Pavid Pepper)也指出:"生态—共产主义的乌托邦也需要生产力的发展。这样说并不是要接受那种愚昧的市场自由观点,即为了能够'创造'可以支付清理环境(即清理首先由增长造成的混乱)的财富。(任何类型的)经济增长是必要的。生态社会主义的增长必须是一个理性的、为了每个人的平等利益的有计划发展。"④实现生态正义,为什么必须是生态社会主义呢?生态社会主义为生态正义的实现提供了以下三个方面的

---

① [英]戴维·佩珀.生态社会主义:从深生态学到社会正义[M].刘颖,译.济南:山东大学出版社,2012:282.

② [印]萨拉·萨卡.生态社会主义还是生态资本主义[M].张淑兰,译.济南:山东大学出版社,2012:204-205.

③ [美]乔尔·科威尔.自然的敌人:资本主义的终结还是世界的毁灭?[M].杨燕飞,冯春涌,译.北京:中央民族大学出版社,2015:212.

④ [英]戴维·佩珀.生态社会主义:从深生态学到社会正义[M].刘颖,译.济南:山东大学出版社,2012:267-268.

准备：

第一，生态社会主义提供了判断正义的价值尺度。在人与自然关系的考察中，由于价值观念直接影响着科学技术、资本运作等的方向。因此，价值观念的重构是十分重要的，甚至可以说它是能否达成社会正义的关键要素。在一般的价值范式中，强调客体属性对于主体需求满足的效用关系，因此，对人与自然价值关系的重构必然涉及作为主体的人类与作为客体的自然两者的价值重估。以动物解放论、大地伦理学和深生态学为代表的环境主义者要求重新评估人与自然的价值，他们认为人类和自然以整体的形式出现，共同构成生态系统，人类作为其中的一员在生态系统中并不处于圆心位置，也并不比其他非人生物更具优越性，因此必须承认其他非人生物也具有内在价值。这就构成了与人类中心主义相对的生态中心主义价值取向。这两种价值取向也贯穿于生态社会主义的发展过程中。虽然生态社会主义在早期受生态中心主义影响较多，但从整体上来看，生态社会主义者多坚持人类中心主义。他们首先指出马克思、恩格斯是人类中心主义者，马克思、恩格斯很早就关注了生态环境问题，但由于任何思想都不可能与其产生的时代背景与特征相分离，因此马克思、恩格斯并未对自然生态环境着墨过多。“马克思的相对优先性即更多关注浪费性人类生活与劳动而不是非人自然，并不是来自过度人类中心主义：它只是对时代最紧迫问题的一个反应。马克思确实把自然的价值视为相对人而言是工具性的，但对他来说，工具性价值不仅仅意味着经济或物质价值。它还包括自然是审美、科学和道德价值的源泉。”①与此同时，马克思主义所提出的“支配自然”等观念主要指的是在尊重自然规律的基础上利用自然，“‘自然的支配’不应对生态难题负责，事实上恰恰相反，生态难题的出现证明了这种支配的缺乏。这里，‘支配’意味着人类对他们与自然关系的集体有意识的控制。这其中隐含着一种管理关系而不是破坏关系。它也蕴涵着社会主义的理性和人本主义，承认在创造有害和不舒适环境中

---

① ［英］戴维·佩珀.生态社会主义：从深生态学到社会正义［M］.刘颖，译.济南：山东大学出版社，2012：76.

的愚蠢与不公正"①。另外,生态社会主义指出生态社会主义本质上是一种人类中心主义,"生态社会主义的人类中心主义是一种长期的集体的人类中心主义,而不是新古典经济学的短期个人主义的人类中心主义。因而,它将致力于实现可持续的发展,既是由于现实的物质原因,也是因为它希望用非物质的方式评价自然。但从根本上说,后者是为了人类的精神福利。"②在生态社会主义看来,"真正共产主义的部分定义是,人们不再通过它体验一种环境危机:非人的自然将改变而不是被破坏,并且,更加使人愉快的环境将被创造而不是被破坏"③。所以生态社会主义理论"提供在绿色议题上的一种激进的社会公正和关爱环境的但从根本上说却是人类中心主义的观点"④。这种观点恰恰是判断人与自然和谐发展的正义尺度。

第二,生态社会主义克服了西方已有正义方案的严重症结。除生态社会主义流派之外的西方环境主义都主张在"不需要根本改变目前的价值或生产与生活方式的情况下"⑤解决生态环境问题。因为对他们来说,生态环境危机的原因在于:人口的过快增长、现代技术的使用以及人们对待自然的错误态度。因此,新社会构建方案也主要集中在以下几个方面:首先,控制人口增长是解决生态危机的主要方案。但是虽然人口增长与生态环境破坏是同一进程且人口越多所消耗的资源也就越多,这并不能说明二者之间的因果联系。另一方面,现代社会人口快速增长主要集中在发展中国家及欠发达国家,但是生态环境危机却更多是由发达国家造成的,正如福斯特所指出,生态危机"并不是发生在世界人口增长

---

① [英]戴维·佩珀.生态社会主义:从深生态学到社会正义[M].刘颖,译.济南:山东大学出版社,2012:270.

② [英]戴维·佩珀.生态社会主义:从深生态学到社会正义[M].刘颖,译.济南:山东大学出版社,2012:271.

③ [英]戴维·佩珀.生态社会主义:从深生态学到社会正义[M].刘颖,译.济南:山东大学出版社,2012:284.

④ [英]戴维·佩珀.生态社会主义:从深生态学到社会正义[M].刘颖,译.济南:山东大学出版社,2012:1-2.

⑤ [英]安德鲁·多布森.绿色政治思想[M].郇庆治,译.济南:山东大学出版社,2012:2.

率最高的地区，而是发生在世界资本积累最高的地区”①。根据世界银行的统计，发达工业国家对于资源的消耗也远远超过欠发达国家。虽然贫穷国家通常拥有最高的人口增长率以及人口总量，但它们的人均生态足迹也很低，因此，人口基数较大且增长率高的贫穷国家不必对气候危机负更多的责任。如果继续将人口作为生态危机的根源和解决路径对发展中国家及欠发达国家来说是不公平的，也并不能从根本上解决生态环境危机。其次，生态技术的发明与进步是解决生态环境危机的重要手段。科学技术在资本主义社会之前并没有带来大规模的生态环境破坏，是资本主义生产方式对于剩余价值的追求导致出现了对人类和地球具有破坏性的技术应用。“工业化以前的社会一般重视广义的生命，包括社群及其自然环境的存续，这一宽泛的价值观限制了技术的发展。资本主义则高度重视谋利及与此相随的效率、物欲、经济增长等价值观，并进而激发技术服务于这些价值观，甚至不惜摧毁地球。”②因此要看到科学技术运用背后的资本主义生产方式的问题，如果不变革资本主义生产方式，科学技术的进步也只能沦为资本增殖的工具，从而进一步破坏生态环境。“将可持续发展仅局限于我们是否能在现有生产框架内开发出更高效率的技术是毫无意义的，这就好像把我们整个生产体制连同其非理性、浪费和剥削进行了‘升级’而已。我们只能寄希望于改造制度本身，这意味着并不是简单地改变该制度特定的‘调节方式’（正如马克思主义调节理论家们所言），而是从本质上超越现存积累体制。能解决问题的不是技术，而是社会经济制度本身。在发达的社会经济体制下，与环境建立可持续关系的社会生产方式是存在的，只是社会生产关系阻碍了这种变革。”③最后，变革人们对自然的哲学世界观和价值观的认识是解决生态危机的关键所在。尤其是“自然权利论”和“自然价值论”的出现，重新评估了人与自然的关系，强调自然

① ［美］约翰·贝拉米·福斯特．生态危机与资本主义［M］．耿建新，宋兴无，译．上海：上海译文出版社，2006：148．

② ［美］丹尼尔·A．科尔曼．生态政治：建设一个绿色社会［M］．梅俊杰，译．上海：上海译文出版社，2006：27－28．

③ ［美］约翰·贝拉米·福斯特．生态危机与资本主义［M］．耿建新，宋兴无，译．上海：上海译文出版社，2006：95．

界具有内在价值,人类之外的其他生物也有生存下去的权利。但这其实是一种激进的做法,为了生态环境而忽视人的生存,容易造成环保主义者和非环保主义者之间的对立。对此,佩珀强调:"存在着对自然内在价值理论的各种异议:它的理论与含义、它的归诸于直觉而不是理性论证、它的不可能性(我们不知道自然是否赋予本身以价值,我们作为人类只能从一种人类中心主义的立场谈论自然)。"①生态社会主义对此提出了变革资本主义生产方式与社会结构的设想,认为只有生态社会主义才能结束生态危机与社会不正义的现象,并在此基础上对于经济发展、技术使用以及价值观进行变革。例如,约翰·穆勒(John Stuart Mill)在《政治经济学原理》一书中提出"稳态"的这一概念,强调如果人们不专注于人口和资本的增长有可能会保障人们的美好生活、降低资源稀缺的不良后果。这一主张对生态社会主义产生了巨大影响。生态社会主义认为,生产的基础是"以人为本"。人类在经济发展上要由原来追求价值量转向追求使用价值,即满足人对良好生态的基本需要。计划和市场的结合才能在满足市场需要的同时,避免资源和自然的过度破坏。柯维尔和洛威在《生态社会主义宣言》中认为,生态社会主义主张"在一个生态学的框架内重新定义社会主义生产的目标和途径"②。换言之,生态社会主义视域内的社会生产是对资本主义异化生产的巨大超越。

第三,生态社会主义具有实现社会主义的社会基础。社会主义走过了漫长的岁月,从托马斯·莫尔(St. Thomas More)的《乌托邦》、康帕内拉(Tommas Campanella)的《太阳城》、摩莱里苦心写就的《自然法典》,到欧文身体力行的"新和谐公社",只存在了72天的巴黎公社,再到世界上第一个社会主义国家苏联,以及21世纪中国特色社会主义的蓬勃生机,人类对社会主义社会和制度形态的探索从未停止。20世纪70年代,面对资本主义社会盲目生产所带来的生态环境危

① [英]戴维·佩珀.生态社会主义:从深生态学到社会正义[M].刘颖,译.济南:山东大学出版社,2012:5.

② 乔尔·柯维尔,迈克尔·洛威.生态社会主义宣言[J].李楠,译.绿叶,2008(12):96-100.

机,生态社会主义将批判的矛头指向资本主义制度,认为要解决生态危机必须要以社会主义制度取代资本主义制度。与此同时,在他们看来,生态环境问题与社会公正问题是密不可分的。威廉·莱斯(William Leiss)在《满足的限度》一书中批判了跨国公司转移负商品的非正义行径,“跨国公司的经济结构让商品与负商品之间的另一种分隔成为可能。为应对先进工业社会内对污染物排放的更严格限制,一些公司已经开始把一些产品的生产转移到还没有这些规定的欠发达国家……制成品几乎完全在工业化社会中消费,但生产国的居民却为换取经济利益而遭受环境风险”①。约翰·福斯特(John Bellamy Foster)利用“生态债务”一词表明发达国家欠第三世界的债务,形成了生态帝国主义:“(1)某些国家对另外一些国家的资源掠夺,以及改变民族和国家所依赖的整个生态系统;(2)与榨取和转移资源相关联的大规模的人口和劳动转移;(3)利用诸多社会的生态脆弱性以加强帝国主义控制;(4)以加深中心国家与外围国家之间隔阂的诸多方式倾倒生态废弃物;(5)产生了标志着资本主义与环境之间关系的全球性‘新陈代谢断裂’,并同时限制了资本主义的发展。”②佩珀还强调,这种不公正不仅存在于发达国家与发展中国家,还存在于国家内部的富人与穷人之间,正是由于资本主义制度缺少社会公正才使得生态危机日趋严重。因此要想解决生态危机必须建立以社会正义为基础的生态社会主义社会。“政治上无权和处于不利地位的人们在经济上日益地被边缘化,并且实现利润增长的环境成本也越来越大。但是,由于这些问题植根于资本主义政治和经济的现存根源,不存在从根本上加以分析和解决的希望,社会不公正和环境退化这两个祸害即使人们已经认识到它们的存在,也仍将继续扩大。”③原因很简单,社会公正不仅具有理论维度,还必须具有现实维度。社会公正作为社会内部自发的“稳定器”,既维护了社会稳定,又使得

---

① [加]威廉·莱斯. 满足的限度[M]. 李永学,译. 北京:商务印书馆,2016:39.

② [美]约·贝·福斯特. 生态革命——与地球和平相处[M]. 刘仁胜,李晶,董慧,译. 北京:人民出版社,2015:212.

③ [英]戴维·佩珀. 生态社会主义:从深生态学到社会正义[M]. 刘颖,译. 济南:山东大学出版社,2012:2.

个人自由得到了充分的发挥。总之,生态正义的实现必须基于生产资料公有制、广泛的基层民主和真正平等的基础上。生态社会主义对解决生态环境问题的立场是一致的:社会主义。生态社会主义认为,社会主义自诞生之初就是通过批判资本主义制度的非正义性来要求变革资本主义生产方式。但其他环境主义者对环境正义和社会正义的追求多是通过调整工资水平、缩短工作时间、改善工作环境等"分配性正义"来实现。但奥康纳认为分配性正义在一个社会化生产已达到高度发展的世界中是根本不可能实现的。因此,正义之唯一可行的形式就是生产性正义;而生产性正义的唯一可行的途径就是生态学社会主义。① 由此,也可以看出"生态社会主义社会是社会主义价值观念的真正复活"②。另一方面,虽然关于生态社会主义社会内部到底是什么样子的生态社会主义者并未达成一致,但他们在经济上追求稳态经济、政治上强调民主化和分散化,并在此基础上强调价值观的变革,这些都与生态正义的要求是一致的。显然,生态社会主义试图以社会公正为名对资本主义制度发起诘难,并以此为据夯实生态正义的社会基础。

综上所述,生态社会主义提出了判断社会正义的基本价值尺度,克服了西方已有正义方案的严重症结并以社会公正夯实了正义的社会基础。基于此,佩珀坚定地认为,生态社会主义"是一个在艺术上更丰富的社会,其中,人们吃更加多样化和巧妙精致的食物,使用更加艺术化建构的技术,接受更好的教育,拥有更加多样性的休闲消遣,更多地进行旅游,具有更加实现性的关系等等"③。

三、生态社会主义正义观的经验基点

完成环境议题的现实探讨和理论分析之后,生态社会主义的最后任务便是实践——理论付诸现实,并在实践探索过程中不断丰富和完善与正义相关的诸

---

① [美]詹姆斯·奥康纳. 自然的理由:生态学马克思主义研究[M]. 唐正东,臧佩洪,译. 南京:南京大学出版社,2003:538.

② 王雨辰. 生态批判与绿色乌托邦:生态学马克思主义理论研究[M]. 北京:人民出版社,2009:235.

③ [英]戴维·佩珀. 生态社会主义:从深生态学到社会正义[M]. 刘颖,译. 济南:山东大学出版社,2012:268.

多论证。在此,本部分将从“生物倾向与社会取向的价值调换”“生态社会主义正义道路的红绿论争”以及“从浅生态学到深生态学的理论转变”三个层面加以阐述。

（一）生物倾向与社会取向的价值调换

无论是人类中心主义,还是生态中心主义,在生态问题上都涉及主客体关系问题,即在人与自然的关系问题上何者为主体,何者为客体。在人类中心主义看来,人来自于自然又凌驾于自然之上,人理应为主体。恰恰相反,生态中心主义则认为,人具有自然属性,自然是母体,人是个体,个体不能游离于母体之外,因此人要服从自然。然而,在生态社会主义看来,传统的人类中心主义抑或生态中心主义在解释主体时,仅仅是从生物学上对主客体进行界定,主客体关系不过是一种纯粹的生物学意义上的关系,而非一种现实关系。但是,恰如卢卡奇(Georg Lukács)所言:“自然是一个社会范畴。这就是说,在社会发展的一定阶段上什么被看作是自然,这种自然同人的关系是怎样的,而且人对自然的阐明又是以何种形式进行的,因此自然按照形式和内容、范围和对象性应意味着什么,这一切始终都是受社会制约的。”①因此,在生态学上,只有完成从自然倾向到社会取向的价值调换才意味着生态学的真正转向。生态社会主义承继法兰克福学派的“衣钵”,从更为现实的经济、科技、制度等方面理解正义问题并加以哲学反思,完成了生态学的价值观念调换。这种调换主要表现在以下方面:

其一,面对生态危机,从资本主义生产方式批判转向经济批判。生态社会主义认为,资本逻辑和扩大再生产背后隐藏的是大量能源消耗与自然资源掠夺。过度生产必然引起过度消费,自然界必然成为“商品化的、受污染的、军事化的自然”②。处于资本支配下的人(经济人)必然对自然巧取豪夺,资本主义的生产方式、生产条件、私有制等因素必然成为生态危机的根源。借用福斯特“踏轮磨坊

---

① [匈]卢卡奇.历史与阶级意识[M].杜章智,任立,燕宏远,译.北京:商务印书馆,2017:285.

② [美]H.马尔库塞.反革命与造反//H.马尔库塞等.工业社会和新左派[M].北京:商务印书馆,1982:128.

的生产方式”的观点：在自由市场原则下，提高资源利用率仅是表象，深层问题在于，提高资源利用率必然带来更大规模的社会问题。不仅如此，奥康纳还认为，马克思主义仅仅将自然要素、个人条件、一般公共条件纳入生产条件范围内还远远不够，还应该“围绕着生产条件的供应而展开的社会的经济及政治斗争对资本的成本、花费及变化性(灵活性)的影响问题”①。高兹更是基于资本主义生产方式展开了对经济理性、工具理性的批判，资本主义对于剩余价值的追求必然会导致经济理性的出现，因为在自由竞争的市场条件下，“越多越好”已经成为衡量的标准与尺度。在经济理性条件下，这不仅造成了生态环境的恶化，还使得工人阶级降为“奴隶”阶级，“工人们进入生产过程后，将被剥夺他们的人格、个性、个人目标和欲望。作为纯粹的劳动力，他们是可以交换的，可与任何其他工人的劳动相比，他们服务的目标不是他们自己，而且对他们来说没有任何意义”②。这也是马克思主义所说的“异化劳动”。简言陈述，以资为例。纵览生态社会主义，生态视角的资本主义生产方式批判固然重要，但却非根本症结所在，必须将其引向全面的经济社会批判。

其二，面对生态危机，用现实的消费意识形态补充高度集权的政治体制批判。生态社会主义认为，消费的主体或人(政治人)为了获取权力、威望等带有一切能体现与他者差异的商品，必然掠夺稀缺资源。霍克海默在《独裁主义国家》一书中反思苏联模式，认为高度集权的政治体制是更高程度的资本集中，是对自然的更大盘剥，因而是生态危机爆发更为迅速的罪魁祸首。但是，霍克海默却将法西斯主义、资本主义等同于社会主义，在批判集权政治体制的同时否定了无产阶级国家政权。高兹坚持传统生态社会主义观点，认为资本逻辑是生态危机的必然之根，但却从“富裕的贫穷”现象出发将资本主义经济增长模式批判上升到政治批判的高度。高兹区分了发达地区的贫穷和欠发达地区的贫穷。他认为，

① [美]詹姆斯·奥康纳. 自然的理由：生态学马克思主义研究[M]. 唐正东，臧佩洪，译. 南京：南京大学出版社，2003：255－256.

② André Gorz. *Critique of Economic Reason*[M]. London · New York：Verso，1989：20.

欠发达地区的贫穷依然是物资不足，而发达地区的贫穷具有特殊消费的性质。发达地区的消费的特殊性表现在三个方面：

(1)特定阶级垄断本来富裕的资源，该资源本身充裕却不被其他阶级所拥有。如斯密所言："有大财产的所在，就是有大不平等的所在。有一个巨富的人，同时至少有五百个穷人。少数人的富裕，是以多数人的贫乏为前提的。"①

(2)那些数量有限又不能被平分的资源只对富裕者开放——特权阶级的占有表现出排他性。

(3)那些因为难得或者价高的特殊产品，在消费过程中赋予消费主体独特的地位或威望。

显然，对商品的特殊属性的消费使得不同阶级之间的区分格外明显，俨然成为一种意识形态消费。更大的危害在于，意识形态消费必然对珍贵资源、濒危物种等带来毁灭性的灾难。基于此，高兹明确地指出，必须将生态目标和政治任务结合起来，站在政治的高度对消费意识形态进行批判。如其所言："生态运动并不是目的本身，而只能是一个更大的斗争的一个阶段。"②其目的是要走向自由解放的社会主义。

阿格尔(Ben Agger)认为异化劳动理论是马克思主义最为重要的思想之一，是一种"极深刻、极具创造性的""革命性的见解"③，但他同时又指出异化劳动仅仅是集中在生产性领域，而未能看到消费领域的异化问题。资本主义社会中，由于劳动异化现象的存在，人们为了补偿自己单调乏味的工作，只能到消费领域去寻找幸福，"劳动中缺乏自我表达的自由和意图，就会使人逐渐变得越来越柔弱并依附于消费行为"④。这是一种虚假的消费需求，真正的消费需求是要将"自我实现的劳动与有益的消费结合起来"⑤，改造这种异化消费唯一的途径是消灭

---

① [英]亚当·斯密.国富论[M].郭大力，王亚南，译.北京：商务印书馆，2015：679.

② André Gorz. *Ecology as Politics*[M]. Boston：South End Press，1980：3.

③ [加]本·阿格尔.西方马克思主义概论[M].慎之，等译.北京：中国人民大学出版社，1991：26.

④ [加]本·阿格尔.西方马克思主义概论[M].慎之，等译.北京：中国人民大学出版社，1991：493.

⑤ [加]本·阿格尔.西方马克思主义概论[M].慎之，等译.北京：中国人民大学出版社，1991：497.

生产性的劳动异化、消灭资本主义制度。

其三,生态社会主义对资本主义科学技术和文化的批判。生态社会主义基于法兰克福学派的技术理性批判痛斥资本主义境遇中的科学技术。在生态社会主义看来,“知识就是力量”这个命题就是生态危机的“原罪”。知识本无善恶,但“知识就是力量”却暗指人对自然的统治,即知识就是权力——人对自然的主宰与控制权。“知识就是权力”更为现代的表达方式是“技术就是权力”。科技的权力首先表现在人对自然的控制上,使人与自然的鸿沟最大化。但人类在对此感到“骄傲”时,却又因此丧失了存在的“家园”。因为自然归属于人的无机生命,人丧失自然的同时,人类也将脱离生存之根。因此,实现自然的解放,必然要放弃自然屈从于人类的野蛮图谋。基于此,马尔库塞认为:“自然的解放意味着重新发现它那提高生活的力量,重新发现那些感性的美的质,这些质对在无休止的竞争中浪费了的生命来说是陌生的;这些质表明了自由的新的质。”①提倡一种人对自然的人道主义占有理念,这种占有一方面是为了人,而另一方面是为了物,即“为了物而同物发生关系”。简而言之,马尔库塞不甘于用折中的办法解释生态危机,而是撇开一切(包括资本主义制度),给科学技术贴上“原罪”的标签。生态社会主义同样认为,马克思主义从生产力入手肯定了科学技术作为生产力的正面力量,但却忽视了科学技术的负面作用。因此必须要像法兰克福学派那样采用辩证的方法,对科学技术做分析和批判,揭示科学技术和生产力发展本身所导致的异化的维度。基于此,莱斯(William Leiss)认为,在现代生产方式中,科学技术控制了自然,随着自然成了控制的对象,科学技术也成为被控制的工具。然而,对自然的控制逻辑必然导致对人的控制,一系列社会问题由此爆发。科学技术本身价值中立,只满足人类需要的手段和工具,但是在资本主义经济扩张背景下,却包含资本主义意识形态性。因此,对于人与自然的关系,人类应该对人的需要做重新评价,以减少对环境破坏的影响,改变对自然的控制观念。奥康纳

① [美]H. 马尔库塞. 反革命与造反//H. 马尔库塞等. 工业社会和新左派[M]. 北京:商务印书馆,1982:128.

把技术分为“好的技术”与“坏的技术”，认为解决生态环境危机的关键在于我们选择“好的技术”还是“坏的技术”以及如何实现这种选择。“反对‘坏的技术’与追求‘好的(替代)技术’的斗争必须联合起来，同迫使资本内化其外在成本，或者与在资本外化成本时对其加以惩罚(如罚款)这种斗争相比，反对‘坏的技术’的斗争要更为复杂。之所以如此，是因为科技不仅仅是一个技术问题，也是一种社会和政治问题。当今反对‘坏的技术’的斗争主要有两种形式：第一种发生在工作场所和社区之中，例如，‘知情权’和‘节约资源’运动；第二种是指在现存机制之外发展替代技术的运动。前者努力阻止那些具有内在危险性的东西出现；后者则限于在现存权力结构之外来发展一些替代品，因而(正如前面提到过的)这实施起来要容易些，比如大资本对太阳能的采用。而从另一方面来说，‘好的技术’可能会威胁到工厂或办公室中的社会科层结构。因此，用好的技术来代替坏的技术意味着需要用社会互助关系来代替那些使社会退化、疲软、危险的劳动关系。再则，离开了这种替代技术运动，我们也就不会知道那些好的技术实际上是什么样的。”①

综合来看，生态社会主义的批判范围无论多么宏大，都将被“人与自然”抑或“主客体关系”这一范畴涵盖。生态社会主义从更为现实的全面的视野来理解生态正义问题，完成了生态正义问题从生物倾向到社会取向的价值调换。生态主体不再指向纯粹的生物主体，而是由经济、政治、文化等复合而来的社会主体。

(二)生态社会主义正义道路的红绿论争

生态社会主义不断发展的经验基点之二是关于生态正义道路的红绿论争。纵观生态社会主义正义道路的红绿论争，从其产生至今大致经历了“由红到绿”“红绿交融”“绿色红化”这样三个发展阶段。顾名思义，“红”指的是社会主义运动，“绿”指的是生态运动。生态社会主义在历史唯物主义理论基础上，对生态危机的性质、根源及解决手段和方式进行了探讨，对马克思主义关于人与自然的辩

① [美]詹姆斯·奥康纳. 自然的理由：生态学马克思主义研究[M]. 唐正东，臧佩洪，译. 南京：南京大学出版社，2003：332－333.

证关系、资本主义制度的反生态本质、人的本质及其劳动异化等理论进行了丰富和发展,也对马克思主义唯物史观中社会物质生产力和科技技术进步推动社会发展等理论进行了诘难。

20 世纪 60 至 70 年代,国外学界开始谋求社会主义由“红”到“绿”的转变,生态社会主义开始萌芽。这一时期最早介入绿党的代表人物是共产党人鲁道夫·巴罗(Rudolf Bahro)和亚当·沙夫(Adam Schaff),他们是推动生态社会主义产生的主要代表,致力于将生态运动纳入共产主义运动之中,他们不但参与了生态社会主义的创建,而且率先把生态社会主义的理论观点付诸于实践,要求建立一个广泛的群众联盟,这一联盟由进步的非暴力组织组成:“第一,能够把每一种社会主义的价值结合起来,同上述 5 种挑战展开斗争;第二,只有理解改变目前的资本主义制度使之成为具有某种社会主义特性的后资本主义制度,上述斗争才能有效展开;第三,必须能够把准备同上述挑战展开斗争的社会势力(除了传统的左派运动和政党外,还有新的社会运动,如生态运动、妇女运动、青年运动等)团结起来。”①因而他们被称为“西方社会主义生态运动的代言人”。虽然鲁道夫·巴罗和亚当·沙夫并没有明确提出“生态社会主义”一词,但绿党提出的生态学、非暴力、基层民主、社会责任感、分散化等原则与生态社会主义的主张基本一致,他们也试图将社会主义与生态结合在一起。因此,这一时期生态运动与社会主义运动实现了由红到绿的转化。但是,真正对生态社会主义理论的形成起到决定性作用的,是法兰克福学派的马尔库塞。马尔库塞在《单向度的人》一书中,论述了科学技术的进步不仅没有实现人的解放,反而造成了人与自然被奴役的状况。“政治意图已经渗透进处于不断进步中的技术,技术的逻各斯被转变成依然存在的奴役状态的逻各斯。技术的解放力量——使事物工具化——转而成为解放的桎梏,即使人也工具化。”②在其晚年,马尔库塞在《论解放》与《反革

① [波]亚当·沙夫.呼唤新左派——《困惑者纪事》(一)[J].郭增麟,编译.当代世界社会主义问题,1996(4):25-30.

② [美]赫伯特·马尔库塞.单向度的人:发达工业社会意识形态研究[M].刘继,译.上海:译文出版社,2008:127.

命与造反》等著作中，研究了马克思《1844 年经济学哲学手稿》中人与自然的辩证关系理论，论证了资本主义的生产方式内含着生态矛盾，人与自然的异化加剧了人与人之间的异化，因而要求实现人与自然的双重解放。“在现存社会中，越来越有效地被控制的自然已经成了扩大对人的控制的一个因素：成了社会及其政权的一个伸长了的胳臂。商业化的、受污染的、军事化的自然不仅从生态的意义上，而且也从生存的意义上缩小了人的生活世界。它妨碍着人对他的环境世界的爱欲式的占有（和改变）：它使人不可能在自然中重新发现自己，无论是在异化的彼岸，还是此岸；它也使人不可能承认自然是自主的主体——人和这一主体一起生活在一个共同的人的世界里。这种情况也不能用下述办法来消除：使群众性的娱乐活动和公共交往，自发地或有组织地，享受到大自然之美。不快正被释出，它只能给损害自然添加一种新的变种而已。”①但这一时期的生态社会主义只是西方马克思主义理论中力量较为弱小的一个派别，以资本主义批判为主要任务，还没有形成系统的关于生态以及社会主义的理论论述。因此，它在一定程度上与“绿色政治”运动的理论区别还不明显。此外，这一时期参加生态运动的人员身份复杂，并且缺乏严密的组织性，他们更为关注现实中出现的具体生态环境问题并为之进行抗争，但对社会主义的兴趣远远低于对绿色运动的兴趣，所以这一时期生态社会主义的影响不太大，“在这一运动中的地位并不是很高，只能算作是‘万绿丛中一点红’”②。

20 世纪 70 至 80 年代，生态运动（或绿色运动）迅猛发展，生态社会主义进入快速发展时期。这一时期，人们对生态环境问题的思考更加深入，已超越了生态学范畴，尤其是在 20 世纪 70 年代末，生态运动（或绿色运动）的形式也有了变化，出现了集环境保护、和平运动和女权运动等为一体的多元化趋势。生态社会主义的生态理论也有了比较完整的理论体系，这一理论的内容涉及生态危机的

---

① ［美］H. 马尔库塞. 反革命与造反［M］//H. 马尔库塞等. 工业社会和新左派. 北京：商务印书馆，1982：128.

② 俞吾金，陈学明. 国外马克思主义哲学流派新编：西方马克思主义卷（下册）［M］. 上海：复旦大学出版社，2002：577.

根源、生态危机克服所需要依靠的社会力量、遏制生态危机应当采取的手段和方式、对未来社会的构想。在对生态危机等问题的反思中，生态社会主义以马克思主义的方法对资本主义进行批判。这一阶段，生态社会主义的主要代表人物包括两大阵营：一是以阿格尔和莱斯为代表的北美阵营；二是以高兹为代表的欧洲阵营。莱斯作为马尔库塞的学生，继承了法兰克福学派“控制自然”“异化消费”等观念，并与生态环境危机结合起来，认为控制自然的观念是生态环境危机的根源，同时也致力于将马克思主义与生态学结合，提出资本主义的异化已经从马克思主义所关注的生产领域扩展到消费领域，因此未来生态社会应从克服虚假需求出发，建立一个不追求物质财富的实行稳态经济的“守成的社会”。阿格尔作为北美马克思主义的重要代表，致力于将生态问题引入北美马克思主义，第一次提出了“生态学马克思主义”的概念，他在分析资本主义经济危机的基础上提出，资本主义社会基本矛盾已经不再以经济危机的形式表现出来，而是合法性危机和生态危机取代了经济危机。但资本主义制度同样无法从根本上解决生态危机，分散化、小规模、非官僚化和自主化的社会主义社会才能实现人与自然的和谐、人真正的自由和幸福。在欧洲，高兹作为这一时期生态社会主义的主要代表提出了一系列生态社会主义基本范畴和观念。高兹师从法国存在主义大师萨特(Jean-Paul Sartre)，在20世纪70年代之后才开始研究生态政治，而后开启了生态社会主义研究。高兹认为资本主义社会最不合理的是经济理性，经济理性不仅导致了人的异化还产生了严重的生态破坏，因此资本主义的危机从本质上来说就是生态危机，只有社会主义才能解决这一问题，但这一社会主义不是科学社会主义及其实践——苏联社会主义，而是实行生态理性的生态社会主义社会。这一时期的生态社会主义更多受罗马俱乐部、深生态学等环境主义、无政府主义、存在主义、法兰克福学派等思想的影响，但也致力于用马克思主义的理论和方法研究问题，鉴于这一时期生态社会主义思想已经在整个环境主义运动中占据重要地位，可以说这一时期处于“红绿交融”状态。

20世纪90年代以后，生态社会主义理论进入了成熟期。苏联解体和东欧剧变后，生态社会主义对东欧和苏联社会主义感到失望，同时资本主义虽然赢得了冷战的胜利,但它不仅没有有效地解决本国生态环境问题,还向第三世界输出污染并掠夺资源。在这种背景下,生态社会主义关注点从生态环境危机根源问题转移到经济社会的可持续发展问题,公众也参与到生态运动中。生态社会主义的生态危机理论逐渐系统化并走向成熟,他们一方面把对资本主义的批判深入到制度层面,并特别针对生态帝国主义的生态掠夺、污染输出以及战争进行反思,另一方面对苏联社会主义及其生态问题进行考察,对生态社会主义社会进行全面构建,包括生态社会主义实现的基本原则、依靠力量、实现方式,从而丰富了生态社会主义理论体系。从代表人物上看,欧美地区均涌现了一批极具特色的生态社会主义者,在欧洲戴维·佩珀就是其中具有代表性的人物之一,佩珀的主要理论贡献是构想出了"红色绿党"和"绿色绿党"的发展框架,并提出了生态社会主义的基本原则;在北美,福斯特可以说是一位具有卓越贡献的生态社会主义者,他的理论内容主要包括马克思的生态思想、生态帝国主义、人口问题、技术问题、经济增长问题等。总的来说,这一时期的生态社会主义,一方面,持续性出现"从红到绿"以及"红色绿化"的现象,即一些左翼分子继续被生态环境问题吸引纷纷进入这一领域,甚至与环保运动结盟;另一方面,持续性出现"从绿到红"以及"绿色红化"的现象,即一些生态哲学家开始在不同程度上认同马克思主义自然观,并运用马克思主义自然辩证法、唯物史观、政治经济学观点及其价值追求分析生态环境问题,构建未来社会。如福斯特(John Bellamy Foster)和伯克特(Paul · Burkett),福斯特从马克思《资本论》中人与自然的物质变换理论出发,论证了马克思主义理论本身具有深刻的生态观,只不过由于时代使命而被掩盖了。伯克特针对学术界关于马克思是生产主义者,马克思主义理论不涉及自然等"生态原罪"说进行批判,着重分析了马克思主义的历史唯物主义、共产主义思想中的生态意蕴。除此之外,生态社会主义的影响从欧美国家开始向外扩散,如日本的岩佐茂,是第一个把生态社会主义思想传播到日本的学者。他分别分析了青年马克思、恩格斯以及《资本论》中的环境保护观点,但他也指出:"在马克思的思想中,即使有环境保护的观点,有与生产力的质相关的观点,但是马克思本人并没有自觉地把自己的思想同生产力主义区别开来。"①在高兹经济理性与生态理性理论的基础上,岩佐茂提出了要从"资本逻辑"到"生活逻辑"的转变,这就要求对资本主义制度进行彻底的变革,并得出结论社会主义在本质上是生态社会主义。"而随着'绿色红化'现象的出现,在生态运动中'红色'的地位又进一步增强了,现在已不是'红绿交融',即'红''绿'平分秋色的问题,而是呈'红色'后来者居上的趋势。"②

显然,生态社会主义恰恰是在"红"与"绿"的道路论争过程中赋予生态问题以社会维度,使生态问题的基本正义要求和价值理念得到更大程度的关注。生态视角的"红"与"绿"论争也为生态社会主义正义观奠定了一定的经验基础。

(三)从浅生态学到深生态学的理论转变

从19世纪中叶至20世纪中叶的一百年里,随着环境运动的产生与蓬勃发展,西方学者从不同的角度提出了人如何对待自然的态度要求,表现出从浅生态学走向深生态学的理论倾向。1973年阿恩·纳斯发表《浅生态运动与长远的深生态运动:概要》一文,将生态运动划分为:(1)浅生态学(Shallow Ecology),即对生态环境问题进行浅层次分析,认为生态危机的根源在于科学技术问题,因而寻求在不改变社会结构的情况下,依靠新技术的应用来改变生态状况,并主要关注发达国家人民的健康。(2)深生态学(Deep Ecology),强调要分析生态危机的深层根源,以建构一种新的人与自然关系的认知模式来改变现有的生态价值观念。具体来说,浅生态学和深生态学的主要区别表现在以下四个方面:

(1)在自然观上,浅生态学主张人与自然是对立的,人控制着自然,而深生态学则坚持人与自然的关系是和谐统一的。

(2)在价值观上,浅生态学认为自然之于人仅有工具价值,深生态学则认为自然具有内在价值且与人类价值和谐统一。

---

① [日]岩佐茂.环境的思想:环境保护与马克思主义的结合处[M].韩立新,张桂权,刘荣华,等译.北京:中央编译出版社,2006:131-132.

② 俞吾金,陈学明.国外马克思主义哲学流派新编:西方马克思主义卷(下册)[M].上海:复旦大学出版社,2002:579.

(3)在经济与技术观上,浅生态学将生态危机的根源归咎于第三世界的人口增长并试图用技术革新来克服经济增长造成的生态危机,深生态学用增长极限(自然承受力)取代经济增长并以非支配性技术来平衡生态系统。

(4)在社会观上,浅生态学主张非限制性的消费主义,而深生态学则提倡适度消费和生态资源的再生利用。

很明显,浅生态学与深生态学存在巨大差距,两者的循序转变为生态社会主义正义观奠定了经验基础。具体而言,从浅生态学到深生态学的理论转变的价值主要表现在三个方面:

其一,从浅生态学理论到深生态学理论的转变为生态社会主义反思生态危机的根源提供了反思批判的视角。过往的学者在反思生态危机根源时往往将其直接归咎于西方工业化进程中技术革新的负面作用,因而生态危机批判重点就是科学技术批判。但是,科学技术本身并无善恶之分,技术的破坏性在于人类的使用方式和价值观念,而这一切都屈从于特定的制度和文化。资本主义企图以绿色技术革新解决生态危机的想法,从根本上说就是一种掩耳盗铃式的自我欺骗。生态社会主义认为,生态危机批判的根本任务是进行资本主义制度和文化批判。到此,我们得到了两种居于不同层面/深度的批判视角,前者是浅生态学技术批判,而后者则是深生态学的制度批判,生态社会主义正是通过追问生态危机的制度文化根源而将技术批判置于浅层,也将全面深入地反思生态危机根源引向深入。

其二,从浅生态学理论到深生态学理论的转变为生态社会主义实现价值观念变革提供了经验基点。价值观念的变革是建构深生态学思想体系的前提和基础,深生态学通过反思和批判人类中心主义的价值观,逐步引领人们树立更深层、更博爱的价值观。为此,生态社会主义的理论意旨就在于将浅层生态价值观引向深入。深生态学认为生物圈具有公平的权利,有其内在的价值,这在一定程度上为生态价值观念的深层变革和飞跃,实现生态正义奠定了一定经验。

其三,从浅生态学理论到深生态学理论的转变为生态社会主义分析人与自然关系提供了新的范式。生态社会主义认为生态危机实质上是人与自然关系的对立导致了人与人之间的异化，要实现人与自然的和谐需要破解这种异化。对生态危机的审视，不难分析，以往的哲学范式未能揭示和把握生态环境问题以及科学技术困境的实质，更无法处置生态领域中日益复杂的多元利益关系。浅生态学将人与自然截然分开并使其呈现二元对立态势，深生态学则试图缓和这种把人与自然截然分开并对立起来的态势。奈斯指出，我们必须用深生态学的观念来处理人与自然之间的关系，将世界看成一个整体的有机系统，从根本上彻底改变把人与自然主客二分的哲学世界观。显然，这一点在生态理论体系中并无新意。但是，值得一提的是，生态社会主义在坚持人与自然一元论的同时，强烈反对追求奢侈享受的消费主义生态方式。即是说，尽管生态社会主义强调人类在人与自然关系中的主导作用，但却更注重主导形势下人与自然的平等地位。深生态学主张以适度消费取代奢侈享乐的消费主义，从理性向直觉、从分析向综合、从还原向整体、从线性向非线性转变来把握人与自然的关系，丰富了已有的人与自然关系一元论的观点，为正确处理人与自然关系实现生态正义提供了一种哲学思考范式。

综上所述，从浅生态学到深生态学的理论转变为继续推进人与自然的关系研究，探寻生态正义的实现路径提供了深层次的批判视角，在一定程度上实现了生态价值观念的变革，也为实现生态正义提供了一种新的哲学思考范式。简言之，从浅生态学到深生态学的理论转变为生态社会主义正义观奠定了经验基础。

第二章
生态社会主义对正义危机的根源分析

“生态社会主义从广义上界定‘环境’和环境议题，以包括大多数人的关切。”①既然环境议题是广义的，那么环境问题导致的正义危机的根源也应是全面的，生态社会主义从整体上分析了社会正义危机的经济根源、政治根源以及社会文化根源。

一、正义危机的经济根源

在经济层面，生态社会主义认为，非正义的经济因素造成的生态环境问题的根源主要在于“生态资源问题及其与人口增长的矛盾”“增长极限与资本的癌性扩张”“货币价值通约性的破坏性”和“资本主义经济制度及其非正义性生产”四个方面。

（一）生态资源问题及其与人口增长的矛盾

蕾切尔·卡森在《寂静的春天》警示说，资源危机是生态危机最直接的表现形式之一。在这里，我们要谈到的是自然资源与正义（或非正义）的相关性问题。犹如彼得·S. 温茨（Peter S. Wenz）所说，“正义的问题源自人们的需求超出了用以满足他们的事物的供给”②。生态社会主义认为，一方面，社会化大生产必然使

① ［英］戴维·佩珀. 生态社会主义：从深生态学到社会正义［M］. 刘颖，译. 济南：山东大学出版社，2012：283.

② ［美］彼得·S. 温茨. 环境正义论［M］. 朱丹琼，宋玉波，译. 上海：上海人民出版社，2007：89－90.

自然资源占有量处于弱势的国家或地区处于更加不平等的地位；另一方面，无论自然资源占有量处于何种地位，这种不平等地位又会因环境资源的不正确开发和使用而进一步加深。值得一提的是，在生态社会主义看来，全球生态资源也将随世界人口变化而呈现出不同状况。我们可以更明确地说，环境资源视角下生态非正义性的主要影响因素有三个：自然资源分配的代际非正义性，自然资源开发和使用方式的非正义性以及世界人口。

其一，生态危机与环境资源分配的非正义性相联系。正如温茨说，“在（资源）相对匮乏的情况下才会出现正义诸议题……仅仅当被占用的物品被占用时是如此充足，以致于考虑其公正分配成为毫不相干之事的时候，私有财产的原始占用才会正当地发生。”①资本逻辑下，社会化大生产的重要基础就是自然资源，因而国家或地域之间的特定自然资源分配状况决定了生态正义的表现形式和地位。需要强调的是，分配正义不仅涉及资源的分配问题，而且涉及生态系统的保护和协调问题。在这里，我们重在分析生态资源分配额度的生态正义的影响。我们以森林资源的分配问题来表达具体观点。例如，森林资源丰富的地方，将会对该地区在森林资源领域中的优势地位起决定作用。具体来看，森林覆盖率的全球平均水平约为31.7%，而南美、中非、东南亚和亚欧大陆北部4个地区就占有全世界森林资源总和的60%，这将使这些区域与其他区域在未来的发展中处于不平等地位。但是，具备环境资源优势地位的区域也将成为环境破坏较严重的地带。据联合国环境规划署报告称，处于南美洲的巴西每年森林丧失量就高达230万公顷。除此之外，环境资源分配的代际正义问题也十分重要，它不仅涉及当代人与后代人，更涉及前代人与当代人之间的分配正义问题。例如，各国的碳排放权问题，全球气候变暖这一问题主要是由发达资本主义国家在其现代化过程中大量使用化石燃料造成的，这是一个不争的事实。因此，在讨论资源的分配以及生态保护的时候，就不能只看到作为“当代”主体的发达国家和发展中国家的责任，而忽视作为“前代”主体的发达国家的责任。但这很难约束发达国家

① [美]彼得·S.温茨.环境正义论[M].朱丹琼，宋玉波，译.上海：上海人民出版社，2007：90.

承担更多的责任，美国、加拿大退出《京都议定书》，日本、澳大利亚等国坚决反对《京都议定书》第二期的承诺……相反，发达国家还强迫发展中国家承担更多的减排义务。可见，生态的资源代际特色映射了生态资源分配的非正义，具有特定环境资源优势的地区也因这一优势遭致相应的损害。因而，实现生态正义，不同区域之间的着力点理应有所不同。

其二，生态危机又与自然资源开发和使用方式的非正义性相关。萨拉·萨卡在分析苏联社会主义生态模式的失败时就认为，苏联高度集中的计划经济迫于国内外严酷的经济形势需要而被放弃，取而代之的是以最大限度的资源开发为保障的市场经济。然而，苏联式的市场经济模式最容易耗尽自然资源。在经济利益凌驾生态利益的思维观念下，国家依靠行政下达组织大规模资源开发与社会化大生产的计划。企业不关心资源节约，相反，过度的资源浪费被认为是科学的、合理的。比如，当开采矿石或者油井需要比以往花费更多的劳动力和机械设备时，矿主就会放弃正在开采的矿石或者油井。显然，这种做法导致资源开采过程中大量自然资源被挥霍和浪费。借用格·尼·瓦奇纳泽的数据来说，苏联以追求纯粹利润增长为目标的自然资源开发，导致木材采伐量的2/3、石油开采量的7% ~20%白白流失了①。同时由于治理能力以及治理体系存在缺陷，国有财产被浪费以及偷取的现象非常普遍。结果显而易见，苏联的资源短缺和空心化现象越来越严重。显然，自然资源的不正义性开发和使用同样会引发生态危机。

其三，环境资源危机境遇下的生态正义还受到世界人口状况的影响。丰富的自然资源与环境条件孕育了人类，并为人类的生产与文明的发展创造了持续的物质资源与自然基础，因而生态正义必然要求人与自然之间的和谐状态。但是，生态正义不仅是指良好的环境资源分配、开发、使用和保护的综合过程，还指人类生态利益不断提高的过程，并且二者互动关联、辩证统一。但是，人类社会发展人口数量激增，能够直接满足人类生活需要的天然资源正在被逐渐消耗，资

---

① ［俄］格·尼·瓦奇纳泽. 俄罗斯［M］. 孙润玉，等译. 北京：新华出版社，1993：22.

源的稀缺性特征逐渐体现出来。于是,“环境资源的稀缺性”与“人类逐步增长的资源需求”成了一种紧张关系。具体而言,“稀缺”与“需求”、自然与人类之间的紧张关系表现在三个方面:

(1)“稀缺”与“需求”之间的相对性——环境资源数量与人口数量及其欲望程度相对。

(2)自然向人类的演化性——人类的自主性生产行为介入自然并使资源的稀缺性向社会演化。

(3)环境资源稀缺的结构性——因环境资源供给结构与人类的需求结构之间的矛盾而导致的稀缺。

正如温茨在揭露自由派理论的弊病时说的那样,“这个理论可能无法为财产权提供令人信服的理由以助于解决环境正义中当前存在的问题,因为这个理由也许只在物品充裕的条件下适用,而当前我们的状况是稀缺。”①以上三个方面表明,生态正义与世界人口有着密切的联系,这种关联以人类的物质需要为标准,又因资源的稀缺性与世界人口增长之间的非均衡关系而成为生态非正义性的辨别指南。

萨拉·萨卡认同在增长极限范式下,一些环境保护主义者秉持“环境影响=人口×富裕×技术”的观点,并认为人口增长是影响当今环境问题的一个重要因素。此外,萨拉·萨卡认为全球人口数量在不断增长,就必须要满足所有人的需求,但是据联合国的统计,粮食生产的增长速度却在下降,哪怕是科学技术的进步也无法满足人们的期望,由此得出结论:我们要做的并不是要生产更多的粮食,而是应该控制人口增长,“在人口日益增长的国家,最重要的、最迫切的任务就是停止人口的增长”②。

现实中,很多政治力量都反对人口控制政策,萨拉·萨卡从批判他们的理论

---

① [美]彼得·S.温茨.环境正义论[M].朱丹琼,宋玉波,译.上海:上海人民出版社,2007:92.

② [印]萨拉·萨卡.生态社会主义还是生态资本主义[M].张淑兰,译.济南:山东大学出版社,2012:211.

论证来说明控制人口增长的必要性：

第一，“世界上有充足的食物，所需要的只是正确的分配”①。萨拉·萨卡认为，首先我们并没有乐观的证据表明世界的食物能满足不断增长的人口，科学技术有可能做不到这一点。其次，要生产大量的粮食，必须进行集约化生产，而这会对生态环境产生消极影响。再次，分配粮食并不能指望有粮食剩余的国家把剩余的粮食送给缺少粮食的人们，因为这些粮食是他们辛苦工作所得。最后，假设有粮食剩余的国家愿意卖出剩余产品，那些缺少粮食的人也不一定有足够的外汇来进口。因此，从分配的角度解决不了人口增长所带来的问题。

第二，“计算地球所固有的最大负载能力”②。根据联合国的统计，世界有足够的土地养活330亿人口，而世界人口会在某段时候达到稳定值，在110亿—140亿，因此没有必要对人口问题恐慌。但萨拉·萨卡认为，为了满足更多人的需求，就必须扩大农业，这就需要更多的土地，但是现在已经没有足够多的肥沃土地。如果想要更多的土地就必须去占领更多的生存空间，那么就会出现迁移到人口稀疏的地区的情况，但是这样要入侵原住民的领域，如果原住民不同意的话，就没有办法了。另外，大量的农业用地需要用水灌溉，但是据世界银行的观察，现在淡水资源已经稀缺。因此，仅从生存需求满足的角度看，地球无法承载大量的人口。

因此，必须要控制人口增长。当然，萨拉·萨卡认为关于人口增长的控制需要足够的前提条件，实现这些条件需要长期的社会斗争。但如果等到那时，人口数量以及增长速度依然很高，“生态平衡就只能靠自然界本身去恢复了——通过饥饿、内战、社会动乱、疾病、传染病——没有人会希望这些后果发生”③。

综上所述，在增长极限范式下管窥生态社会主义正义观，环境资源分配上的

---

① ［印］萨拉·萨卡.生态社会主义还是生态资本主义［M］.张淑兰，译.济南：山东大学出版社，2012：136.

② ［印］萨拉·萨卡.生态社会主义还是生态资本主义［M］.张淑兰，译.济南：山东大学出版社，2012：137.

③ ［印］萨拉·萨卡.生态社会主义还是生态资本主义［M］.张淑兰，译.济南：山东大学出版社，2012：139.

代际非正义性、开发和使用方式上的非正义性、全球生态资源与世界人口增长之间的非均衡关系必然成为当代生态正义危机的根源之一。但是,此处还仅涉及静态中的环境资源问题,那么环境资源在资本驱动下的动态状况又将对实现生态正义带来何种影响呢?

(二)增长极限与资本的癌性扩张

在《增长的极限》①这份报告中,有这样的论述:"人口和物质资本的扩张会逐渐迫使人类拿出越来越多的资本去应对那些由一系列约束产生的问题。最终,由于太多的资本被用于解决这些问题而不足以支撑工业产出的持续增长。当工业出现下降时,社会也就无法支撑其他经济部门的更多产出:粮食、服务和其他消费。当这些部门都不再增长时,人口增长也将终结。增长的终结也会以很多种方式出现。它可能以一种崩溃的方式发生:人口和人类福利不可控制地下降。"②显然,《增长的极限》试图将资源的有限性与资本的无限扩张相联系,并否定了资本无限扩张的可能性。目前,《增长的极限》作为一种新的范式,已经成为人们推理和演绎的前提。

《增长的极限》作为经济社会发展的一种新的思考范式,对生态社会主义产生了深刻影响。虽然没有哪一个国家采取了实际行动来制止经济增长,但是却正式开启了增长极限范式思维模式。萨拉·萨卡对增长极限理论就笃信不疑,并在《生态社会主义还是生态资本主义》一书中明确指出,"新的正在出现的范式建立在增长极限的基础上,所以,我提议称其为'增长极限'的范式"③。在萨拉·萨卡看来,发达的资本主义国家并未像马克思主义所预言的那样崩溃,并且

---

① 1972年,马萨诸塞理工学院斯隆管理学院"全球问题研究"小组受罗马俱乐部委托研究经济增长问题。同年,由丹尼斯·梅多斯(Dennis L. Meadows)、乔根·兰德斯(Jorgen Randers)和德内拉·梅多斯(Donella Meadows)共同署名发表了杰作《增长的极限》。随后不断修正,从《增长的极限》(1972)到《超越极限》(1992)和第三版《增长的极限》(2002),他们紧紧围绕有限与无限、增长与发展、当前与未来等命题,又相继提出了有机增长、均衡增长等系列理论,但其中结论性观点并无根本变化。

② [美]德内拉·梅多斯,乔根·兰德斯,丹尼斯·梅多斯.增长的极限[M].李涛,王智勇,译.北京:机械工业出版社,2013:XXIII-XXIV.

③ [印]萨拉·萨卡.生态社会主义还是生态资本主义[M].张淑兰译.济南:山东大学出版社,2012:18.

现实社会的资源难题、战争等问题是在马克思主义发展范式之内无法解释的，因而马克思主义的生产方式优先的发展范式就不再是令人满意的实现生态正义的基本范式，这就要求我们实现范式的转换——从发展的范式转换为增长极限的范式，从而为更多的社会现象尤其是资本主义社会的深层危机提供基本解读。增长极限的范式与其他范式的不同主要表现在通过实行经济收缩，把自然资源的开发和利用限定在增长极限范围内，在此基础上通过培育与经济收缩相适应的生态价值观来实现生态正义。为什么要实行收缩经济？萨拉·萨卡认为，我们所面临的最基本问题就是不可再生资源陷入了绝对短缺，一方面，像是石油、天然气、煤炭等资源容易开采的存储正在不断消耗，不容易开采的净能源值在不断下降；另一方面，其开采成本也在不断上升，因此这些不可再生能源既不丰富也不便宜。同时像是太阳能、生物质、水力、风能等可再生能源要想循环利用需要技术的支持。而这些环保技术的使用本身也需要花费大量的能源和其他原料，也会产生污染。基于这样的事实，就要削减对于资源的利用。而工业经济主要是建立在利用不可再生资源的基础上，历史事实也表明所有这些资源都是现代化国家工业化过程中使用过的。因此，要实现可持续的经济发展就需要削减资源，而大幅缩减资源就只能收缩经济。萨拉·萨卡毋庸置疑地将未来社会的生态正义图景建基在增长极限理论上，但这不过是乌托邦式的幻想。更多的生态社会主义者认为，现在并不存在一种能将发展限制在增长极限范围内的可行方案，资本的力量还将持续摧毁资本主义社会的生态正义。

在此，我们涉及经济领域内影响生态正义的又一对矛盾：增长的极限与资本的持续扩张之间的矛盾。科威尔说，增长极限这一范式虽然得到了一部分环保主义者的认可，但在21世纪这一概念已经从统治阶级的集体意识中消失了。资本的运动可以突破任何界限，不计任何后果地成倍扩张。资本是“狼人”、是“吸血鬼”，“从生态危机的角度说，像联合碳化物公司这样的企业是资金的保卫者，而处于这一体系的更高水平上的某些机构，例如股票市场、国际货币基金组织、美国联邦制度理事会和财政部等,只是普通的员工”①。更准确地说,一旦资本开始社会化征程,就会像癌症的病毒入侵一样不断扩张,因此必将迫使人类以某种方式掠夺资源违反生态律令,即资本具有反生态性。我们可以以《自然的敌人:资本主义的终结还是世界的毁灭》(下文简称《自然的敌人》)中的部分观点来说明这一点。在《自然的敌人》中科威尔指出,资本的反生态性体现在三个方面:

——为了生产以及利润,资本倾向于降低成本。

——为了生存,资本必定持续扩张。

——基于资本扩张,世界体系出现贫富两极分化。

上面的几点结合起来使得生态危机的出现成为必然,这就使生态正义不可能实现。显然,科威尔清醒地认识到,资本的反生态性恰恰在于资本内在的且无法克服或消除的癌性扩张倾向。用他本人的话来说:“为什么说资本本身虽有它的发展寿命,但为了像癌症一样快速扩散,它会快速超越其自身的合理功能并消耗生态系统呢?无须多说,资本本身不是一个生命体而是一种关系类型,就像会导致癌症的病毒侵入人类身体,迫使人类去违反生态规律;它具有复制自我的结构,并使巨大的力场两极分化。资本一直理直气壮地存在,成为资本化身的人类破坏了生态系统。”②不难看出,资本的癌性扩张必然造成两种生态非正义性局面:一是朝向自然的非正义性,二是朝向人类社会的非正义性。

其一,朝向自然的非正义性指资本对环境资源的不公正获取。温茨在《环境正义论》中说:“归根结底,所有环境正义议题都会参考财产权做出决定。”③借用熵增定律,人类与自然之间的“财产权”转移必须守恒,即是说,在资本与自然打交道的过程中,自然必须心甘情愿地奉献,这种奉献精神又以资本对自然的回报为基础。显然,资本并不情愿。资本以追求利润最大化为目的,有损资本价值增

---

① [美]乔尔·科威尔.自然的敌人:资本主义的终结还是世界的毁灭?[M].杨燕飞,冯春涌,译.北京:中央民族大学出版社,2015:33-34.

② [美]乔尔·科威尔.自然的敌人:资本主义的终结还是世界的毁灭?[M].杨燕飞,冯春涌,译.北京:中央民族大学出版社,2015:34.

③ [美]彼得·S.温茨.环境正义论[M].朱丹琼,宋玉波,译.上海:上海人民出版社,2007:95.

殖的行为都将被排斥。矛盾显而易见：一方面是自然寻求保护，另一方面是资本对自然的持续扩张，使资本扩张趋势下的非正义性成为必然。

其二，朝向人类社会的非正义性指资本造成的阶级差异和社会问题。科威尔在《自然的敌人》中说："经济活动中一开始出现的商品和商品生产普遍变成了资本形成的方式。资本的获取贯穿于每一件商品中，只可以通过消费形成，随着资本的形成，有关自己的转换也是由钱来驱使的。"①。按照马克思主义关于商品要素的理论来说，每件商品都是使用价值和交换价值的结合体，而交换价值是一个只能通过一定数量的价钱或货币来表示的抽象概念，它代表了商品性，即其一般等价性。显然，资本不再单纯地指涉物与物的关系，更重要得是指涉人与人的社会关系。基于此，我们认为，资本是寻求增殖并用价值或交换价值掩盖使用价值的一种社会关系。不仅如此，在后来的资本运动历程中，小资本向大资本聚集，大资本向垄断资本演化，最后贫富分化、阶级差异、社会问题开始出现。这一点，马克思主义已经进行了十分详细的阐释。

综上所述，在资本的癌性扩张趋势下，企图将人类的发展限制在增长极限范围内的设想根本就是乌托邦。因为资本一定是以增殖为目的的，"资本同样无法忍受必然性；它不断尝试着超越自己强加给自己的限制，所以资本永远不会停歇也永远不会达到平衡"②。对资本家而言，其使命就是实现价值的增值，不增长就意味着"死亡"——被不断增长的资本吞并、被社会淘汰。毫不客气地说，在现实世界中任何界限对资本来说都毫无用处，资本从根本上漠视增长极限。资本主义体制下，资本投入自然保护并非资本逻辑的内在部分，而是外部激情，一种礼节上的需要。因此，生态社会主义认为，增长极限与资本的癌性扩张之间有着不可克服的矛盾，这种矛盾是造成生态正义危机的经济根源之一。

---

① ［美］乔尔·科威尔．自然的敌人：资本主义的终结还是世界的毁灭？［M］．杨燕飞，冯春涌，译．北京：中央民族大学出版社，2015：34.

② ［美］乔尔·科威尔．自然的敌人：资本主义的终结还是世界的毁灭？［M］．杨燕飞，冯春涌，译．北京：中央民族大学出版社，2015：36.

(三)货币价值通约性的破坏性

资本的癌性扩张,是通过货币这一媒介表现出来的,从这个意义来说,资本主义经济就是货币经济,但是很少有经济学家关注货币及其对经济社会的影响,就像熊彼特(Joseph Alois Schumpeter)将货币描述为“配角”“外衣”或是“面纱”,“无论是对于现实生活中的家庭和厂商来说,还是对于观察它们的分析家来说,真正重要的都是隐藏在外衣或是面纱后面的东西。分析经济过程的基本特征时,不仅可以揭掉这种面纱,而且必须揭掉”①。生态社会主义深受马克思主义影响,通过对货币的历史与现实进行分析,认为货币和信贷在资本主义体系中所起的作用比人们想象的要大得多。

在马克思主义理论体系中,商品与货币的交换是资本主义市场的主要内容,资本主义经济并不是一种通过以物易物的体系运行的,它是由货币来支撑的。可以说,资本主义通过使用货币和交换价值促进了其再生产循环,从而区别于以往的社会组织形式。前资本主义时代,生产是基于使用价值的。人们建造房屋,制作衣服和日常生活所需的工具,种植或收集所需的食物,都是为了满足自身的需要。尽管贸易在人类历史上一直存在,但商人在商品生产出来后就会购买这些商品,然后在不同的市场上以更高的价格进行交换。贸易商提供运输、仓储和风险服务,并从中获得报酬。而货币在资本形成及其积累中具有重要作用,资本主义的出现是由于货币开始进行生产。马克思认为:“资本家曾经一度依靠某种与无酬的他人劳动无关的原始积累而成为货币占有者,因而能作为劳动力的购买者进入市场。”②当资本家购买生产资料与劳动力时,他们开始控制与生产使用价值有关的生产过程。资本家获得土地及其自然资源、人力和生产工具的所有权,使他们能够决定生产什么、应该如何生产以及如何分配。资本主义经济由此发展起来,货币也就成为了构建价值的核心。货币作为充当一般等价物的商品,

---

① [美]约瑟夫·熊彼特.经济分析史(第1卷)[M].朱泱,等译.北京:商务印书馆,2017:428.

② 中共中央马克思恩格斯列宁斯大林著作编译局.马克思恩格斯文集(第5卷)[M].北京:人民出版社,2009:656-657.

可以把所有的商品都归结为其数量的体现,这也就是货币的价值通约性。但这破坏了事物的内在价值。商品的价值总是相对于等价物的,而等价物本身并没有价值。所有的东西都变得有价值,任何被视为商品的东西都不再具有自身的价值,只具有没有价值的货币价格。随着资源和劳动力被注入货币价值,其使用价值被破坏,在所有资本化货币经济体系中,都存在将使用价值转移到货币形式的现象,这样一些具有内在效用的东西被用来交换一些没有内在价值的东西,货币也就"把人的和自然界的现实的本质力量变成纯抽象的观念,并因而变成不完善性和充满痛苦的幻象"①。同时,人们开始对货币顶礼膜拜,"人们信赖的是物(货币),而不是作为人的自身"②。人与人之间关系疏离,充斥着尔虞我诈的货币法则。"每一种产品都是人们想用来诱骗他人的本质、他人的货币的诱饵,每一个现实的或可能的需要都是诱使苍蝇飞近涂胶竿的弱点。"③

生态社会主义认为,马克思主义对货币的关注主要集中在货币对资本主义发展的推动作用,虽然马克思、恩格斯看到了货币的使用破坏了效用,但这并不是他们关注的重点。于是,生态社会主义更为关注货币的破坏性。

科威尔认为资本本身没有能力致使自然崩溃,资本本身也和自然没有直接的关联性,之所以资本会成为自然的敌人,货币的特性也起到了重要作用。在资本崛起之前,人们就已经执着于货币的力量。中世纪的货币政策加快了经济互动,为资本主义铺好道路。资本主义社会,货币生产飙升。资本,或者说是货币,驱使人们追逐利润,自然界、人类逐渐商品化,人类和自然的关系由此崩溃。"随着自然界的货币化和交换,不间断的商品化打破了生态系统的专一性和复杂性。这些促使货币贬值或者降低了对货币的注意力,并伴随着商品剩余和无利可

① 中共中央马克思恩格斯列宁斯大林著作编译局. 马克思恩格斯文集(第1卷)[M]. 北京:人民出版社,2009:246.

② 中共中央马克思恩格斯列宁斯大林著作编译局. 马克思恩格斯文集(第8卷)[M]. 北京:人民出版社,2009:54.

③ 中共中央马克思恩格斯列宁斯大林著作编译局. 马克思恩格斯文集(第1卷)[M]. 北京:人民出版社,2009:224.

图……也就是说自然生态系统的平衡会被打破，其完整性也会遭到破坏。”①这也就是奥康纳所说的资本主义第二重矛盾——资本主义生产力、生产关系与资本主义生产条件之间的矛盾，这一矛盾运动的结果是对生产条件的破坏及其导致的生产不足危机与生态危机。而且，在全球化时代，资本的货币表现的重要性也在日益增长。在资本主义制度下，货币总比任何其他资本接近资本中心，其增长速度也是最快的，金融资本更具流动性，也更追求及时回报。于是，世界贸易组织、世界银行和国际货币基金组织等机构成立，并为各个国家的资本家服务。并且国际货币基金组织凭借“结构调整计划”，通过贱卖公共资产、削减政府开支、注重经济向出口发展等措施，破坏了公民社会和本地经济，并使第三世界和发展中国家从属于世界贸易组织支配下的贸易体系。可以说，伴随着资本扩张，货币作为价值载体破坏了生态环境，也破坏了社会关系。

货币作为最古老、最简单也是最合理的存在就是充当流通媒介以及价值尺度，正是由于货币的存在，商品交换便利，从而扩大了人类的交往与交流。货币作为一种一般等价物经历了从最初的贝壳等物质形态发展到黄金白银等金属货币、纸币、再到电子信用货币、数字货币等非物质形态货币，随着货币脱离了物质形态而采取了电子交易的方式，其惰性逐渐减弱，资本也就变得不那么物质化了，但它对物质世界的影响却变得更大了。尤其是货币执行价值贮藏职能，更是将货币与自然界对立起来。凡是与货币相关，价值就是交换功能的抽象化，世界也就成了货币化的世界。“将感官世界抽象化是为了价值。因为感官世界能与自然保持联系，这种转换可以使灾难的比例得到缩减，并建立新的统治秩序。”②但对于商品而言，使用价值才代表着劳动力与自然的结合，而且使用价值具有定性功能，使得不同的使用价值被相互承认。商品的使用价值是具体的，也是可以被复原的，而对生态危机的修补也需要这种被复原性。与商品的使用价值形成

① [美]乔尔·科威尔. 自然的敌人：资本主义的终结还是世界的毁灭？[M]. 杨燕飞，冯春涌，译. 北京：中央民族大学出版社，2015：35.

② [美]乔尔·科威尔. 自然的敌人：资本主义的终结还是世界的毁灭？[M]. 杨燕飞，冯春涌，译. 北京：中央民族大学出版社，2015：111.

鲜明对比的是商品的交换价值，当用物品 X 换一定数量的物品 Y 时，对于交换的标记就是保持数量的完整性，而货币能体现这一数量，或者说货币从根本上就等于这一数量，也只有货币能做到这一点。因而，交换价值重量而不重质，这就使得交换价值被高度重视的资本主义社会不再有任何能够约束其生产的要素，包括生态系统，也就出现了破坏性的生产，并且一旦价值功能与劳动力结合，“资本就会从生态系统的一个古老部分转化为由资本主义再造的、不断吞噬世界的怪兽。为了使这种转化发生，必然首先出现一系列影响金钱及劳动历史的铺垫性发展。”①因此，科威尔考察了货币和资本的演化史。

人类对于货币的使用是历史发展到一定阶段产生的。在相当长的一段时间内，人们对于货币是抵触的，认为货币是奇怪的、可疑的，因而许多金属货币被熔化成金银，制作成饰品和酒杯，还有很多被储存起来。直到中世纪中后期，伴随着银行业和贸易的发展，西欧经济飞速发展，特别是工人与生产资料相分离这一过程，起到了关键性影响。而这一分离过程正像马克思主义所论述的，是通过暴力方式实现的。科威尔在这里特别关注了“分离”，认为它是资本以及资本主义社会的重要特征，科学技术、工业等在资本的庇护下展现出分离力量，这就预示着生态的崩溃。“分化延伸到了生态体系基础的分离，使得它们相互作用以创建新的体系，或者从另一个角度来讲，已经到达了使构成生态系统的辩证法崩裂的程度。它不单遵循生态危机是由于资本宏观经济的整体影响，同时也揭示了资本主义异化延伸进生态领域的现实。”②在这样的社会里，货币无孔不入，只有货币才是最重要的，货币抹杀了人与人之间所有的同情与怜悯。

科威尔通过考察货币的发展史及其货币的价值通约性作用阐述了货币对生态环境与社会关系的破坏。而英国的生态社会主义者玛丽·梅勒则考察了货币的发行与流通私有化之后，其价值通约性对于经济、社会、生态所产生的消极

---

① ［美］乔尔·科威尔. 自然的敌人：资本主义的终结还是世界的毁灭？［M］. 杨燕飞，冯春涌，译. 北京：中央民族大学出版社，2015：112.

② ［美］乔尔·科威尔. 自然的敌人：资本主义的终结还是世界的毁灭？［M］. 杨燕飞，冯春涌，译. 北京：中央民族大学出版社，2015：115.

作用。

梅勒认为,货币可以被看作是过度消费以及剥削人类和地球的代理人,而造成破坏性的根源在于货币发行和流通的私有化。货币从本质上来说是一种社会和政治结构。货币在逻辑上和历史上都是先于市场出现的。不论是从货币的历史还是从货币的职能来看,货币都应该是公共性和社会性的。"货币是民族主义的象征;国家货币和国旗、国歌代表国家。同时,它也是帝国主义的代理人。"①使用货币在本质上并不鼓励人类进行剥削或生态破坏。但现代银行体系却把私人银行和国家创造货币的权力联系在一起。以债务为基础的银行信用货币已经成为货币发行和流通的主要来源,资本主义货币体系被私有化,这在社会、生态、经济和政治上都是不可持续的。

以债务为基础的货币在经济上是不可持续的,因为它最终将导致金融危机。银行创造了大量的以债务为基础的新货币,但政府、企业和公民无法或根本不能承担更多的债务,就像在任何生产过剩的经济危机中一样,股票市场或房价超出了人们进入市场的能力时,这个系统必然崩溃。就像是 1997 年席卷整个亚洲的金融危机,以及 2008 年席卷全球金融体系的经济危机,都是由这样过剩的债务推动的。

以债务为基础的货币在社会上是不可持续的,因为以债务的形式创造货币会加剧不平等。从社会需求的满足来看,资本主义经济从来就不是以满足人类需求为首要目标,相反,它通过生产资料的私人占有,获得了对生产方向的控制,以追求增长与利润。M - C - M +,货币投资于生产商品和服务,此时,货币不仅仅是一种交换媒介,它体现了更高的价值;商品和服务不再主要是维持生计的手段,它们是可交换的商品,是获得利润的媒介。从这个意义上讲,大多数人的需求得不到满足。在金融化的情况下,这一过程将进一步发展为 M - M - M +,货币投资于货币商品,以创造更多的货币,但这一过程与实际生产系统的关系进一

① Mary Mellor. The politics of money and credit as a route to ecological sustainability and economic democracy[J]. *Capitalism Nature Socialism*,2005(2):45 - 60.

步脱节,真正的商品和服务已经变得无关紧要,富人消费水平和生活质量越来越好,但穷人则越来越难以获得满足需求的商品和服务。很明显,M－C－M＋和M－M－M＋的存在完全是为了盈利。以债务为基础的货币并不能代表储蓄,它是一种无中生有的社会债务,因此,发行再多的货币也不能满足人们的需求,对货币的投资只会催生更多的货币。

以债务为基础的货币在生态上是不可持续的,因为它只会推动经济扩张。以债务为基础的货币,需要带利息偿还贷款,必然会推动经济增长以及消费。市场无法识别"充裕",它要么增长要么死亡,这样就不可能考虑自然环境破坏的成本,从而使生态系统外部化。如果价格不能反映自然环境破坏的实际成本或使用"免费"的自然资源,则存在滥用这些资源而造成生态危机的危险。为了创造利润,人们被迫不断地进行这样的生产、消费和借贷。就算是将市场价格与环境价值挂钩,也并不能解决这一问题,因为这意味着自然环境成本价格必须非常高才能阻止对自然资源的滥用以及高收入者的消费,而低收入者则缺乏获得必要资源的机会。而且,要解决现已存在的生态危机需要巨额资金,但以债务为基础的货币破坏了国家对公共事业的关注,很难将巨额资金投入解决生态危机的活动中。此外,传统经济学强化了经济增长的必要性,通过将货币视为市场经济价值的体现,将货币创造、商业盈利能力和经济增长联系在一起。因此,资本主义经济增长不仅会造成贫富两极分化,还会破坏生态环境。

除此之外,奥康纳、伯克特等人还通过对资本扩张的另一层含义——货币的自我增殖的论述,阐明了货币对于生态环境产生的破坏,及其反过来又影响了经济社会关系。总之,生态社会主义认为,对于货币的价值而非使用价值的关注也是资本主义社会非正义的根源之一。

(四)资本主义经济制度及其非正义性生产

人类社会所面临的生态问题不是一般的环境问题,而是全球性的人类危机。伴随着人类危机的出现,正义体系将发生变革,这也同时决定了资本主义的经济制度和生产方式的变革。生态社会主义着重从两个方面揭示了资本主义与生态发展的对抗性以及由此所造成的生态危机的必然性。

1. 生态正义危机是资本主义经济制度的必然结果

从人类诞生之日起就存在着人类与自然的关系问题。迄今为止，人类社会出现的奴隶制、封建制和资本主义制度三种劳动组织形式产生了不同的生态后果，然而，把这一关系引向对立状态并推向极端的是资本主义经济制度。从资本主义发展的客观历史进程来看，环境问题是资本主义矛盾的当代结果，是资本主义经济制度问题在当代的集中体现。

资本主义经济制度的非正义性主要体现在资本主义生产的目的仅仅是为了满足资本以及资本家的需求，除此之外所有因素均不在其考虑范围。由于资本主义经济制度以私有制为基础，其经济发展模式是建立在对自然资源掠夺性开发的基础上，“把追求利润增长作为首要目的”。资本主义的内在矛盾决定了通货膨胀、萧条、供需不平衡、环境退化等危机是资本主义经济制度不可避免的结果。这就产生了奎尼(Richrd Quinney)所说的资本主义的生态矛盾：“制度不断地吞噬着它赖以生存的自然基础。”①同时由于市场法则的支配，资本主义生产存在着一种“成本外在化”的趋势，这注定了资本家不可能牺牲企业利润去保护环境。对此高兹指出：资本主义条件下，“任何一个企业都对获取利润感兴趣。在这种情况下，资本家会最大限度地去控制自然资源，最大限度地追加投资，以便自己作为强者存在于世界上”，“资本主义的企业管理首要关注的并不是如何通过实现生产与自然相平衡、生产与人的生活相协调，如何确保生产的产品仅仅服务于公众为其自身所选择的目标，来使劳动变得更愉快。它所关注的主要是花最少量的成本而生产最大限度的交换价值。”②

为了利润，资本主义“要不惜任何代价追求经济增长，包含剥削和牺牲世界上绝大多数人的利益。这种迅猛增长通常意味着迅速消耗能源和材料，同时向

---

① 转引自俞可平主编. 全球化时代的“社会主义”：九十年代国外社会主义述评[M]. 北京：中央编译出版社，1998：231.

② André Gorz, *Ecology as Politics*[M]. Boston: South End Press, 1980: 5.

环境倾倒越来越多的废物，导致环境急剧恶化”①。奥康纳也指出，资本主义的反自然性质来源于资本追求利润的本性，来源于“存在于资本主义与自然界之间，或者说，存在于资本的自我扩张和自然界的自身有限性之间的总体性矛盾”②。这一矛盾使资本的扩张成为一种无限制的必然趋势，但是自然界本身却是无法进行自我扩张的，这造成了“自然界本身发展的节奏和周期却根本不同于资本运作的节奏和周期”③的结果。资本主义生产的疯狂扩张破坏了生态系统，资本主义制度不断吞噬着它赖以生存的自然基础，与生态发展的矛盾使“资本主义生产关系具有一种自我毁灭的趋势”④。

资本主义制度以追求剩余价值为目的，这必然导致资本主义的经济制度本身就包含着对自然环境的破坏，把自然资源看成是掠夺和征服的对象。在环境问题一再让位于经济增长的情况下，资本主义经济制度就决定了可持续增长难以奏效。就像洛威（Michael Lowy）等生态社会主义者所指出的：“现存的资本主义体系无法调节它所带来的危机，更别提战胜它们了。它无力解决生态危机，因为这样做需要限制资本的积累，而这正是这个系统所无法接受的。因为它的信条就是：‘增长！否则就灭亡！’”⑤奥康纳指出，资本主义社会的“‘正义’是指事物的平等分配，而不是指事物的平等的生产”，例如，资本主义讲的“法律面前人人平等，并不是指人人都平等地制定法律（事实上，法律是由精英制定出来的）”⑥。在这里，奥康纳所指出的资本主义的正义实质上说的是“分配性的正义”，而不是“生产性的正义”。

---

① ［美］约翰·贝拉米·福斯特. 生态危机与资本主义［M］. 耿建新，宋兴无，译. 上海：上海译文出版社，2006：2－3.

② ［美］詹姆斯·奥康纳. 自然的理由：生态学马克思主义研究［M］. 唐正东，臧佩洪，译. 南京：南京大学出版社，2003：16.

③ ［美］詹姆斯·奥康纳. 自然的理由：生态学马克思主义研究［M］. 唐正东，臧佩洪，译. 南京：南京大学出版社，2003：17.

④ ［美］詹姆斯·奥康纳. 自然的理由：生态学马克思主义研究［M］. 唐正东，臧佩洪，译. 南京：南京大学出版社，2003：331.

⑤ 乔尔·柯维尔，迈克尔·洛威. 生态社会主义宣言［J］. 李楠，译. 绿叶，2008（12）：96－100.

⑥ ［美］詹姆斯·奥康纳. 自然的理由：生态学马克思主义研究［M］. 唐正东，臧佩洪，译. 南京：南京大学出版社，2003：535.

生态环境的破坏问题是所有个人资本以及资本主义社会不可避免的问题，因此，生态环境危机不仅仅是个人在生产过程中忽视自然生态环境权益导致的，更是整个资本主义生产方式的集体行为的结果。十分明显，任何立足于个体自由的正义论都不适合来回答生态问题上正义的追问。基于此，生态社会主义认为，资本主义经济制度在环境问题上的非正义性是深层次的、无法解决的社会危机。

2. 生产方式的非正义性是资本主义经济制度反生态性的关键所在

从20世纪七八十年代开始，生态社会主义不再将生态矛盾凌驾于社会矛盾之上，而是认为人类社会所面临的生态问题不是一般的环境问题，而是资本主义危机的反映，是资本主义生产方式向全球扩展的结果，正如奥康纳所指出的："社会和政治斗争是理解资本所采用技术的类型及其对人和自然的影响的关键。与资本在工厂中对技术的那种配置和运用方式——目的是为了控制劳动和生产剩余价值及利润相比，也许技术本身不应受到更多的指责……对工人的那种身心盘剥，其根源在于劳动关系的资本主义本性，而不在于技术。"①因此，生态社会主义主张从资本主义的生产方式中去寻找生态危机的根源。20世纪90年代以来的生态社会主义认为，仅从科学技术、人的观念意识以及道德水平等方面解释生态危机的根源，是非历史的、有害而无益的。

通过对资本主义生产方式的批判，生态社会主义揭示了资本主义生产方式与生态危机之间的内在必然性。奥康纳说"环境的历史可以被视为先前存在过的各种历史类型的一个发展的顶点"②，企图以资本主义经济发展的方式，在资本主义社会现成的制度框架范围内或者对资本主义制度进行某些方面的改良，来满足生态环境的要求从而解决环境危机是不可能的。福斯特也认为，人类破坏自然生态平衡的行为，是由资本主义生产方式决定的，对自然的剥削是资本主义

---

① ［美］詹姆斯·奥康纳.自然的理由：生态学马克思主义研究［M］.唐正东，臧佩洪，译.南京：南京大学出版社，2003：327.

② ［美］詹姆斯·奥康纳.自然的理由：生态学马克思主义研究［M］.唐正东，臧佩洪，译.南京：南京大学出版社，2003：87.

剥削的一个组成部分。由于资本主义制度以私有制为基础,其经济发展模式是建立在对自然资源掠夺性开发基础上,“把追求利润增长作为首要目的”①,这就决定了其生产方式包含着对自然环境的破坏。生态社会主义认为,尊重生态规律与发展资本主义是矛盾的,因此,生态危机的出现是资本主义生产方式“朝着与地球基本生态循环不协调的方向发展”②的结果。一言之,人类对自然的破坏行为所导致的生态危机是资本主义生产方式的必然结果。

总而言之,生态社会主义认为,生态危机的根源不在于工业主义,而是在于资本主义生产方式。生态正义危机的根源既不在于自然环境本身,也不在于科学技术和工业生产本身,而在于资本主义生产方式的非正义以及在此基础上形成的经济制度。

二、正义危机的政治根源

上文,我们主要对正义危机的资本主义经济根源进行了说明,但是这还远远不够。因为,“在资本主义社会内部存在这样一种倾向:生态危机,可以归咎于一切原因,但绝不能归罪于资本主义经济系统自身”③。为此,生态社会主义对资本主义生态危机与正义危机的政治根源进行了深入解析。他们认为,一方面,资本主义政治制度缺乏民主特质,反生态性就成为资本主义集权制式政治方案的逻辑必然;另一方面,在资本与集权相结合的情景中,生态帝国主义的殖民扩张必然产生,除此之外,美国等发达资本主义国家处理全球事务的态度也不利于解决生态正义危机与社会正义危机。

(一)资本主义政治制度的反生态性

生态社会主义认为,在资本主义政治制度框架内进行绿色革命,不过是采用

---

① [美]约翰·贝拉米·福斯特.生态危机与资本主义[M].耿建新,宋兴无,译.上海:上海译文出版社,2006:2.

② [美]约翰·贝拉米·福斯特.生态危机与资本主义[M].耿建新,宋兴无,译.上海:上海译文出版社,2006:37.

③ John Bellamy Foster, Brett Clack, Richard York. *The Ecological Rift: Capitalism's War on the Earth* [M]. New York: Monthly Review Press, 2010: 377.

一种通过“接管现存经济来拒绝重组生产”以避免与资本进行对抗的调和方案。具体而言,生态社会主义认为,资本主义政治制度以下几个方面的特性决定了其反生态本性:

其一,资本主义政治制度方案缺乏生态化的民主特质。民主体现着人类政治解放的价值。因此,生态社会主义试图将生态学理论与现代民主政治理论结合起来,并揭示现代民主政治的价值理念、运行机制与生态问题之间的联系,实现民主政治与生态之间的联动。那么,需要追问的是资本主义政治制度为何缺乏生态化的民主特性呢,抑或问,资产阶级的民主政治何以虚假呢?科威尔认为,资产阶级的民主政治的虚假性主要体现在三个方面:

——有限性,资本主义政治体系中所谓的民主只针对少数人开放,即只对统治阶级开放。

——欺骗性,民主是参与生态抉择的重要方式,但资产阶级的民主往往因为强调多数而违背法律。

——扩张性,资产阶级的民主权利与资本结盟、受市场原则的支配,政治扩张、自由被侵害的危险难以避免。

总的说来,科威尔认为,资本主义政治框架内的民主完全建立在私有制的基础上,毫无民主性可言。“正如我们所看到的,如此自由总是要被压制的,由此,当资产阶级形式的民主赋予有钱人权力时,它也在下层社会中受到了由内而外的束缚。”①一言之,资产阶级所谓的民主本质上是民主的一种伪态。

其二,资本主义政治制度的反生态性是集权制式的逻辑必然。这一点,萨拉·萨卡在《生态社会主义还是生态资本主义》中说得十分清楚。在此,我们只需要简单地回顾一下萨卡的部分论述便可明了。萨拉·萨卡说:这一极大的犯罪最终毁掉了党的精神与士气。所有诚实的、向上的、真诚的和勇敢的共产党员

---

① [美]乔尔·科威尔.自然的敌人:资本主义的终结还是世界的毁灭?[M].杨燕飞,冯春涌,译.北京:中央民族大学出版社,2015:161.

被处死、入狱或驱逐。①

萨拉·萨卡的论述旨在说明,盲目地忠诚于领导人是苏联的社会规则,而这种规则危害巨大。从萨拉·萨卡对斯大林恐怖的集权统治的批判中可以看到,在集权制式的政治制度境遇中,客观科学地研究生态问题已经变得完全没有必要,预见或理解领导人的意思是一项更为重要的任务。因此,生态社会主义认为,建立在私有制基础上的集权统治,资本的无限增殖必然导致公共权力被异化。这里涉及另外两个因素:一是资本的权力化——人与人的经济关系表现为一种统治与被统治、管理与被管理的关系;二是权力的异化——权力寻求利益并保障(少数人)自身的利益,公共权力不再服务于社会公共利益而转化为成为私个利益的保护伞。正如马克思所说:"就单个的官僚来说,国家的目的变成了他的私人目的,变成了追逐高位、谋求发迹……国家已经只是作为由从属关系和消极服从联系起来的各种固定的官僚势力而存在。"②简单说,资本主义政治屈从于资本力量,其反生态性昭然若揭。

其三,资本主义的政治制度不关注人类社会历史的整体发展。生态社会主义认为,在资本主义的政治体制下,绿色的政治精英们的环境辩护具有非历史主义和反人类中心主义倾向。一方面,主流绿色分子坚持把环境与资源困境归咎于人口与资源耗费增长、科学技术和社会等级制。佩珀认为,绿色政治精英根本没有"把环境问题纳入整个人类历史进程中去分析";另一方面,绿色政治精英以对动物的关心取代了对人类的关心。佩珀对此批判道,如此手法,缺乏对资本主义生产模式变革的政治关注,不仅不会推动个体的价值观、信仰的转变,而且还会导致个体"丧失应有的受害者意识和斗争意志",无益于继续推动环境革命。就此而论,资本主义政治制度缺乏对人类及其社会历史的关注。

总之,在私有制基础上建立的资本主义政治制度,因对利润的追求、对权力

---

① [印]萨拉·萨卡.生态社会主义还是生态资本主义[M].张淑兰,译.济南:山东大学出版社,2012:81.

② 中共中央马克思恩格斯列宁斯大林著作编译局.马克思恩格斯全集(第二版,第3卷)[M].北京:人民出版社,2002:60-61.

的渴望、操纵和异化而丧失了生态化的民主特质,造成了资本主义政治制度的反生态性,并最终忽视了对人类及其社会历史的关注。资本主义政治制度固有的反生态性,又加速了掠夺自然的步伐,生态危机越发严重。考茨基(Karlkautsky)曾说,资产阶级统治者不但不治理国家,而且他们满足于统治政府。在当前自然环境严重破坏、生态危机空前境遇中,部分资本主义理论家继续以各种理由和借口为资本主义政治制度辩护,其目的在于通过不合理的契约形式无限制地抢占世界环境资源、抢占世界生态权力。目前看来,考茨基有一点是对的:资产阶级实际上并不治理国家。

(二)资本主义国家职能发挥的局限性

面对生态环境问题,现实社会中的各行各业都已作出反应,比如说,非政府组织——绿色和平组织,绿党,绿色食品行业等,那么作为人民授权的国家在生态环境保护与治理中是否发挥了应有的作用呢?

国家是政治学研究中经久不衰的话题。马克思主义认为,国家是阶级矛盾不可调和的产物。那么,在生态环境不断恶化的情况下,虽然那些富裕的、占据着统治地位的人们也无法逃脱其影响,但不可否认生态环境危机对社会中最贫穷和最脆弱的那一部分人群影响最严重,人们已经注意到"生态风险在不同阶级和区域之间的不公平分配"①问题。国家在生态环境危机中到底起着什么作用?鉴于国家职能,资本主义国家在基本的对内对外职能中——政治统治、经济管理、对外交往等,是否能包含更多的生态环境因素?

自从20世纪70年代人类生态意识觉醒,便推动了国家在全球环境治理中作用的发挥,各国首先开始进行环境立法及相关政策的制定,之后建立国家环境保护机构,西方还出现了绿党进入联邦议会的情况,这就促进了"绿色国家理论"的形成。绿色国家"不仅成为所管辖区域与人民的一个好的'生态托管员',而且成为国家社会中的一个好的国际公民。这意味着,绿色国家在积极推动环境保护

---

① [澳]罗宾·艾克斯利.绿色国家:重思民主与主权[M].郇庆治,译.济南:山东大学出版社,2012:66.

与环境正义方面的现实集体行动的同时，还应(单边或多边地)努力避免社会与生态代价的跨国界与代际转移。"①人们对于国家在生态环境方面所起的作用却持矛盾性的看法，国家既在保障生态可持续发展方面发挥着积极作用，同时也是生态环境的破坏者。生态社会主义也对国家的绿色立场持怀疑态度。

奥康纳在分析资本主义社会是否能够克服生态危机的问题上，特别强调了国家问题。奥康纳对生态危机根源分析的核心范畴是"生产条件"。他认为资本主义社会的第一种危机是经济危机，根源于资本主义社会化生产与私人占有之间的矛盾；资本主义社会第二种危机是生态危机，根源于资本主义生产关系与生产条件的矛盾，而自然、交通运输等市政基础设施及空间、劳动力分别属于生产条件的三种不同类型，但"市场并不能决定资本可以获得的生产条件的数量和质量，它也不能决定资本在什么时间和地点可以获得这些生产条件"②。而能够对这些生产条件进行调控的就是国家。在这个意义上来说，破坏生产条件的再生产能力的直接原因不是资本而是国家。国家本身在资本主义生产与再生产领域起着重要作用，资本主义国家努力维持着资本的运作与积累，"一个国家如果无视帮助资本积累过程顺畅运行的必要性，那么就有可能导致其权力、经济的盈余生产能力和来自于盈余(和其他形态资本)的税收面临源泉濒临枯竭的问题"③。对于保护自然、提高劳动生产力以及建设基本市政设施也都需要国家的力量来完成。与此同时，新社会运动与三种类型的生产条件具有惊人的相似性，当开展新社会运动时，也就是为维护生产条件作斗争，而这一过程就必须要依赖于国家职能的发挥，"为维护或重新定义作为生活条件的生产条件所进行的那种典型性的斗争，他们把这种运动直接带到了国家面前。这时，国家就以警察局、区域性

---

① [澳]罗宾・艾克斯利. 绿色国家：重思民主与主权[M]. 郇庆治，译. 济南：山东大学出版社，2012：11-12.

② [美]詹姆斯・奥康纳. 自然的理由：生态学马克思主义研究[M]. 唐正东，臧佩洪，译. 南京：南京大学出版社，2003：487.

③ [美]詹姆斯・奥康纳. 国家的财政危机[M]. 沈国华，译. 上海：上海财经大学出版社，2017：6.

权威机构、森林委员会、城市管理者的办公室等形式出现在人们的面前"①。因此,无论是第一重矛盾与危机还是第二重矛盾与危机都需要对资本主义国家政治制度和国家职能进行变革。但国家承担这类职责越多,其负担也就越重,这就超出了资本主义国家的职能边界,只能通过创建一个生态社会主义国家来实现生态可持续和社会正义,但对于这个新型国家如何完成这一使命,奥康纳并没有进行分析。

萨拉·萨卡在批判生态资本主义的同时,还阐述了资本主义国家在解决生态环境危机问题上不可能发挥积极作用。针对生态资本主义所提倡的生态税政策改革的批判,萨拉·萨卡指出,资源生产力和劳动生产力二者之间是相互矛盾的,劳动密集型产业一般对资源需求较少,而提高资源生产力就会造成劳动力工资和生活水平降低,但生态资本主义却想要同时保证二者的提高,通过生态税增加的额外收入提升劳动力的购买力。通过对国家各种税收的分析,萨拉·萨卡认为,生态税的出台并不一定增加总的税收以及国民生产总值,反而会出现由于资源消耗的下降使得国民生产总值降低;就算增加的税收被重新投入到经济中,尤其是补贴给了公民个人之后,她/他就没有理由减少那些有生态破坏的消费行为;除此之外,如果增加的生态税被返回到企业的话,会由于增加不必要的运输里程而增加成本,"日益增长的劳动力分工使交通运输的增加成为必需"②。由此可见,市场的作用是在资本主义国家之上的,资本主义制度解决不了生态环境问题。

因此,生态凯恩斯主义提出国家要通过税收、发展生态技术等方式来偿还"自然之债","生态重建的政治学依赖于大量金钱的动员,因此,需要一个繁荣的经济和一个财政强大的国家,以便于两者都能投资于生态重建。"③赫尔曼·戴利

① [美]詹姆斯·奥康纳.自然的理由:生态学马克思主义研究[M].唐正东,臧佩洪,译.南京:南京大学出版社,2003:489.

② [印]萨拉·萨卡.生态社会主义还是生态资本主义[M].张淑兰,译.济南:山东大学出版社,2012:168.

③ [印]萨拉·萨卡.生态社会主义还是生态资本主义[M].张淑兰,译.济南:山东大学出版社,2012:168-169.

(Herman Daly)更是要求在稳态经济状况中,国家要掌控损耗配额、削弱垄断集团的垄断权来实现目标。但萨拉·萨卡认为前者并不现实,当下资本主义国家都在经历财政危机,它们并没有足够的资金进行生态环境保护,那么钱从哪里来? 于是,它们寄希望于生态技术的出口从而繁荣国内经济,通过征服新的市场来创造机会,但"这一政策的成功要求其他国家长久处于欠发达状态。但是,别人不可能一直保持着欠发达"①,而且这也违背可持续发展的本质。戴利虽然赞同萨拉·萨卡的看法,却认为国家会受到自由市场的制约而无法发挥作用。

总之,受资本主义生产方式、市场经济等因素的影响,资本主义国家难以实现其职能的绿化。

(三)生态帝国主义的非正义扩张行动

生态帝国主义(Ecological Imperialism)一词,最早出现在阿尔弗雷德·克劳斯比(Alfred W. Crosby)《生态帝国主义:欧洲生物扩张,900—1900》一书中。西方社会学家约翰斯顿正式提出这一概念,他把当代资本主义国家对发展中国家实施的生态掠夺并转移生态危机的罪恶行径称之为"生态帝国主义"。

生态社会主义认为,发达资本主义国家为了保护本国的生态环境,会不断对发展中国家进行生态"侵略"。资本主义为了追逐利润最大化,不断扩大生产规模并凭借强大的经济和科技实力最大限度地侵占全球资源。福斯特对此说道:"资本主义的主要特征是,它是一个自我扩张的价值体系,经济剩余价值的积累由于根植于掠夺性的开发和竞争法则赋予的力量,必然要在越来越大的规模上进行。"②无独有偶,阿格尔也指出:"资本主义商品生产的扩张主义的动力导致资源不断减少和大气受到污染的环境问题。"③

莱斯认为,控制自然和控制人之间存在着紧密联系,"在由'征服'自然的观

① [印]萨拉·萨卡.生态社会主义还是生态资本主义[M].张淑兰,译.济南:山东大学出版社,2012:169.

② [美]约翰·贝拉米·福斯特.生态危机与资本主义[M].耿建新,宋兴无,译.上海:上海译文出版社,2006:29.

③ [加]本·阿格尔.西方马克思主义概论[M].慎之,等译.北京:中国人民大学出版社,1991:420.

念培养起来的虚妄的希望中隐藏着现时代最致命的历史动力之一:控制自然和控制人之间的不可分割的联系”①。资本主义生产的无限扩大必然造成对原材料、燃料等资源需求的增长,而垄断资本主义追求高额利润的本质决定了它们的经济必然是扩张型经济,对外推行生态殖民主义。正如福斯特所揭示的那样,生态问题的根源“还要从资本主义制度的扩张主义逻辑中寻找答案”②。可见,资本主义将资源消耗的触角同经济殖民主义一起伸向了全球。

伴随着“世界市场”的开辟和市场疆域的不断拓展,不发达国家和地区的生态环境日益恶化,非洲和作为原材料供应地的新大陆就出现了史无前例的生态和人类的悲剧。虽然发达资本主义国家也叫喊着要保护环境,克服环境危机,但是其资本主义性质决定他们最多只能解决本国或缓解局部的环境恶化,而不可能彻底解决生态危机问题。生态社会主义认为,“资本主义在不平等的社会中成长,同时又发展了那种不平等”③,这违背离了生态正义。生态社会主义揭示了资本主义政治发展与全球生态危机之间的关系。佩珀依据资本理论、世界市场理论以及生态成本理论批判了发达资本主义国家的“生态帝国主义”倾向——他们一方面直接掠夺发展中国家的资源,另一方面通过转移生态危机的方式进行间接的生态掠夺。

生态帝国主义严重损害了社会正义和平等。发达资本主义国家在完成现代化后,他们利用资本主义所主导的不公平的国际政治经济新秩序,掠夺发展中国家的自然资源,通过输出发展中国家急需的资金和技术干预发展中国家的经济发展。当发达资本主义国家的生态环境无法维系现有的经济规模、满足人们生活需求的时候,他们往往通过“生态殖民主义”政策将生态危机转嫁给发展中国家与不发达国家,将发展中国家与不发达国家变为他们的原料仓库、垃圾站及转

---

① [加]威廉·莱斯. 自然的控制[M]. 岳长龄,李建华,译. 重庆:重庆出版社,2007:6.

② [美]约翰·贝拉米·福斯特. 生态危机与资本主义[M]. 耿建新,宋兴无,译. 上海:上海译文出版社,2006:1.

③ [英]戴维·佩珀. 生态社会主义:从深生态学到社会正义[M]. 刘颖,译. 济南:山东大学出版社,2012:91.

移严重污染工业的场所并疯狂地对其自然资源进行掠夺和盘剥。生态社会主义认为这是资本主义唯利是图、不计后果的本性在新形势下的反映。佩珀认为，“生态帝国主义”将发展中国家与不发达国家放置于国际政治经济的边缘地位，是社会非正义的一种重要表现,因而“生态正义”则是未来社会的重要价值取向，他在《生态社会主义:从深生态学到社会正义》一书第一版前言中这样说:“社会正义或它在全球范围内的日益缺乏是所有问题中最为紧迫的……实现更多的社会公正是与臭氧层耗尽、全球变暖以及其他全球难题做斗争的前提条件。”①奥康纳也指出:“在生态危机的既定国际格局中,在经济和社会的不平等条件下,需要把生态问题与经济以及社会正义问题联系在一起或者统一加以解决”②,否则,生态危机问题也不可能从根本上解决。

生态帝国主义削弱了生态系统,制造了社会不公。生态帝国主义基于自身对利润的无止境追求,造成了对人的剥削和对自然的掠夺,生态殖民制度是全球性反生态的罪魁祸首,更无法解决与生态问题相关的全面社会危机。然而,对生态社会主义而言,问题不仅在于现实生态帝国主义对于生态环境破坏的内在根源性,而且还在于它不可能提供任何根本性的解决出路。总之,它“不但需要通过膨胀、萧条、供需不平衡、环境退化等危机存在,而且,它们还是这一制度不可避免的结果”③。

基于此,生态社会主义通过对“生态帝国主义”的揭露和批判,将对全球化与资本主义的批判问题结合起来,揭露了“生态帝国主义”对外扩张的生态非正义性。概括而言,在生态社会主义看来,“生态帝国主义”是一个生态危机问题中的核心问题。

---

① [英]戴维·佩珀.生态社会主义:从深生态学到社会正义[M].刘颖,译.济南:山东大学出版社,2012:2.

② [美]詹姆斯·奥康纳.自然的理由:生态学马克思主义研究[M].唐正东,臧佩洪,译.南京:南京大学出版社,2003:357.

③ [英]戴维·佩珀.生态社会主义:从深生态学到社会正义[M].刘颖,译.济南:山东大学出版社,2012:96.

(四)发达国家对全球事务的非正义处理

生态社会主义认为,资本主义对全球生态环境危机负有不可推卸的历史责任,这不仅表现为生态资本主义各种措施的无效性,还体现在以美国为首的发达国家对全球事务的非正义处理上,“整个人类当前面临的巨大危险,应该理解为主要不是由于自然环境——无论地质的还是气候的——所引起,而是由于失控的紊乱的社会制度造成的,更具体而言,即由美帝国主义所造成。这才是我们这个时代的挑战”①。2003 年 4 月《经济学家》杂志曾提出过这样一个问题:是否存在一个利用自身强权干预、操控其他国家内部事务、蔑视国际法的阴谋集团? 福斯特认为确实存在美国霸权主义,并对美国所引起的生态环境问题进行了详细地论述。

一方面,能源帝国主义的兴起带来了诸多生态危险。20 世纪 70 年代的石油危机引发了大量的能源探索,20 世纪 90 年代以后,旧的石油储量日益枯竭,新的石油开采越来越难,人们对石油峰值的担忧也在逐渐扩大。因为石油价格的变化受供需关系影响。当需求量上升,供给不足时,石油的价格就会上涨。反之,当供给过剩,需求下降时,石油价格就会下跌。面对由于石油价格上涨和供给短缺所带来的危险,处于资本主义经济中心的发达国家没有在需求端通过削减消费量去降低对石油的消费与依赖,反而把军事手段作为终极解决方案来重新掌控石油储量和投资。针对这一情况,萨拉·萨卡也曾指出,“尽管有全球性的气候变暖的灾难性威胁,世界的经济和政治领导人也没有制订计划建造大量的太阳能电站取代旧的化石燃料热电厂,而是后者被核电站(例如在德国)和煤电站所取代”②。天然气的情况也大致如此。福斯特认为:“美国的新能源帝国主义已经开始导致战争扩大,这种战争很可能成为真正的全球战争。”③更令人担忧的

---

① [美]约·贝·福斯特. 生态革命:与地球和平相处[M]. 刘仁胜,李晶,董慧,译. 北京:人民出版社,2015:89.

② [印]萨拉·萨卡. 生态社会主义还是生态资本主义[M]. 张淑兰,译. 济南:山东大学出版社,2012:113.

③ [美]约·贝·福斯特. 生态革命:与地球和平相处[M]. 刘仁胜,李晶,董慧,译. 北京:人民出版社,2015:87.

是,发达资本主义国家人民群众也认为这种能源帝国主义的做法是理所应当的。这就造成了全球性的灾难:“全球变暖、石油峰值、迅速增加的世界饥荒(部分原因由于生物燃料产量增长所致)以及核战争——这一切都是为了确保社会制度适应日愈加深的不平等。”①

另一方面,面对生态环境危机,美国等发达国家将其转化为维护其霸权地位的工具。以气候变化为例,福斯特指出,气候学家对于全球气候变化问题已经提出了诸多评估、建议、甚至是警告,联合国政府间气候变化专门委员在《气候变化2001》报告中指出,如果全球气候变暖问题得不到有效解决,那么有可能会出现北大西洋地区的温度降低5摄氏度甚至更多,导致出现更加酷寒的冬季,也有可能会出现延期性的气候变暖;美国国防部《气候突变情景及其对美国国家安全的影响》报告中也曾指出,全球气候变化会导致“全球范围内出现农业减产、极端天气状况和能源资源短缺现象。拥有足够自然资源和粮食生产能力的相对富裕国家,如美国和澳大利亚,被视为正在其本国周围建筑‘防御堡垒’,以抵挡可能出现的大量移民潮涌入,而此时世界其他多数地区则正卷入战争的漩涡……在严酷的气候条件下,随着世界承载能力的下降,战事开始蔓延——加剧了任何战争的风险”②。可以说,美国等发达国家政府早已认识到全球气候变化对人类社会产生的威胁,但是人民群众却被告知无须担心全球气候变暖问题,所有这些结论都只是推测并被媒体过度解读了,人们可以通过经济规制、科学技术革新等手段解决这一问题。以美国为首的发达国家政府没有采取任何有效措施,他们只针对有可能出现的移民潮进行阻挡,没有提出任何缩减温室气体的排放以解决全球气候变暖的办法,美国甚至退出了《京都议定书》,因为“美国以及该体系中的其他中心国家不会乐意接受对所有国家实行低水平上的人均排放的平等化”③。

---

① [美]约·贝·福斯特.生态革命:与地球和平相处[M].刘仁胜,李晶,董慧,译.北京:人民出版社,2015:89.

② [美]约·贝·福斯特.生态革命:与地球和平相处[M].刘仁胜,李晶,董慧,译.北京:人民出版社,2015:96-97.

③ [美]约·贝·福斯特.生态革命:与地球和平相处[M].刘仁胜,李晶,董慧,译.北京:人民出版社,2015:101.

虽然从历史上看,这些处于中心地位的发达国家已经用尽大气层所能承载的二氧化碳用量,但他们仍不同意按照要求削减碳排放量,甚至要求那些处于外围的、发达国家发展的受害者——发展中国家和不发达国家承担起主要责任,但他们若按照发达国家的要求急剧缩减二氧化碳排放量,那么他们就丧失了经济发展的机会。因此,第三世界国家提出,由于全球发达国家欠不发达国家生态债务,公正地解决这一问题的唯一方案就是将所有国家放到全球可持续性排放的人均排放量之上。但美国及其他处于中心地位的国家不会愿意接受这一建议,他们并未在里约峰会或约翰内斯堡峰会达成协议,并继续向第三世界施压,他们要求第三世界国家取消贸易保护主义措施,继续榨取其剩余价值,但自身却并不遵守同样的规则。在这样的背景下,一些第三世界国家倒向帝国主义,“在反种族隔离制度斗争震撼全世界十年之后,在新自由主义通过‘非洲发展新伙伴计划’渗透到非洲大陆的背景当中,南非已经成了最重要的、准帝国主义力量。美国逐渐愿意与之交往的正是这个准帝国主义南非,因为其目标与美帝国的目标并不相互冲突。然而,这一切都与真正的可持续发展没有任何关系”①。福斯特断言,美国等国家实施的这一战略必将把世界推向更野蛮的状态,但在野蛮主义降临之前,环境改良主义必须让位于生态革命以谋求社会重组。

发达资本主义国家在国际关系上的霸权主义,不仅给世界和平与发展蒙上了阴影,也给生态环境危机的解决设置了强大阻碍,除非在追求公正且可持续社会的目标时对这种非正义进行革命性变革,才能真正避免生态灾难,而这需要处于非中心地位的不发达国家进行反抗,“人类可持续发展出现在全球外围国家的各种革命缝隙当中,可能标志着一种普遍反抗的开始,既反对世界异化,又反对人类的自我异化”②。

---

① [美]约·贝·福斯特.生态革命:与地球和平相处[M].刘仁胜,李晶,董慧,译.北京:人民出版社,2015:118.

② [美]约·贝·福斯特.生态革命:与地球和平相处[M].刘仁胜,李晶,董慧,译.北京:人民出版社,2015:251.

三、正义危机的社会文化根源

在社会文化层面，生态社会主义认为，非正义的社会文化因素造成的生态环境问题的根源主要在于"控制自然的观念的非正义性""自然的性别分歧""消费主义价值观的反生态性""丧失环境正义的道德底线"和"工业文明进程中科学技术的反生态性"几个方面。

（一）控制自然观念的非正义性

莱斯在《自然的控制》一书中提出："控制自然"的观念是环境问题的根源。"控制自然"的观念萌芽于古代神话传说，当时人们对神秘大自然感到恐惧，盛行于文艺复兴时期的炼金术理论，特别表现于基督教的世界观之中。基督教的世界观不仅仅宣示了上帝对于世界的创造与统治，更是将自然界看作是上帝及其信徒的工具，其结果是"人立于自然之外并且公平地行使一种对自然界统治权的思想就成了统治西方文明伦理意识的学说的一个突出特征"①。在生态社会主义看来，生态环境危机的根源只有从控制自然的观念中才能找到解决环境问题的根本出路，因为存在着"控制自然和控制人之间的不可分割的联系"②。资本主义为了维护其存在的"合理性"，在运用其掌握的技术力量来开掘和利用自然资源时，以貌似丰富的消费前景来满足人们的消费需求，结果产生了一种异化消费的方式。这种异化消费方式与传统观念把自然界定为一个静态的生产对象，一种造就经济财富的简单客体的价值观密切相关。资本主义社会中存在着根深蒂固的"支配自然"的价值观念，即把大自然的存在看成是人类的奴仆，对待自然则是以个人的利益作为出发点和动力，视自然资源为无限的，取之不尽、用之不竭。由此，莱斯把控制自然的观念看成是产生生态环境问题的深层次根源。

莱斯更进一步地指出，传统的对生态环境的认识观念存在着两个错误：

——"把环境质量问题归属于无所不包的经济核算问题"③，因而环境质量

---

① ［加］威廉·莱斯. 自然的控制［M］. 岳长龄，李建华，译. 重庆：重庆出版社，2007：28.

② ［加］威廉·莱斯. 自然的控制［M］. 岳长龄，李建华，译. 重庆：重庆出版社，2007：6.

③ ［加］威廉·莱斯. 自然的控制［M］. 岳长龄，李建华，译. 重庆：重庆出版社，2007：3.

变成了满足人需求的纯粹客体,变成了商品。

——对科学技术进行顶礼膜拜,认为科学技术是解决生态危机困局并且不会对人们生活产生消极影响的唯一出路。关于这一点,后文还将继续进行阐释。

莱斯同时也强调,“控制自然”实际上和控制人是同一历史发展过程,控制自然的观念同资本主义社会有着逻辑的和历史的联系。他认为“控制自然”这种意识形态行为最根本的不合理目标就是“把全部自然(包括人的自然)作为满足人的不可满足的欲望的材料来加以理解和占用”①,而导致“人的那些最关键的需要已经被社会的持续不断的控制扭曲了”②。它破坏了人的自由,否定了人的解放。在其著名的《满足的限度》一书中,莱斯批判了异化消费的观念。莱斯认为,正是由于人类自己造成了人与自然的关系,才使自然成为满足人自身需要的工具,从而导致了自然的异化和生态问题。

现在,我们可以回过头来更明确地厘清莱斯将控制自然观念作为非正义行为的三个演进步骤③:

——第一步,从控制自然到控制人。资本主义运用统治阶级说教式的控制术把为统治阶级服务的控制自然的观念说成是人类的普世价值,并将其提升为社会主流意识形态。在此,控制自然的生态剥削技术与资本主义制度结合,控制自然的观念被合法化。控制自然的观念开始从控制自然转向控制人。犹如莱斯所言,人们感觉不到“控制自然似乎不是人类的伟大事业,而是维护特殊统治集团利益的手段”④。

——第二步,从控制人到对人的剥削。从控制自然到控制人的转变,必然导致一部分人通过科技手段控制另一部分人。但是,科技运用的后果却是人类无法控制的。因此,对科技的控制直接表现为人对人的控制,控制自然也就顺理成章地陷入人与人之间的统治关系,人与人之间的剥削由此产生。与此同时,从全

① [加]威廉·莱斯.自然的控制[M].岳长龄,李建华,译.重庆:重庆出版社,2007:7.
② [加]威廉·莱斯.自然的控制[M].岳长龄,李建华,译.重庆:重庆出版社,2007:8.
③ 秦立春.摈弃控制自然观:从代际剥削走向代际公平[J].伦理学研究,2014(3):70-73.
④ [加]威廉·莱斯.自然的控制[M].岳长岭,李建华,译.重庆:重庆出版社,2007:150.

球化视角看,科技的运用直接强化了人的剥削能力,因而科技全球化不过是全球性剥削的另一种委婉表达。

——第三步,从人的剥削到异化消费。控制自然的观念把生态推向了人类的对立面,导致“物质财富在数量上的增加未必会大大改进作为整体的人类的状况”①。商品因此成为一种象征性符号——商品不仅是物,更是“信息”,逐渐充当了传递消费价值观的中间桥梁。但是,商品信息本身的不充分和生活节奏加快却让人们曲解了商品信息的本真,导致物质追求被错误地当成了对自由的追求。这种异化的消费观,使得人与商品之间的关系变成一种简单的用益关系。

人类控制自然的观念会使得人们缺乏对自然的尊重直从而出现对生态滥用的现象,也将人类带入“人控制人”和“人剥削人”的非正义窘境。因此,生态社会主义认为,控制自然的观念是造成生态危机的根源。人与自然之间应该是一种和谐共生,即一种正义的关系。需要特别指出的是,在控制自然观念的理解上,生态社会主义内部存在着两种观点,一是纯粹意义上的价值批判,二是控制自然技术领域的批判。

(二)自然的性别分歧

对于控制自然与控制人的观念,马克思曾以男女关系来说明:“人对人的直接的、自然的、必然的关系是男人对妇女的关系。在这种自然的类关系中,人对自然的关系直接就是人对人的关系,正像人对人的关系直接就是人对自然的关系,就是他自己的自然的规定。”②生态女性主义者继承了这一观点,认为西方父权制世界观的价值体系下,男性对女性进行压迫、人类对自然进行压迫,而且对女性和自然的压迫还会和其他形式的压迫错综复杂地连接在一起的。因而生态女性主义必然要反对作为压迫的一种形式的社会非正义现象,建构起非父权制的、人与人、人与自然间的平等社会。在批判资本主义父权制的同时,一部分生

① [加]威廉·莱斯.满足的限度[M].李永学,译.北京:商务印书馆,2016:121.

② 中共中央马克思恩格斯列宁斯大林著作编译局.马克思恩格斯全集(第二版,第3卷)[M].北京:人民出版社,2002:296.

态女性主义者运用马克思主义基本观点对资本主义制度进行批判，期待构建一个生态可持续与社会正义的生态社会主义社会，从而使得生态社会主义与社会主义生态女性主义具有了共同的理论话语。

另外，一些生态社会主义者也开始注意到自然的解放也离不开女性的解放，关注生态社会主义的生态女性主义基础，如高兹和科威尔。

高兹认为女性问题与生态问题之间存在着本质联系，女性原则的丧失是现代社会生态问题以及社会问题的原因之一，因而共产主义社会必定也是女性主义的。从现实情况来看，资本主义经济正以更少的工作量创造着更多的财富，因此一部分人具有稳定性工作，一部分人失业，还有一部人只能从事兼职性、间歇性工作，但大多数稳定性工作都是由男性把持着，大多数兼职性、间歇性工作则由女性从事，与此同时缩短了工时的男性也逐渐参与到照顾孩子等家务劳动中，"照此趋势发展下去，继续要求社会承认家务劳动的社会用途并相应地支付报酬已经没有意义。"①可以说，女性既要承担无偿的家务劳动，又要以临时工的身份从事没有发展前景的工作，她们承受着这个社会的双重不公。因此，高兹要求重新分配社会必要劳动时间，女性要和男性一样参与到社会生产决策过程中，一样从事生产和利他性活动来保证社会和个人的发展。

科威尔则以"自然的性别分歧"范畴阐述了控制自然与控制女性之间的关系。科威尔认为，当今时代的生态危机太严重了，无论是环保主义者还是技术官僚和改革者都解决不了这一问题，鉴于资本是生态危机产生并不断扩大的始作俑者，未来社会是生态理性的社会主义即生态社会主义社会。它一方面要求保留和扩展社会主义的核心，没有阶级、没有剥削、没有资本积累、每个人自由而全面的发展和社会正义等。另一方面，它要求发展一种后资本主义的以生态为中心的生产，坚持使用价值至上。除此之外，生态社会主义还有一个重要的第三条原则，即生态社会主义的性别基础，自然和性别是紧密相关的，如果没有其中一

---

① [法]安德列·高兹.资本主义，社会主义，生态：迷失与方向[M].彭姝祎，译.北京：商务印书馆，2018：103.

个的解放，另一个就不可能获得解放。

科威尔指出，人类的第一张染色体图就是根据“她”和“他”绘制的，我们可以畅想一个不存在阶级的世界，但无法想象一个没有性别的世界，性别是一个基本的自然范畴，是人类最原始的分界线，无论人类社会怎样发展，其内部以及人与自然之间的关系都会受到性别的影响。“未来所有的统治，包括受资本影响的统治，也在男性压过女性的阴影之下。”①因此，必须要了解男性在人类社会发展过程中所起到的作用，否则就不可能真正掌握历史。

科威尔认为，人类发展过程中首先出现的性别划分就是男性负责打猎、女性负责采集的劳动的性别分工。在这个过程中，虽然没有出现人类对自然的统治，但男性成了生命的接受者，而女性成了生命的给予者，这为后来的统治奠定了基础，尤其是狩猎中使用的工具。可以说，最初劳动的性别分工与统治和暴力没有任何内在联系，但统治和暴力也是以性别化的方式进入世界，是通过男性狩猎团伙的突变而发生的。当人类受到生存威胁或是其他力量的影响时，狩猎活动开始转变为剥夺他人生命的暴力活动：“杀死或驱走所攻击群落的男性，否认所夺来的女人和孩子的自我决定、暴力性侵俘虏。”②这就出现了人类社会组织结构的变化：首先，利用他人劳动力成为可能；其次，从狩猎到作战最终形成了统治阶级；再次，划分出了奴隶与奴隶主两个不同的阶级；最后，暴力制度被确立下来以维护统治权。这种剥夺女性权力的具有性别分歧的社会结构一旦固定下来就会不断扩张，对领导权和社会控制力的追求而形成了大人物、酋长、国王、族长、皇帝、教皇、领袖、大元帅以及 CEO 的统治地位，“父权制的机构出现，它主导女性的分配以保证对其的所有权和对孩子的掌控权”③。可以说，正是对女性的控制导致对劳动力的控制，并不断扩大为整个社会的异化，在性别主导的领域中，真

---

① [美]乔尔·科威尔. 自然的敌人：资本主义的终结还是世界的毁灭？[M]. 杨燕飞，冯春涌，译. 北京：中央民族大学出版社，2015：104.

② [美]乔尔·科威尔. 自然的敌人：资本主义的终结还是世界的毁灭？[M]. 杨燕飞，冯春涌，译. 北京：中央民族大学出版社，2015：105.

③ [美]乔尔·科威尔. 自然的敌人：资本主义的终结还是世界的毁灭？[M]. 杨燕飞，冯春涌，译. 北京：中央民族大学出版社，2015：106.

正的人就被认为是男性，女性虽然被正式承认为人类，但她们的地位是脆弱的和不断被削弱的，男性之于女性，正如人类或文明之于自然。“人与自然之间的两极分化随之而来，男性成了人类的象征（等同于智力、有远见、精神、强大和主动）；而女性则成了自然的象征（等同于本能、有限和身体基础、见异思迁、易变和被动）。自然层面上的性别自然而然被启用，它对性别之间、人类与自然之间的分工明确，只要以资本主义形式出现，那么生态危机就来了。”①因此，自然的性别分歧使自然具有了被压抑的性别的差异性，阻碍了对内在价值的认识，只要这种“观念”存在，生态危机就不会被解决。

在论述了自然的性别分歧与生态危机之间的关系之后，科威尔还论述了自然的性别分歧与阶级、社会正义之间的关系。随着劳动力被暴力控制，阶级也随之形成，所有权制度化，并催生了平等权利。科威尔认为，阶级在生产领域的作用同父权制在生殖领域的作用是一样的，但阶级并不是根据生物、生理差异而建立起来的，而是在生产劳动中产生的，它违背了自然，也违背了人类本质，使社会支离破碎。然而，它却进一步通过国家的形式实现了古代社会向文明社会质的飞跃。国家也通过军队、法庭等手段将暴力合法化，实行对自然以及女性的控制，发达国家奴役和支配不发达国家，这样就使得性别、种族、区域、民族、国家产生了优劣差异。哪一个应该被排在优先地位呢，如果以时代为判定，性别会处于焦点位置，如果说政治优先地位则取决于谁是时代最迫切需要解决的问题，如果以功效论则优先权应给阶级，因为“阶级关系使政权实现执行和掌控的功能，它能够对出现在人类生态体系中的分化进行塑造和组织”②，包括国家机器对性别关系的塑造，阶级社会会不断产生性别、种族等压迫，“其深刻的生态暴力确保基本的对抗作用，以推动历史前进③”。因此，只要阶级社会存在，性别歧视问题和

① [美]乔尔·科威尔. 自然的敌人：资本主义的终结还是世界的毁灭？[M]. 杨燕飞，冯春涌，译. 北京：中央民族大学出版社，2015：106.

② [美]乔尔·科威尔. 自然的敌人：资本主义的终结还是世界的毁灭？[M]. 杨燕飞，冯春涌，译. 北京：中央民族大学出版社，2015：108.

③ [美]乔尔·科威尔. 自然的敌人：资本主义的终结还是世界的毁灭？[M]. 杨燕飞，冯春涌，译. 北京：中央民族大学出版社，2015：109.

生态危机问题就不会消除。

科威尔运用“自然的控制”和“自然的性别歧视”概念，赋予生态环境危机以新的内涵，为社会非正义问题提供了与众不同的生态女性主义基础。

（三）消费主义价值观的反生态性

前文就已提到消费价值观的反生态性，现在来做详细解读。史都瑞（John Storey）在《文化消费与日常生活》一书中说道，“消费行为是如此猖獗，商业态度受到如此普遍的接纳……无庸置疑，1800 年前，世界上第一个消费社会已然（在英国）崛起”①。随着工业革命的深入，乍富的中产阶级为了显示自己的财富、权威以及地位便开启了极力模仿上层社会的生活方式，“炫耀性消费”一时兴起。但是，20 世纪 20 至 30 年代，资本主义社会却因社会有效需求不足而陷入经济危机。凯恩斯作为英国财政部代表认为，资本主义经济危机是由消费不足和投资缩减造成的，并给出了鼓励消费和增加投资的药方。凯恩斯发起了一场消费革命，这一革命在打开资本增殖大门的同时，也为消费主义起到了鸣锣开道的作用。虽然，消费主义出现之初在一定程度上舒缓了资本主义社会的基本矛盾，但是消费主义的这一作用完全建立在过度消耗自然资源的基础上，一系列人性和社会不良后果随之而来。20 世纪的西方马克思主义理论家开始反思工业革命的严重危害，认为消费主义使消费行为脱离于人的真实需要、商品的使用价值，是一种消费的异化。基于此，西方马克思主义者构建了资本主义消费批判理论，其中具有代表性的是马尔库塞、弗罗姆、鲍德里亚（Jean Baudrillard）等。消费批判理论认为，资本主义社会为了获得最大限度的利润，不断扩大再生产，导致商品过剩，只有不断刺激人们消费才能卖出这部分过剩产品，致使人们的消费需求不再是自己的真正消费欲求，而变成了为资本支配的一种虚假需求。

生态社会主义继承和发展了资本主义消费批判理论，认为生态危机不是一个纯粹的自然问题、科学问题，而是与资本主义非正义的消费观和消费方式有关的社会问题。阿格尔认为，资本主义在凭借科学技术的优势利用广告和大众新

① ［英］约翰·史都瑞. 文化消费与日常生活［M］. 张君玫，等译. 台北：巨流图书公司，2001：5.

闻传媒操控着人们的生存方式和消费方式,导致人们的消费需要和消费选择服从和服务于资本追求利润的目的。莱斯认为,现代资本主义社会的资源是由发达国家支配的,他们凭借自身的政治经济权力不公平地占有世界资源,这就导致人们忽略了对需求、欲望、需要等问题的关注,不考虑这些问题,供给问题就无法解决,就会产生日益严酷的资源竞争。既往社会是依靠修建庞大的物质性建筑维持社会的稳定与权威,现代社会却将稳定与权威建立在经济的生产与需求的满足之上,"现代社会的正当性原则是接受流行的报酬和权力分配这一基本原理,也就是在于消费的持续增长"①。但这种高消费必将不再依赖于自然的天然供给,而是"开创了以符号为媒介的欲望(需要)与为提供它们而发展的有组织的技术之间的互动"②,是在高强度市场框架下形成的。由于"第一,需要范畴的破碎化和不稳定化;第二,需要的性质与商品的属性之间难以匹配;第三,对需要或欲望的质量越来越不关心;第四,对个人以及作为整体的社会来说,环境风险日益增大"③,商品流通的消极方面及其中的潜在危险日益严重。如,现代食品、化妆品、药品中添加剂的副作用对人身体的损伤,但人们由于对科学能力的信赖,认为技术的进步与新产品的产生可以抵消任何副作用。在心理上,人们的欲望仿佛是无止境的,病态地过度消费商品,但"随着需要被分解为越来越小的成分,以及这些成分不时被重新组合为消费过程中释放的短暂渴望或感觉状态,在任何时刻,欲望的满足达到的程度都变得十分难以确定"④。为了维持这种高消费,一方面,必须进行更多地生产,这就会消耗更多的资源、产生更多的废气废水等,危害生态环境;另一方面,必须维持其社会基础,这就产生了极权式的统治方式。

高兹对消费主义价值观反生态性的批判涉及两次转变:

第一次转变,从满足需求转向单纯的商品依赖。消费者本应出自自身需求而进行消费,但现实不平等的社会制度使得大多数人无法在社会劳动中获得满

---

① [加]威廉·莱斯.满足的限度[M].李永学,译.北京:商务印书馆,2016:2.
② [加]威廉·莱斯.满足的限度[M].李永学,译.北京:商务印书馆,2016:58.
③ [加]威廉·莱斯.满足的限度[M].李永学,译.北京:商务印书馆,2016:100-101.
④ [加]威廉·莱斯.满足的限度[M].李永学,译.北京:商务印书馆,2016:30.

足,因此便采用消费的方式转移异化劳动带来的消极情绪,弥补心理缺憾。因而,劳动者不仅作为生产利润的“工具”进入生产领域,还作为实现利润的环节进入消费领域,并且,整个社会都被卷入消费—增长—消费的消费怪圈。

第二次转变,从表层的商品依赖转向深层的制度依赖。对资本主义制度而言,商品生产的基本目的是以消费带动经济增长;对劳动者而言,商品生产是为了获取劳动报酬。基于此,劳动者要想获得更高抑或更多的报酬就必须将其报酬投入到消费领域以换取更大的经济增长。消费成为资本主义制度发挥劳动者主体性的唯一领域,同样,劳动者对资本主义制度的依赖程度也在逐渐加深。

显然,资本主义社会的经济增长完全基于一种不正常的消费需求,而这种消费价值观严重威胁了生态安全,致使不同阶级处于不公正、不平等的地位。引用马尔库塞的话来说:“为了特定的社会利益而从外部强加在个人身上的那些需要,是艰辛、侵略、痛苦和非正义永恒化的需要,是‘虚假的’需要。满足这种需要或许会使个人感到十分高兴,但如果这样的幸福被会妨碍(他自己和旁人)认识整个社会的病态并把握医治弊病的时机这一才能的发展的话,它就不是必须维护和保障的。”①生态社会主义通过对于需求理论的陈述,把生态危机的根源最终归结为资本主义所宣扬的“异化消费”。阿格尔明确指出:“在最后考察危机理论时,我们将对称之为‘异化消费’的现象,即异化劳动的合乎逻辑的对应现象进行分析;我们认为这是大多数马克思主义者所忽视的一个课题。”②正是这种高消费带动高生产,从而加大了对生产资料的需求,一旦超出自然的负荷便造成了生态危机。因而,要解决生态环境危机就要进行社会变革,这种社会变革不仅要变革涉及生产的生产方式,还要变革涉及消费的生活方式。阿格尔把这一变革的过程称之为“期望破灭了的辩证法”,人们由于期望破灭而重新调整对好的生活以及资本主义经济制度的认识,从而通过价值观的变化改善自然环境以及生态系

① [美]赫伯特·马尔库塞.单向度的人:发达工业社会意识形态研究[M].刘继,译.上海:上海译文出版社,2008:6.

② [加]本·阿格尔.西方马克思主义概论[M].慎之,等译.北京:中国人民大学出版社,1991:420.

统。生态社会主义认为,人们必须从这种非正义消费中摆脱出来,“把劳动看作是实现自身价值的方式,而不是把劳动看作获取未来消费的财富的源泉,才能利用生态危机导致一场激进的阶级运动,最终实现生态社会主义变革”①。

为了缓解商品过剩,资本主义通过广告等媒介操控人们的消费,从而导致异化消费。异化消费不仅使人无法感受到真正的幸福,还破坏了自然环境,造成生态危机。资本主义制度为了维护其存在的“合理性”,以庞大的消费来满足人们的虚假需求,实质上,只是达到了其追求利润最大化的目的。这是一种不合理的消费方式。这种异化消费导致资源的极大浪费、环境受到了严重污染、生态被破坏。所以说,是“异化消费”导致生态危机,因此,想要有效解决生态危机,必须要消灭“异化消费”。异化消费是生态社会主义对当代资本主义新变化所作出的概括,是其生态批判理论的重要组成部分,有利于我们开阔视野并正确认识当代资本主义社会中的社会主义运动。

(四)丧失环境正义的道德底线

20 世纪 50 年代,环境伦理问题一经产生就成为我们这个时代最新潮且最富挑战性的问题,而关涉其中的环境正义问题已然成为伦理学研究中最有活力的新兴领域。美国著名的科学家、环境保护主义者奥尔多·利奥波德(Aldo Leopold)的著作《沙乡年鉴》一经问世就被视为保护人类生存环境的生态文学圣经。利奥波德从人与自然关系的伦理视角出发,用生态学上的“土地金字塔”模式阐发了生态整体主义的思想,提出“土地是一个共同体”这样一个生态学的基本命题。就此而论,生态危机境遇下的正义问题不仅是一个环境科学问题,而且是一个伦理道德问题。狭义上看,环境正义的科学内涵是指所有与环境保护相关的正义问题,包含两层意思:“一是指所有主体都应拥有平等享用环境资源、清洁环境而不遭受资源限制和不利环境伤害的权利,二是指享用环境权利与承担

① 王雨辰. 制度批判、技术批判、消费批判与生态政治哲学——论西方生态学马克思主义的核心论题[J]. 国外社会科学,2007(2):2 -7.

环境保护义务的统一性，即环境利益上的社会公正。”①因此，人类不因国籍、阶级、种族、民族、性别、文化等差异而平等地享用自然环境资源并公正地承担其中义务就成为衡量环境正义的标准。1991 年的美国“第一次全国有色人种环境领导高峰会”将这一标准细化为 17 条基本原则，如下：

1. 环境正义肯定地球母亲的神圣性、生态和谐以及所有物种之间的相互依赖性，肯定他们有免于遭受生态毁灭的权利。

2. 环境正义要求将公共政策建立在所有民族相互尊重和彼此公平的基础之上，避免任何形式的歧视或偏见。

3. 环境正义要求我们基于对人类与其他生物赖以生存的地球的可持续性的考虑，以伦理的、平衡的、负责的态度来使用土地及可再生资源。

4. 环境正义呼吁普遍保障人们免受核试验中测试、提取、制造和处理有毒或危险废弃物和有毒物而产生的威胁，免受核试验对于人们享有清洁的空气、土地、水及食物之基本权利的威胁。

5. 环境正义确认所有民族有基本政治、经济、文化与环境的自决权。

6. 环境正义要求停止生产有害废弃物及辐射物质，并且要求这些物品的过去和当前的生产者必须承担起清理毒物以及防止其扩散的全部责任。

7. 环境正义要求在包括需求评估、计划、执行实施和评价在内的所有决策过程中享有平等参与权。

8. 环境正义强调所有的工人都享有在安全、健康的环境中工作，而不必被迫在不安全的生活环境与失业之间作出选择的权利，同时强调那些在家工作的人也免于环境危害的权利。

9. 环境正义保护处于“环境不公正”境遇的受害者有得到所受伤害的全部补偿、赔款以及接受优质的医疗服务的权利。

10. 环境正义认定政府的“环境不公正”行为违反国际法，违反联合国人

① 曾建平. 环境正义：发展中国家环境伦理问题探究[M]. 济南：山东人民出版社，2007：9.

权宣言,违反联合国种族屠杀会议的精神。

11. 环境正义必须承认土著居民通过条约、协议、合同、盟约等与美国政府建立的一种特殊的法律关系和自然关系,并以此保障他们的自主权及自决权。

12. 环境正义主张我们需要制定生态政策来净化和重建我们的城市与乡村,使其与大自然保持平衡,我们要尊重所有社区的文化完整性,并为其提供公平使用所有资源的途径。

13. 环境正义要求严格执行(实验和研究中的)知情权原则,并停止对有色人种进行生殖、药物及疫苗的实验。

14. 环境正义反对跨国企业破坏性行为。

15. 环境正义反对对于土地、人民、文化及其他生命形式实施军事占领、压迫及剥削。

16. 基于我们的经验,基于对我们多样文化视景的珍重,环境正义呼吁对当代人和未来人类实施旨在强调社会问题和环境问题的教育。

17. 环境正义要求我们每个人以消耗尽量少的地球资源和制造尽量少的废物为原则来作出各自的消费选择,要求我们为了我们这一代及后代子孙,自觉地挑战并改变我们的生活方式,以确保自然界的和谐。①

需要特别说明的是,从以上 17 条基本原则来看,资本主义试图将环境正义与伦理道德紧密联系起来,并试图改善环境正义的恶劣状况。事与愿违,环境非正义的问题并没有得到充分解决,国际环境不正义现象依然十分突出。犹如学者曾建平所言:“那些害怕背负环境道德谴责的污染生产主体在环境运动浪潮中不敢明目张胆地与环境伦理观念为敌,但却在环境权利与环境义务上玩起了不平等的把戏:后发国家、劣势民族、落后地区、弱势群体已经无可置疑地成为环境污染的承载体。”②而且,恰恰是在我们强调环境正义的具体判断标准之际,苏联

① 曾建平. 环境正义——发展中国家环境伦理问题探究[M]. 济南:山东人民出版社,2007:11 - 12.
② 曾建平. 环境正义——发展中国家环境伦理问题探究[M]. 济南:山东人民出版社,2007:10.

社会主义生态模式失败了。

因此,生态社会主义认为,环境不正义问题与道德滑坡有关。萨拉·萨卡在分析苏联社会主义生态模式为何失败时指出,苏联环境不正义现象根源于环境道德的沦丧。来看看在《生态社会主义还是生态资本主义》中他对苏联社会情况的描绘:

> 总之,工作集体对奖励的异常依恋和经济部门的特殊利益导致了一个恶性循环:不信任、欺骗、缺乏合作。这样的事情在所有的资本主义社会里都存在,而且更加严重。但是,人们希望在"社会主义"社会中,作为共产党员的经济管理人员能有一种不同的行为模式。当这个期望遭到辜负时,实际上作为一项道德目标的"社会主义"就没有成功的机会了。
>
> 由此产生了第一个问题,为什么在斯大林之后的十年间,没有人因为上面描述的那些不诚实行为而受到惩罚。答案似乎是,首先这样的行为已经几乎变成正常的了;其次,坦率地说就是怯懦。每一个人都被锁进了一个相互依赖的腐败圈。
>
> ……
>
> 人们由此得出的结论也许是,大多数的苏联民众已经丧失了所有的尊严感,以至于像研究所的药剂师这样的人竟毫不羞耻地告诉外国人他们自己的腐败行为①。

显然,在萨拉·萨卡看来,资本主义和苏联模式的社会主义在经济增长和道德沦丧之间存在着一种制约环境正义实现的逻辑。苏联模式传统社会主义的失败不仅因为其建立在经济增长范式上遭遇到了增长的极限,而且在于存在着严重的"道德沦丧",资本主义的发展亦如此。新阶级的形成是苏联社会主义道德

---

① [印]萨拉·萨卡.生态社会主义还是生态资本主义[M].张淑兰,译.济南:山东大学出版社,2012:79-81.

沦丧的最有利证据，无论是工人、农民，还是共产主义者都存在道德沦丧的情况。伴随着道德沦丧的出现，出现了以下几种情况：第一，共产主义理想与热情的消失。俄国革命之后，由于革命热情，工人阶级为了完成某项任务会自愿无报酬地加班六小时，这被称为“共产主义星期六”。另外，热情高涨的工人阶级还开始了“反计划”，致力于打破经济计划、超额完成工作任务。但由于行政管理的官僚化发展和资本主义生产关系的复活，这些热情与理想主义逐渐消失。如国家原本创设“劳动奖章”头衔以奖励那些工作效率高的工人，使得他们享受更高的经济社会地位，但这就在工人之间产生了竞争，产生了不满、漠视，甚至敌意。第二，人们劳动的消极造成经济发展的低效与脆弱。社会主义计划经济为了制订详细而准确的计划，需要掌握庞大的信息与数据，这就需要管理者、工程师、会计等人员花费大量而宝贵的时间和精力，从而导致从事实际生产过程的时间和精力减少。但计划有时会出现错误，会出现前后政令不一致的地方，工人努力工作的热情受阻。另外，由于国家会保障工人不会失业，工人也就丧失了积极劳动的动力。这就使得社会经济出现疲软。第三，共产主义者之间缺乏同志之爱。企业和计划者为了各自的利益，提供虚假信息。企业和经济部门夸大投入，掩盖了他们的实际生产能力，只有这样工人才能超额完成工作任务拿到奖励；计划者面对企业和经济部分的虚假情况，不再做实地调查并编制计划，只是在前一年数字的基础上进行按比例的提高。于是，在企业和计划者之间出现了一个恶性循环，彼此之间互不信任。另外，在卖方市场上共产党员之间也缺乏合作。正常来说，需方讲明他们的要求，供方说明他们能提供怎样的商品，但现实却是供方由于处于更强势的地位因而采取的是取舍随便的态度，从而常常导致属于供应被拖延或得不到供应。更为严重的是，共产党员之间出现了“家族圈”，共产党员工资至少高出普通工人 3 倍以上，共产党员技师和管理人员甚至高出普通工人 14 倍之多，因此这些人已经脱离工人阶级，自己组成了小圈子互相包庇。“诚实的、向上的、真诚的和勇敢的共产党员被处死、入狱或驱逐……剩下的人都是同谋者、懦夫和野心家，匍匐在独裁者的脚下……剩下的全部都是恭顺的仆人、侍从和阿谀奉承者。”①党员们不再相信共产主义理想，只是为了生活得更好而加入共产党。第四，日常生活腐败。苏联社会出现了无数偷窃国家财产的情况，那些稀有的物资被偷盗后又以高价卖出去，甚至学生还会把补贴的火车票和飞机票倒卖出去，大量的偷盗、腐败以及非法的活动构成“反经济”，民众丧失了所有的尊严感。第五，公地悲剧与生态危机的出现。现实生活中公民仅仅关注与自身相关的资源开发、物质生产以及商品获取，“公有地”开始得不到关照。因此，“增长极限”将会导致“公有地的悲剧”，最终必然引起理性新人的道德异化。可以说，无论是资本主义国家还是社会主义国家，都存在掠夺公地的做法，但在苏联，掠夺的程度更高。“利润最大化是资本主义的一个必然逻辑和迫不得已的方面，但奖金最大化的动机却不是‘社会主义’制度的一个必然逻辑结果。”②之所以出现这种情况的原因在于苏联社会主义并没有能够创造出与之相适应的新道德秩序。在萨拉·萨卡那里，经济发展与道德提升之间是非此即彼的关系。经济增长既与环境保护相矛盾，又与道德相排斥。对于两者的关系，萨拉·萨卡指出：“生态社会主义社会必须优先将生态议题置于所有政策议题的考虑重点。这是生态社会主义的第一个特征。”③表面看来，萨拉·萨卡的环境影响公式是对市场机制下经济主体自私自利性的生动描绘且富有说服力。但萨拉·萨卡的环境公式由于极力表明道德之于经济的优先性暗含有极大的不合理性。即便如此，我们也应看到他在生态视角下的伦理道德批判方面做出的贡献。

洛威也认为资本和伦理之间不可能存在亲和性，资本以增殖为目的，只识别以量相关的价值，一切物质的、精神的产品都可以在市场上找到自己的交换价值，但它却能摧毁一切定性价值，伦理价值就首当其冲。而社会主义正是要打破资本以定量价值为标准的生产与制度，试图建立以社会需求为目标的生产与分

① [印]萨拉·萨卡.生态社会主义还是生态资本主义[M].张淑兰，译.济南：山东大学出版社，2012:81.

② [印]萨拉·萨卡.生态社会主义还是生态资本主义[M].张淑兰，译.济南：山东大学出版社，2012:87.

③ [印]萨拉·萨卡，王聪聪.红绿政治新发展：激进绿色左翼的思考——萨拉·萨卡访谈录[J].中国地质大学学报(社会科学版)，2014(6):105-109.

配方式,实现人与人、人与自然之间的和谐。总之,生态社会主义认为,人与自然平等地共处于一个生态系统之中,人不过是这个系统中的普通成员,自然理应得到人的尊重、热爱和伦理关怀,保护包括人类在内的生态系统自身的健康是人类的责任与义务。但是,环境伦理水平下滑严重制约着国际社会对环境正义的认同和践行。

(五)工业文明进程中科学技术的反生态性

自资本主义生产关系诞生以来,科学技术对于社会发展和人类活动都产生了重大影响。埃吕尔(Jacques Ellul)曾说:"如果马克思在1940年还活着的话,他不会再研究经济学或资本主义结构,而是研究技术。"①那么,科学技术对于社会发展来说到底意味着什么?关于技术对生态环境与社会发展的效应,向来存在着技术悲观主义和技术乐观主义两种对立的观点。尤其是20世纪以来,人类社会飞速发展,但其技术化特征也越来越明显,于是,一部分人将全球生态环境危机、消费主义、人性扭曲等社会病态现象的根源归结于科学技术。

对于这一问题,马克思主义经典作家既肯定了科学技术对于社会发展起到的推动作用,但也表达了对其消极作用的隐忧。"自然界无穷无尽的领域全都被科学征服,不再给造物主留下一点立足之地。"②当代西方社会哲学流派中的法兰克福学派对资本主义社会的全面异化进行了深刻批判。在法兰克福学派的发展后期,其思想从反思启蒙运动以来的理性主义与实证主义开始,展开对现代工业社会科学技术的批判,从而确立了技术理性批判在其批判理论中的地位,他们直指资本主义社会物质虽富裕、但精神困苦的现象,揭示了技术理性对人类社会的统治。"技术进步=社会财富的增长(社会生产总值的增长)=奴役的加强。"③在技术与生态危机的关系上,法兰克福社会学派认为资本主义社会的统治者正

① 转引自[美]卡尔·米切姆.技术哲学概论[M].殷登祥,曹南燕,等译.天津:天津科学技术出版社,1999:35.

② 中共中央马克思恩格斯列宁斯大林著作编译局.马克思恩格斯文集(第9卷)[M].北京:人民出版社,2009:462.

③ [美]H.马尔库塞.反革命与造反[M]//H.马尔库塞等.工业社会和新左派.北京:商务印书馆,1982:82.

把自然变成“商品化的、受污染的、军事化的自然”，这样的自然“不仅从生态的意义上，而且也从生存的意义上缩小了人的生活世界。它妨碍着人对他的环境世界的爱欲式的占有(和改变)，它使人不可能在自然中重新发现自己，无论是在异化的彼岸，还是此岸；它也使人不可能承认自然是自主的主体——人和这一主体一起生活在一个共同的人的世界里”①。当然，技术乐观主义认为，科学技术进步是解放的手段，可以解决资本主义发展过程中出现的经济社会问题与生态环境问题，正如奥康纳所说，“自 18 世纪启蒙运动以来，主流观点一直认为科学技术、私有财产以及市场经济一起造就了两类自由：摆脱未知的、不可控制的自然的暴虐的自由；以理性方式利用、操控自然来增进‘国家福利’的自由。据说技术不仅可以使我们免于自然的暴戾而且还慷慨地授予我们富裕的生活。结果必然就是，一旦自然的奥秘臣服于科学理智和资本主义合理性，人类也就从终生艰辛枯燥的劳作中解脱出来获得了自由”②。而生态社会主义深受法兰克福学派的影响，并继承了其批判路径。早期生态社会主义者在寻求生态危机的原因方面，把全球性生态危机的主要原因归结为工业文明进程中科学技术本身的反生态性，如高兹就持这种观点。高兹认为科学技术的意识形态并非是中立性的，科学技术和社会制度之间存在着紧密联系，不同的技术决定了形成不同的社会制度，资本主义制度下的技术是硬技术，是集权式技术，与资本逻辑相一致；社会主义制度下的技术是软技术，是分散型技术，与生态理性相一致，能实现人与人、人与自然之间的和谐。能否解决生态危机、建立新的社会制度完全取决于运用哪一种技术形式，这就陷入了技术决定论。随着生态社会主义理论的不断发展，生态社会主义开始反对将科学技术看成是完全消极性的，还反对脱离于社会制度考察科学技术本身的“原罪”性，于是开始从资本主义生产方式本身出发探究其社会问题与生态危机的根源。

---

① [美]H. 马尔库塞. 反革命与造反[M]//H. 马尔库塞等. 工业社会和新左派. 北京：商务印书馆，1982：128.

② [美]詹姆斯·奥康纳. 自然的理由：生态学马克思主义研究[M]. 唐正东，臧佩洪，译. 南京：南京大学出版社，2003：320.

生态社会主义在资本主义生产方式下，从科学技术的进步和生产力发展的视角对人与自然之间矛盾关系进行分析，认为随着科学技术的不断发展，人类以其为工具改造自然的能力也在提升，并逐渐演化出了控制自然的观念，尤其是在资本主义社会，科学技术作为提升剩余价值的最有效手段不断被应用到生产与管理之中，于是工具理性不断膨胀，直接影响了人类与自然之间的关系。在资本主义社会产生以前，人们只是把科学技术看成是一种技艺，以整体主义和有机论的思维方式来看，它可以推动人类社会历史的发展。但资本主义社会诞生以来，机械论思维占据了统治地位，人与人、人与自然之间整体性与有机联系被资本割裂，资产阶级为了追逐财富和利润而对自然疯狂地进行掠夺，必然造成生产与自然的对立而引发生态危机。但从本质上说，科学技术不但不是生态危机的根源，而且是治理已污染的环境的必要手段。因而，“自然是社会地产生的，自然的用处和观念随着生产方式的改变而改变”①。在资本主义制度下，科学技术作为生产的工具被利用，但问题在于资本主义生产方式与以往任何时代的生产方式不同，它是以追求交换价值和剩余价值为目标。因而，任何能够提升交换价值和剩余价值的因素都被利用到极致，由于能够提供生产所需的生产资源而被仅仅看作商品化的客体。于是便出现了这样的情况：科学技术不断进步，资本主义就不断发展，但对自然的控制也就愈演愈烈，对人的控制也是变本加厉。对于科学技术，资本主义总是会选择有利于自身发展的技术，并把科学技术作为维护资本主义政治统治的意识形态工具。高兹明确指出：“社会选择正在技术选择的伪装下而强加给我们。这些技术选择很少是唯一可能的选择，也不一定是最有效的选择。对于资本主义来说，它只会去发展一些与其自身发展逻辑相一致，并与它的继续统治相一致的技术。它要消除那些不能强化现存社会关系的技术，即使这些技术就既定目标而言是比较合理的。资本主义的生产和交换关系被铭刻在由

---

① [英]戴维·佩珀. 生态社会主义：从深生态学到社会正义[M]. 刘颖，译. 济南：山东大学出版社，2012：123.

资本主义馈赠给我们的技术之中。"①莱斯认为,"同一个科学制度既能够从人类的普遍敌人(饥饿、疾病和繁重的劳动)中解放人类,也能够支配精英们增强其控制个人行为的能力"②。因此,科学技术本身不能被看作是控制自然乃至生态危机产生的根源所在,更不能运用科学技术对人类社会发展过程中一切现象产生的根源进行判断与解释。因此,高兹并不认为技术的进步所引发的生产力进步会导致社会更加平等、更加公正。

虽然奥康纳认为造成资本主义社会人的异化的决定性因素植根于资本主义生产关系而不是技术,但现代工业技术的功能不仅仅是市场的目标和手段,而且也是控制劳动的手段。他指出,"社会和政治斗争是理解资本所采用技术的类型及其对人和自然的影响的关键。与资本在工厂中对技术的那种配置和运用方式(目的是为了控制劳动和生产剩余价值及利润)相比,也许技术本身不应受到更多的指责……对工人的那种身心盘剥,其根源在于劳动关系的资本主义本性,而不在于技术"③,"因此,资本的技术成分的增长趋势不仅是由于经济的原因,而且也是出于社会的和政治的原因。"④

通过资本主义生产目的非正义性的分析,福斯特认为,资本主义的根本特征是积累资本,为了达到这个目的,它不断地进行扩张。因此,只要在资本主义制度之内,哪怕是对科学技术进行良性运用,也无法从根源上解决生态环境危机问题。"资本主义呈几何增长以及随之而来的原材料迅速消耗使环境问题日趋恶化。"⑤造成生态环境问题的原因不在于技术本身,而在于技术的资本主义使用。福斯特基于杰文斯悖论戳穿了脱离于制度而寄希望于技术解决一切的谎言。威

① André Gorz. *Ecology as Politics*[M]. Boston:South End Press,1980:19.

② [加]威廉·莱斯. 自然的控制[M]. 岳长岭,李建华,译. 重庆:重庆出版社,2007:16.

③ [美]詹姆斯·奥康纳. 自然的理由:生态学马克思主义研究[M]. 唐正东,臧佩洪,译. 南京:南京大学出版社,2003:327.

④ [美]詹姆斯·奥康纳. 自然的理由:生态学马克思主义研究[M]. 唐正东,臧佩洪,译. 南京:南京大学出版社,2003:328.

⑤ [美]约翰·贝拉米·福斯特. 生态危机与资本主义[M]. 耿建新,宋兴无,译. 上海:上海译文出版社,2006:91.

廉·斯坦利·杰文斯(William Stanley Jevons)是英国著名的经济学家,新古典经济学的开创者之一。19世纪60年代,英国议会提出“煤炭储量是否会影响到英国在世界上的领先地位”这一问题,杰文斯通过大量的实地调查,于1864年写成《煤炭问题:关乎国家发展和煤矿可能枯竭的调查》一书,他认为英国工业生产严重依赖煤炭资源,但随着煤炭成本的提升可能会造成经济的停滞,就算是技术的进步、效率的提升也不能帮助降低资源能源的消费总量,反而会增加该资源能源的需求。

> 认为经济地使用燃料等同于消费减少,这完全是思维混乱。事实恰恰相反。通常说来,根据许多类似案例中发现的一条原则,节约的新模式会导致消费增加……同样的原则——甚至以更大的强度和特征——也适用于煤炭这种普遍的要素。正是煤炭的经济性利用才导致大规模的煤炭消费……也不难发现这个悖论是如何产生的……例如,如果高炉使用的煤炭数量相比于产量下降了,那么,贸易的利润就会增加,并吸引新的资本,生铁的价格就会下降,但对生铁的需求“将”增加;最终,更多的高炉将弥补并超出每座高炉所减少的消费量。如果这种情况不总是一个单独部门的结果,那么就必须牢记,任何生产部门的进步都会激发大多数其他部门的新活动,并间接地增加对我们的煤层的消耗……巴伦·李比希(Baron Liebig)说:“文明就是节约能量,而我们的能量是煤炭。”正是对煤炭的节约利用才使我们的工业发展成今天这样;我们越是对煤炭加以有效和节约地利用,我们的工业就会越加繁荣,而且我们的文明会更加发展。①

杰文斯也由于这一悖论被认为是生态经济学的早期代表人物之一。福斯特认为杰文斯悖论在当今社会仍适用:汽车里程油耗降低带来了更多的汽车消费,

---

① [美]约·贝·福斯特.生态革命:与地球和平相处[M].刘仁胜,李晶,董慧,译.北京:人民出版社,2015:105-106.

制冷技术的改进带来了更多的冰箱……《京都议定书》的签订更是强化了将技术作为解决生态环境问题的态度，但技术悖论逐渐凸显，技术始终无助于我们摆脱生态环境的两难境地。杰文斯本人对于这一悖论也没有解决方案，那么要如何走出这一悖论，福斯特认为我们要么接受杰文斯悖论，要么就去寻找一种全新的方法：变革社会生产关系，使其不再按照资本逻辑运行，而是按照社会的需求和生态可持续的要求发展。“将可持续发展仅局限于我们是否能在现有生产框架内开发出更高效率的技术是毫无意义的，这就好像把我们整个生产体制连同其非理性、浪费和剥削进行了‘升级’而已。我们只能寄希望于改造制度本身，这意味着并不是简单地改变该制度特定的‘调节方式’（正如马克思主义调节理论家们所言），而是从本质上超越现存积累体制。能解决问题的不是技术，而是社会经济制度本身。”①

总之，生态社会主义深刻揭示了资本主义生产方式下技术的生态幻象，明确提出并不是科学技术本身而是资本主义制度对科学技术的使用方式出现了问题，才导致生态环境危机。要解决这一问题只能进行生态革命与社会革命，这也就是马克思主义所强调的，“对我们的直到目前为止的生产方式，以及同这种生产方式一起对我们的现今的整个社会制度实行完全的变革”②。这对于我们更全面地认识科学技术的社会功能具有极大启发性。

---

① [美]约翰·贝拉米·福斯特.生态危机与资本主义[M].耿建新，宋兴无，译.上海：上海译文出版社，2006：95.

② 中共中央马克思恩格斯列宁斯大林著作编译局.马克思恩格斯文集（第9卷）[M].北京：人民出版社，2009：561.

第三章
生态社会主义对实现正义的路径探讨

一、生态社会主义实现正义的总体要求

生态社会主义坚持用生态学对接和融合马克思主义,坚持以生态的马克思主义为指导思想以解决生态危机;坚持以改良的社会主义为制度准线,以自我认知的社会主义制度来反对资本主义制度;又主张在现实社会的一切行动中彻底地抛弃经济理性,毫不动摇地按照生态理性来行动。生态社会主义将生态理性引入现代社会发展模式,无疑是人类运用正确方式实现社会正义的一大步。

(一)坚持以生态的马克思主义为思想指导

生态社会主义对于马克思主义是否具有生态意蕴这一问题虽然没有一致性答案,但他们都强调将生态学与马克思主义尤其是历史唯物主义结合,从而开启了马克思主义的生态视域。

生态社会主义认为,一方面,单纯的生态学观点必然导致社会生产的衰败和政治生活的无政府状态;另一方面,马克思主义理论本身就是资本主义批判的产物,其辩证法有益于当今生态批判,但在解释力上却又显得力不从心。然而,生态学和马克思主义在当今生态危机境遇中显然都还保有价值,两者结合恰恰能改变当前生态危机日趋严峻的境遇。尤如佩珀所言:“相对传统的马克思主义中仍有许多对于生态社会主义来说十分重要的东西,不应该完全地拒绝。这种方案本身没有构成一个完整的生态社会主义理论,但用马克思主义观点分析绿色

难题至少可以持续地为可能侵入主流和无政府主义绿色话语的模糊性、不连贯性、头脑糊涂和偶尔的枯燥提供一个矫正的方法。”①奥康纳也认为马克思主义理论家关注了自然界的人化问题，但却对自然和生态问题缺乏足够的关注，因此，需要将历史唯物主义向外扩展至自然界、向内延伸至人类自身的生物学变化以及生产与再生产问题，并在《自然的理由：生态学马克思主义研究》（以下简称“《自然的理由》”）一书中明确指出：“社会主义需要生态学，因为后者强调地方特色和交互性，并且它还赋予了自然内部以及社会与自然之间的物质交换以特别重要的地位。生态学需要社会主义，因为后者强调民主计划以及人类相互间的社会交换的关键作用。对比之下，各种流行组织或运动则局限于社区、都市或村庄，仅凭它们本身是不可能同时有效地应对全球资本主义在经济和生态维度上的破坏性特征的，对于经济危机和生态危机之间的破坏性的辨证关系，他们就更是无能为力了。”②

因此，生态社会主义认为，要想实现生态正义必须坚持将生态学和马克思主义进行对接与融合。

其一，生态的马克思主义具有明显的科学价值。在生态社会主义看来，资本主义与社会主义存在本质差异，奥康纳在《自然的理由》中指出资本主义与社会主义的本质差异表现在四个方面：

——从生产目的上来看，资本主义是为追求利润最大化；社会主义是以满足人民群众的需要为根本目的生产，追求使用价值而非利润。

——从经济制度层面来看，资本主义以自由的市场经济为原则，必然导致对生态有害的恶性竞争；社会主义则主要以计划经济为原则，实现了资源之间的合理调配和利用。

——就消费方式而言，资本主义往往通过产品优化和升级来刺激消费需求

① ［英］戴维·佩珀. 生态社会主义：从深生态学到社会正义［M］. 刘颖，译. 济南：山东大学出版社，2012：299.

② ［美］詹姆斯·奥康纳. 自然的理由：生态学马克思主义研究［M］. 唐正东，臧佩洪，译. 南京：南京大学出版社，2003：434－435.

以维持经济体系的正常运行;社会主义则在基本的需求基础上来满足消费。

——就社会分配而言,资本主义以资本额度为标杆进行社会资源分配;社会主义则遵循平等原则,按照需求进行分配。

以上四个方面的差异直接决定了马克思主义的科学性和亲生态性。因为,社会主义以需求为基础的生产,资源消耗和废物排放更少,减少了生态危机爆发的可能性;以计划为原则的经济发展方式弱化了经济社会的恶性竞争,必然减少环境污染;以需求为基础的消费并非资本主义的异化消费,因而减少环境资源消耗是逻辑必然;以社会平等为原则的分配理念缩小了贫富差距,实现社会正义的可能性有了思想保障。总的说来,奥康纳认为,以资本逻辑为建构基础的资本主义与生态化相抵触,是反生态的,而无论从哪个方面讲,社会主义都具有生态性。

其二,生态的马克思主义为人类正确认识人与自然关系提供根本方法。马克思、恩格斯在《1844 年经济学哲学手稿》《德意志意识形态》《资本论》等著作中对人与自然关系进行了详细阐述,一方面,人是自然的产物同时依赖于自然,受自然的规律限制;另一方面,人的主观意识具有能动性,人的实践活动具有创造性,可以与自然进行物质交换来满足自身的需求,从而实现人与自然的辩证统一。这为人们认识人与自然的关系提供了根本方法。正如福斯特强调,马克思主义对于解决这些问题具有重大优势,"不仅在于这种唯物主义强调物质—生产条件这个社会前提,以及这些条件如何限制人类的自由和可能性,而且还因为,在马克思那里,至少在恩格斯那里,这种唯物主义从来没有忽视过这些物质条件和自然历史之间的必然联系,也就是与唯物主义自然观的必然联系。这因此就说明一种生态的唯物主义或一种辩证的自然历史观的必要性"①。虽然佩珀说,"马克思主义是一种阐释历史和自然—社会关系的结构主义方法"②,实际上,"马克思所关心的不是从技术角度上去控制自然以提高生产力,而是什么样的社

① [美]约翰·贝拉米·福斯特. 马克思的生态学:唯物主义与自然[M]. 刘仁胜,肖峰,译. 北京:高等教育出版社,2006:22.

② [英]戴维·佩珀. 生态社会主义:从深生态学到社会正义[M]. 刘颖,译. 济南:山东大学出版社,2012:77.

会才能合理地控制自然，以便为人的自由全面发展和全人类的解放创造物质基础"①。并且，在社会变革的方式和手段上，马克思主义在当时的历史条件下虽然不可能将生态问题作为主要考察对象，但是，马克思主义对资本主义生产方式的批判和谴责仍然能够对生态问题产生的根源作出回答。生态危机表现为人与自然之间的矛盾，但其本质仍是人与人之间的矛盾，生态危机与经济危机一样，也是同资本主义制度及其生产方式紧密相连的。资本主义生产方式下，资本遵循经济理性，总是倾向于扩大生产、追求更高的利润，这就不仅会忽视自然生态环境，还会造成大量自然资源浪费以及生态环境污染的国际转移。因此，没有马克思主义理论作为指导就不可能彻底解决生态危机问题。阿格尔说，正是基于马克思主义对生产性消费的批判，才使得把经济增长建立在生产性消费的期望破灭了，也激发了社会改革的热情。佩珀也强调，正是马克思主义深入经济生活的现实，从经济基础而非人们的思想出发，才正确认识了人与自然、人与人之间的关系，为变革社会奠定了基础。显然，马克思主义理论在解释资本主义工业化问题上是准确的、科学的。为此，生态社会主义认为，在正确认识人与自然关系问题上，生态学和马克思主义的对接与融合能够提供方法论原则，在处理社会发展和生态环境保护上也具有重要意义。

其三，生态的马克思主义视域范围的广博性和内容的包容性为化解生态危机提供了可能性。资本主义社会，当消费达到饱和，而生产又在不断扩大的情境中(爆发经济危机的情境中，资本家必然通过外化环境成本来降低生产成本，而并非以环境保护、降低资源损耗为第一要旨)爆发生态环境危机。显然，经济危机和生态危机相互交织、互为因果，经济危机引发生态危机，为克服经济危机又将引发更大的生态危机。如此一来，生态危机与经济危机之间的恶性循环，必将给社会发展以及人民群众带来灾难性的后果，从而投身到反对资本主义的斗争中去，从而爆发社会革命。基于此，生态社会主义认为，无论个人还是群体，无论民族还是国家，无不处在世界体系之中。因而，任何一次生态灾难，我们既是制

① 曾文婷."生态学马克思主义"研究[M].重庆:重庆出版社,2008:138.

造者，也是受害者。即是说，解决生态危机的视野必须是开放的、全面的，而马克思主义恰恰能够化解资本主义的这一系列问题。原因在于，马克思主义的视域范围并非地域性的，而是以实现全人类的共同福祉为根本宗旨，在解决生态问题的策略上是以区域、民族、国家之间的彼此关联、互为支撑为前提。更明确地说，马克思主义试图将生态问题定位于国家的、国际的（甚至人类的）普遍权益结构中，以一套有机融合的关联机制来解决生态问题，并取代地方性的生态治理模式，马克思主义的亲生态性不言而喻。就此，生态社会主义坚信生态学和马克思主义的对接与融合为生态危机的解决提供了可能性。

格伦德曼（Reiner Grundmann）在《新左派评论》第 187 期发表了《对马克思主义的生态学挑战》一文，在这篇文章中他认为，在生态学与马克思主义的关系问题上，存在三种不同观点：一是全面否定运用马克思主义解决生态问题的合理性和可能性；二是毫不动摇地捍卫马克思主义具有生态维度，认为马克思主义即可应对生态环境危机问题；三是中间派，即承认生态学发起的挑战，同时认为在马克思主义理论体系中存在解决生态问题的既有答案。格伦德曼说，显然中间派是正确的，迄今为止，马克思主义依然是一种“有希望的思想”。自然界虽然对人类施加反抗的压力，但是自然总是有益于人类。在生态危机的社会中，马克思主义为我们建设了一个第二自然（人工自然），在这个第二自然的空间中，人类才能在“不安全的”环境中安全地生存。就此而论，生态社会主义在思想上，坚持将生态学和马克思主义进行对接和融合，以解决生态危机，实现生态正义。

（二）坚持以改良的社会主义为制度准线

纵观生态社会主义，多数理论家已经将生态目光投向“新左派”——强烈批判资本主义制度的反生态性并对社会主义制度充满期待。生态社会主义始终坚持生态学和马克思主义的对接与融合，认为社会主义制度具有亲生态性，在此情势下，优越的社会主义制度将成为生态社会主义的必然选择。

首先，生态社会主义的根本基石是在生产资料所有制方面坚持社会主义公有制，这也是马克思主义的坚持。马克思的《1844 年经济学哲学手稿》一文，始终坚持从社会维度考察人与自然的关系问题，并认为人与自然关系异化的根源在于私有制。犹如学者王凤珍在《人类理性的重建——环境危机的哲学反思》一书中所言："所谓人与人、人与社会关系的异化，是指人类在改造社会的同时，创造出的不完全合理的社会关系、社会制度、社会体制，它们破坏社会的和谐，损害人类利益，威胁人类的生存和发展，甚至成为敌视人类的异己力量。"①显然，我们已经不可挣脱地将资源的快速衰竭和环境的严重污染的制度原因归咎于资本主义私有制，对生态社会主义而言亦如此。正如科威尔所言，资本主义独自的、排他的占有方式的合法性完全建立在私有制的前提下，而这个前提必然造成劳动关系的异化与分离。而只有生态的社会主义是真正的社会主义——劳动者的自由联合体。因此，生态的社会制度必然是建立在生产资料公有制的基础上。换言之，只有坚持社会主义公有制才能实现正义。概而言之，主要在于以下三个方面：

——生产资料全民占有的公有制形式能有效保证个体最基本的群体特征和群体最基本的社会整体特征。

——讲求平等占有生产资料和劳动产品的公有制，以满足使用价值为目标的社会生产可以缩减符号消费（异化消费），生态环境资源利用率得到有效提升。

——生产资料公有制旨在揭示自然存在物自身的存在，而非表明人对自然的占有，即人类并非通过占有而是通过创造性劳动来表达自我，保证了人的解放和自然的解放同时实现。

总的来看，生态社会主义坚持社会主义公有制的基本目的是试图改善人控制自然、少数人控制多数人的不公平状态。只有生产资料的共同占有才能避免人与自然、人与人关系的异化。对此，佩珀指出："通过生产资料共同所有制实现的重新占有对我们与自然关系的集体控制，异化可以被克服……为了集体的利益，我们应该集体地支配（即计划和控制）我们与自然的关系。"②国内学者刘仁

① 王凤珍. 人类理性的重建——环境危机的哲学反思[M]. 北京：高等教育出版社，2004：95.

② [英]戴维·佩珀. 生态社会主义：从深生态学到社会正义[M]. 刘颖，译. 济南：山东大学出版社，2012：282.

胜在《生态马克思主义概论》一书中总结道:“生态社会主义中的人民集体拥有对地球和自然的使用权,使用地球以获得生存和创造、享受地球的内在价值、改进地球的存在状态,生态社会主义对地球和自然的使用权必须维持人类和自然之间的新陈代谢平衡。”①

其次,生态社会主义在经济运行机制上坚持计划与市场相结合。深受舒马赫(E. F. Schumacher)《小的是美好的》影响,早期生态社会主义者大多认同小规模的、分散化的经济。但是20世纪90年代以后,由于失业、人口爆炸、贫富两极分化等问题的出现,生态社会主义不再提倡小规模、分散化的经济,认为这是在开倒车,应该实行将传统社会主义的计划经济与资本主义的市场经济相结合、中央与地方相结合的“混合型”经济。显而易见,社会主义经济制度中的主要部分是计划经济。但是,生态社会主义理论框架内的“计划”不再是“全面”的计划,而是带有生态倾向的“计划”。即是说,“计划”是资源配置的主要手段,但是生态社会主义首要考虑的是经济行为的生态价值。唯有“计划”才能建构理想的稳态经济模式,而稳态经济模式显然排斥“市场”。因此,生态社会主义理论框架内的市场手段也不再是资本主义社会中实现交换价值的理想场所。相反,生态社会主义理论框架内的市场手段成为政府考量投资计划的生态价值的重要手段。因此,要想真正发挥出市场的调节作用,必须坚持以民主政治为保障、以追求生态价值为中心。市场在生态社会主义社会中只是作为一种有限的理性工具,其核心作用是维护生态系统的完整性,生态社会主义中的每一个成员的民主自决过程都必须体现生态系统的完整性。② 正如佩珀主张把计划与市场结合起来:“国家同时在全国的、地方的和分散化层次上发挥作用,也存在一个无计划的、只受市场管理的个体生产者和家庭生产者部门。”③这样既能避免计划和市场各自的弊端,同时又能实现生态可持续和社会正义。佩珀通过对生态无政府主义的

---

① 刘仁胜. 生态马克思主义概论[M]. 北京:中央编译出版社,2007:119.

② 刘仁胜. 生态马克思主义概论[M]. 北京:中央编译出版社,2007:120.

③ [英]戴维·佩珀. 生态社会主义:从深生态学到社会正义[M]. 刘颖,译. 济南:山东大学出版社,2012:264.

批判和对国家计划的存在进行了论证并得出结论:为了实行对商品、资源等平等的生产与分配,计划经济是重要的、国家机构的存在是必要的。佩珀认为,社会生态学、生态自治主义、生物区域主义等生态无政府主义者,瞄准等级制和支配关系,拒绝阶级政治,要求消除国家,强调分散化和地方自治,寄希望于个人团结起来反省和抵抗所有不公正的规则,在经济发展上更多强调通过公社和合作社等直接参与行动。但他看到这可能会出现以下几个方面的问题:第一,这可能会导致超区域或是全球实体的出现,但它们抵御风险的能力不如民族国家,还可能会出现政治经济高度集中的风险;第二,对于本身自然资源并不丰富的地区来说,很难推行小规模抑或生物区域主义,因为资源的再分配问题无法解决;第三,从历史上看,地方主义和分权主义会助长地区沙文主义和种族主义,从而带来更多冲突;第四,要在全球范围内实现绿社会,就必须享有同样的价值观,但这与自决、自治是相矛盾的;第五,分散化的、小规模的区域到底是以自然特征还是以经济功能、宗教等来划分和界定,这并没有形成一致性认识。因此,国家是必要的,并要对经济进行计划。然而,正如奥康纳所强调,国家计划对于生态环境保护来说,既有积极影响又有消极影响。奥康纳认为,原则上来说,国家计划可以减少资源的浪费以及环境的污染,"没有了那种内在于资本主义的'经济危机',也就没有了企业之间为市场份额所展开的那种资本主义式的斗争,这样就意味着企业实施污染的动机要比资本主义公司少得多了。"①但国家计划下的大规模生产也会产生生态不合理,例如切尔诺贝利事件就是强权国家缺乏民主与效率的结果。生态社会主义采用计划与市场相搭配的生产和分配制度,有助于生态社会主义理论框架内正义理想的实现。

最后,在领导制度方面,生态社会主义坚持社会主义"改良"的领导制度。他们认为,资本主义政治制度在资本逻辑的规制下必然呈现权力向少数人集中的态势。要想改变这种态势,必须建立以分散化、民主性和国际性为基本特征的政

---

① [美]詹姆斯·奥康纳.自然的理由:生态学马克思主义研究[M].唐正东,臧佩洪,译.南京:南京大学出版社,2003:413.

治领导体制。正如阿格尔所言:生态社会主义的“两个主要概念即‘分散化’和‘非官僚化’,既适用于技术(生产)过程又适用于社会和政治过程”①。分散性是不允许权力集中于上层的少数人手中,权力必须对基层开放。巨大而集中的政治经济体制一方面使人们更加依赖异化消费,从而人民的真正需求被忽略,另一方面通过这种集中的体制会使政权加大对社会的全面操控,一旦放松操控,社会生活的方方面面都会出现急剧变革,从而给国家治理带来重大压力。阿格尔指出,苏联就曾经出现过这样的现象,斯大林逝世后,苏联群众对鞋子、衣服、汽车之类的消费需求达到了前所未有的地步。当然,这并不是说反对社会主义集中的计划经济,也不是提倡资本主义自由市场,而是要在二者之间寻求一个平衡点。从这一点来看,社会主义基层自治制度无疑是可取的;伴随着分散性的是非官僚化,参与性也倾向于“非官僚化”。官僚化是马克斯·韦伯(Max Weber)面对货币经济的高度分工与经济理性计算而提出的公共行政管理模式,它实行自上而下的等级制管理,少数人处于领导阶层,向下级发布权力命令,每一权力层级都有明确的责任以及固定的权限,可以说对于现代化大规模技术的工业生产来说这是必要的,但小规模的、分散化的经济是与官僚化完全相对立的,正如阿格尔所说:“等级制,即从上到下进行支配为工业生产所必需这一点并不令人信服;第二,我们不同意官僚主义形式常常赖以为前提的劳动高度破碎化。”②划分出等级,必然会造成一部人归于聪明的脑力劳动者,而另一部分人被迫归于愚笨的体力劳动者,处于被从属的地位,而这是一种资产阶级的意识形态。劳动过程的破碎化并不能一定保证劳动效率更高,甚至还会使劳动者丧失创造性,只有分散化、非官僚化的民主组织和调节生产过程才能把工人从官僚化的组织中解放出来。“凡在由技术分散化形成小规模技术的地方,劳动过程的民主化都起因于工业组织的非官僚化。离开了一个就没有另一个。分散化本身并不是一个革命的概念;它需要伴之以工人对生产过程的直接管理(即生产过程的非官僚化和自

① [加]本·阿格尔.西方马克思主义概论[M].慎之,等译.北京:中国人民大学出版社,1991:499.
② [加]本·阿格尔.西方马克思主义概论[M].慎之,等译.北京:中国人民大学出版社,1991:502.

我管理)。"①工人的直接管理也就是要求把权力交予基层,实行基层民主。高兹认为,也只有这样,才能实现生态理性。现代资本主义社会,生产什么、怎样生产、生产多少、如何消费、怎样生活都是由统治精英决定的,社会主义的工人管理"意味着将上述决策民主化,即在联合会、工会、社会运动、公共听证、民选大会等层面来公开商讨这些问题;还意味着把技术官僚和企业领导通常不加考虑的'标准'问题考虑进来。"②国际性显然意在强调生态共同体这一属性。本来生态学是带有地域特色的,强调区域的生物多样性、生态系统的整体性等,也强调人与自然之间物质变换的地方特色。但随着资本主义全球化,生态环境危机全球化的趋势也越来越明显,水污染、土地衰竭、臭氧层破坏以及全球气候变暖等问题早已经突破地区与国家界限。而且从世界范围来看,发展中国家和不发达国家同时承受了发达国家经济和生态双重的压迫,因此,不能仅在地方层面去解决世界性的生态问题,需要将这种地方性置于"普遍性"和"总体性"中去考察。正如奥康纳所说:"区域性的、国家性的和国际性的计划也是必需的。毕竟生态学的核心就在于各种有特色的地方及问题间的相互依赖性,其核心还在于需要把各种地方性的对策定位于普遍性的、国家性的以及国际性的大前提下,这也就是说,要把地方性和中心论扬弃为民主的社会经济和政治的新形式。"③另外,奥康纳还认为,如果不在全球层面考虑问题,还会形成为新自由主义和全球主义做辩护的危险,从而忽视工人、女性、农民以及不发达国家的权益问题,造成分配性非正义。鉴于这种资本、生态问题的不平衡发展,奥康纳从绿色主义"全球性思考地方性行动"这一理念发展出"既是全球性地又是地方性地思考与行动",要求世界货币基金组织等要面向世界人民的需要和全球生态系统,地方性团体与组织

---

① [加]本·阿格尔.西方马克思主义概论[M].慎之,等译.北京:中国人民大学出版社,1991:503.

② [法]安德列·高兹.资本主义,社会主义,生态:迷失与方向[M].彭姝祎,译.北京:商务印书馆,2018:22.

③ [美]詹姆斯·奥康纳.自然的理由:生态学马克思主义研究[M].唐正东,臧佩洪,译.南京:南京大学出版社,2003:433.

联合行动，这就需要“一种国际性的运动，一个‘第五国际’”①。在此，需要追问的是，生态社会主义理解的“社会主义的领导制度”是否确实已抵达其真意，本文以为，这不过是一种带有主观臆想的改良路线罢了。

总的说来，生态社会主义始终坚持以自我认知的社会主义制度来反对资本主义制度，试图用改良的社会主义制度来解决生态危机。对此，我们既要看到其合理性，更要洞察其中弊病。对此，后文还将继续分析，此处不赘。

（三）坚持以生态理性为主导的行动要求

亚当·斯密在《国富论》（1776年）中首提“经济理性人”这一概念，表明人类经济活动对自然的索取不一定都在自然承载能力范围内，对自然的损害后果尚可通过自然的自我修复功能得到恢复。这一时期，哲学视域中的主体包含三大价值目标——人性、理性和个性。人性以追求自由、民主、正义的价值目标为导向，理性以追求科学知识的现实力量为目标，个性重在展现个体的主观价值认知。可见，整个社会开始将关注焦点转为“为摆脱自然束缚而进行创造性活动”，并逐步过渡到现代社会/资本主义社会，因而其价值意义无疑是进步的、巨大的。正如佩珀所言：“‘现代主义’是一个描述三百年来众多西方思想要旨的术语，起源于哲学家笛卡尔（Descartes）、洛克（Locke）和康德（Kant），并且信奉理性、科学和进步……现代主义促进了社会组织的‘理性’形式的发展——实际上是资本主义的扩展——寻求利用自然规律与资源为大众市场生产商品的技术，明显地提高了普遍的人类健康和福利。”②以“经济理性”为准绳的思维观念逐步占据主导地位。直到现在，诸多理论家依然相信，人类改造自然的一切行动只要遵从经济理性的发展模式便可将人类引向美好社会。

然而，生态危机的出现打破了这一美好憧憬。高兹明确指出：“生产也就是破坏……资本主义的危机本质上就是生态危机……资本的逻辑就是不断地追求

---

① ［美］詹姆斯·奥康纳. 自然的理由：生态学马克思主义研究［M］. 唐正东，臧佩洪，译. 南京：南京大学出版社，2003：482.

② ［英］戴维·佩珀. 生态社会主义：从深生态学到社会正义［M］. 刘颖，译. 济南：山东大学出版社，2012：63.

增长……过度积累的危机被再生产危机加剧，再生产危机最终又根源于自然资源的匮乏”①。一言之，经济理性必然引发生态环境灾难。高兹对此进行了全面的论证，他认为：

——经济理性的重要特征是，“用度量衡的尺度来计算和核算生产要素的经济效益”②。“量化的方法确立了一种确定无疑的标准和泾渭分明的尺度，这种标准和尺度现在已不由任何权威、任何规范、任何价值观念来确认。效率就是标准，并且通过这一标准来衡量一个人的水平和效能：更多要比更少好，钱挣得更多的人要比钱挣得少的人好。”③

——经济理性的巨大危害是，将自然界排除在外，随之而来的是“公地”悲剧。萨拉·萨卡在《生态社会主义还是生态资本主义》对此做了深刻阐释，前文已述，此处不赘。

——经济理性排斥生态保护，还将导致全面的社会危机。在资本主义经济理性的指挥下，“扫除了一切从经济角度看不合理的价值和目的，只留下个人之间的金钱关系、阶级之间的权力关系、人与自然之间的工具关系，从而产生了一个完全被剥夺的工人无产阶级阶级，沦为一种无限可交换的劳动力，没有任何特殊利益”④。

显而易见，我们已经清醒地知道，受经济理性规制的资本，必然以追求利润最大化为目标；而在生产“越多越好”的原则指挥下，使用价值必然让位于交换价值——生产的目的是为使用而非生产。生态社会主义认为，经济理性是破坏生态平衡、造成社会关系畸变以至于生活世界被殖民化的主要帮凶。当务之急是建构一种合乎生态的思维模式，并以此取代经济理性。正如高兹所言：“我们正在经历的不是现代性的危机，而是对现代性所基于的前提进行现代化的需要。当前的危机不是理性的危机，而是迄今为止所追求的（日益明显的）非理性合理

---

① André Gorz. *Ecology as Politics*[M]. Boston: South End Press, 1980: 20 – 27.

② André Gorz. *Critique of Economic Reason*[M]. London · New York: Verso, 1989: 3.

③ André Gorz. *Critique of Economic Reason*[M]. London · New York: Verso, 1989: 113.

④ André Gorz. *Critique of Economic Reason*[M]. London · New York: Verso, 1989: 19.

化动机的危机。但目前的危机并不表明现代化进程已陷入僵局，我们将不得不重新采取行动。这表明现代性本身需要现代化，需要本能地包括在它自己的活动范围内，因为理性本身需要被合理化。"①显然，高兹对现代化本身加以现代化、将合理化本身加以合理化的基本路向是用生态理性改造、取代经济理性。

何为"生态理性"？高兹认为：生态理性在于"以尽可能少的有使用价值且耐用的物品以及最少的劳动、资本和自然资源，来更好地满足人们的物质需求"②，简单说就是劳动更少、消费更少，生活更好。本文认为，生态理性就是一种能统摄和关怀一切物种的理性思维观念。生态理性不仅仅关注人，更关注自然；不仅关注自然的使用价值，更承认并关注自然内在固有价值。

生态社会主义提倡人类的一切行为必须以生态理性为原则——经济理性让位或服从于生态理性。因此，在生态社会主义的理论逻辑中，以工业文明为重心的现代社会应当逐步过渡到一个以生态文明为重心的生态社会。那么，以生态理性为准绳的社会是否能改变当前局势，抑或问，生态理性应当存在何种重要价值呢？

在生态社会主义看来，首先，生态理性远离罪恶的资本，能充分体现人的自身价值和尊严。在高兹看来，生态理性指导下的社会应当公平合理地分配劳动岗位，用"收获多少快乐"取代"挣了多少钱"，人与人之间的社会交往才能不因金钱诱惑而产生尔虞我诈的行为。其次，生态理性抛弃资本主义生产方式，建立社会主义生产方式与生态理性的内在联系。苏联社会主义生态模式的失败告诫我们，建构生态理性并非简单地从市场经济转向计划经济。恰如高兹所言："在'真实的社会主义'制度中，其发展法则和政治经济学观念的所谓科学性具有明显的政治功能，民众的需求和愿望同样需要服从于工业机器建设的系统性要求和国际劳动分工。经济计划参照大机器模式来规划社会，所有部门都要服从中

---

① André Gorz. *Critique of Economic Reason*[M]. London · New York：Verso，1989：1.

② [法]安德列·高兹. 资本主义，社会主义，生态：迷失与方向[M]. 彭姝祎，译. 北京：商务印书馆，2018：51.

央控制室的指挥,个人也要听命于这台机器,言行举止向它看齐。生活要全面合理化,也就是说每个男人女人的言行都要符合这台庞大的国家—工业机器的分工需求。”①基于此,生态社会主义认为,苏联模式的社会主义在生产方式依然受经济理性的规制并且无法超脱其中,所以它并非真正的社会主义。真正的社会主义是摒弃经济理性并代之以生态理性,并以生态理性对接社会主义生产方式,追求人的自我实现的社会。最后,生态理性目的之一在于消除异化关系,能构建生态和谐社会的主旋律。生态社会主义认为,只有当生态理性充分发挥其作用时,人类才能在生产过程中得到满足,而不是将满足感寄托于异化的消费上。简言之,只有生态理性才能使人类走向美好生态的明天。

高兹作为生态社会主义阵营中生态理性的积极倡导者,他认为,现代化的问题不是出在自身,而是出在自身范围之外的经济理性、科技理性以及工具理性的过度膨胀。片面强调工具理性、科技理性和经济理性造成了在人之外的异己力量,造成了良好社会关系的根本性错位。因此,矫正工具理性、科技理性和经济理性等现代性的偏向,必须引入生态理性。显然,要想实现生态正义,在现实社会的一切行动中必须彻底地抛弃经济理性,毫不动摇地按照生态理性来行动。生态社会主义跳出经济理性而将生态理性引入现代社会发展模式,无疑标志着人类在运用真正理性思维方式的道路上又迈进了一大步。同时也为其他生态社会主义者批判资本主义提供了基本的理论工具。高兹以后的生态社会主义者多是沿着这一路线进行的,日本生态社会主义者岩佐茂从“资本的逻辑”到“生活的逻辑”就是经济理性与生态理性的翻版。岩佐茂认为,资本逻辑盛行是资本主义社会的基本特征,而资本的逻辑“是指追求利润、让自身增殖的资本的本性”②,它把包括人在内的一切都看做追求利润的工具,因此,由它绝不可能产生出生态环境保护,但这又是人们生活所必不可少的,那么生态社会主义社会必须要废除

---

① [法]安德列·高兹.资本主义,社会主义,生态:迷失与方向[M].彭姝祎,译.北京:商务印书馆,2018:56.

② [日]岩佐茂.环境的思想:环境保护与马克思主义的结合处[M].韩立新,张桂权,刘荣华,等译.北京:中央编译出版社,2006:148.

“资本的逻辑”，代之以“生活的逻辑”，即“在人的生存或‘更好的生存’中发现价值，在劳动生活与消费生活的各个方面重视人的生活的态度和方法”①。

二、生态社会主义实现正义的技术路线

生态社会主义的技术路线，即主张走红绿联盟的政治路线，通过多元变革力量的主体联合，以非暴力革命的社会生态化方式实现社会各领域的一般变革。

（一）多元变革力量的联合主体

按照马克思主义的观点，无产阶级是最先进的阶级，能够承担起变革资本主义社会、解放全人类的重任，“在当前同资产阶级对立的一切阶级中，只有无产阶级是真正革命的阶级。其余的阶级都随着大工业的发展而日趋没落和灭亡，无产阶级却是大革命本身的产物”②。但西方马克思主义认为当代工人无论是工资水平还是工作环境等物质条件都得到了极大改善，伴随而来的是工人阶级的社会地位和政治权利提升，工人阶级越来越依赖于资本主义生产方式，这就使得工人阶级丧失了革命性，无法再承担起革命主体这一历史使命。生态社会主义并不是科学社会主义，它深受西方马克思主义的影响，其内部虽然存在着科学社会主义的倾向，但是也存在着新无政府主义的倾向，因此，对于实现社会变革的主体这一问题，生态社会主义者既强调把工人阶级作为社会变革的主体，也认为“新社会运动”能够成为变革的承担者。

部分生态社会主义者认为，无产阶级作为科学社会主义的主体，它既生产出自身，又对其自身的阶级存在进行否定，所以马克思主义建构科学社会主义的理论基点是二元论的。犹如高兹所言：“无产阶级是唯一的，也是历史上的第一个这样的阶级，它无意于通过破坏构成它的外部约束来取消它的阶级存在。因此，

① ［日］岩佐茂．环境的思想：环境保护与马克思主义的结合处［M］．韩立新，张桂权，刘荣华，等译．北京：中央编译出版社，2006：149.

② 中共中央马克思恩格斯列宁斯大林著作编译局．马克思恩格斯选集（第1卷）［M］．北京：人民出版社，2012：410－411.

在马克思主义看来，无产阶级本身就是对其自身存在的否定。”①基于无产阶级的自我否定性，生态社会主义认为，囿于现代资本主义社会财富的指数增加，工人阶级的物质生活水平显著提高，并且在政治上获得了更多的民主权利，因而工人阶级的批判精神和革命欲望已然不复存在。“失去对自己劳动的认同能力，就等于丧失了对一个阶级的任何归属感”②，资本主义框架内的无产阶级革命热情还没有高涨。可以说，高兹认为无产阶级已经消亡，社会主义已经丧失了它的“历史主体”，理由如下：首先，产业工人的数量大幅缩减，如在1961年到1988年，无论是英国还是法国、瑞士等发达资本主义国家的产业工人数量，英国尤甚，减少了44%；其次，服务业创造了大量不稳定的、技术含量低的就业岗位，形成了后工业无产阶级，但他们与传统工人阶级不一样，鉴于有偿的生产性劳动使劳动者具有与资本家截然相反的利益，最早产生出了无产阶级团结意识与身份归属感，但后工业无产阶级处于极其脆弱的环境中，并不能体现工人的本质和价值，也不能从劳动中产生出掌握政治经济权力、承担社会变革的使命；最后，劳动者的职业生涯变短且中断更为频繁，在1960年到1990年的30年时间里，年工作量减少了28%。

那么，变革需要依靠的革命主体力量在哪里？生态社会主义认为，变革的主体力量必须满足两个条件：一是受资本主义的剥削且生活条件较差，二是身处或遭受着生态危机带来的灾难。显然，在当前资本主义的框架内，这样的主体并不止一个，而是存在多元化的主体力量，包括新的中间阶级、第三世界的无产阶级以及工人阶级等。因此，生态社会主义认为，实现正义的主体力量是多元化主体的集合。

首先，新中间阶级作为主体力量何以可能？随着生态运动、女性主义等新社会运动的兴起，致力于生态变革的不同主体有望结成同盟，共同批判和反对资本

---

① André Gorz. *Farewell to the Working Class: an essay on Post-Industrial Socialism*[M]. London and Sydney: Pluto Press, 1982: 66.

② André Gorz. *Farewell to the Working Class: an essay on Post-Industrial Socialism*[M]. London and Sydney: Pluto Press, 1982: 67.

主义造成的人的异化。一批游离于资本主义框架的“非工人—非阶级”——“新的中间阶级”正在从新社会运动中涌现出来。他们身处生态险境且深受资本主义的毒害，因而满足进行社会变革的主体条件。为此，高兹说，社会主义变革的主体不能仅寄希望于传统工人阶级，而要把目光转向新社会运动，并使用“非工人—非阶级”概念“去指那个把其劳动当作一种外面强加的义务的阶层，在这种义务中，‘你浪费你的生命去谋生’。这个阶层的目的是废除工人和劳动，而不是占有劳动，这预示着未来的世界。除了这个非阶级之外，劳动的废除不可能有其他的社会主体。我没有从这个推论说它已经能够把废除劳动的过程置于自己的控制之下，并且产生一个基于时间解放的社会。我所坚持的一切就是，这样一个社会不能在没有这个非阶级的情况下，或同这个非阶级相对立地产生，而只能依靠它或在它的支持下产生”①。所谓“非工人”，是强调他们与马克思主义所指的产业工人的不同，他们没有工作保障，也就没有被赋予工人阶级的历史和社会使命；所谓“非阶级”，是指他们并不是一个阶级存在，他们与任何特定的利益和集团都没有关系，但也并不意味着社会组织和社会关系的缺失，是“在经济理性和外部约束之外，从社会领域中减去个人主权的过程”②。必须注意，我们并不能就此认为高兹已经把“新的中间阶级”勘定为变革的主体力量，因为“非工人—非阶级”既非完整意义上的主体，而且他们的目的只在于废除工人和工作，而不是占有工作。因为，新社会运动产生的中间阶级没有抨击资本主义制度的合理性的统治，只是把批判的矛头指向统治阶级的文化霸权，其结果不过是对统治文化及其后果的反对，并不伤及经济物质核心。就其本质而论，“新的中间阶级”反而从根本上捍卫了统治阶级一贯提倡的自由、平等、博爱的价值观念。基于此，高兹强调，如果左派不能和新社会运动结合起来，那么它们将不会有未来，“只有同时联合先进部门的劳动者、没有稳定工作的劳动者和失业者，新的社会运动才能成

---

① André Gorz. *Farewell to the Working Class: an essay on Post-Industrial Socialism*[M]. London and Sydney: Pluto Press, 1982: 7.

② André Gorz. *Farewell to the Working Class: an essay on Post-Industrial Socialism*[M]. London and Sydney: Pluto Press, 1982: 75.

为推动社会进行社会主义变革的主角。这些人相当于我所说的‘后工业无产阶级’,即全体半失业者、失业者、不稳定就业者和非全职就业者,他们既不能从自身的工作中,也不能从自己在社会生产进程中的位置中获得身份认同”①。可见,新中间阶级并不能独自作为社会变革的主体力量,而是需要结合现代工人的力量。

其次,第三世界的无产阶级作为主体力量何以可能?福斯特曾说,在“新帝国主义时代”,毫无疑问,生态危机已然扩大到全球范围内。要想解决这一问题,就必须去全球范围内挖掘力量。基于对马克思主义的坚持,他认为,阶级斗争“自身就具有推翻主导的生产关系以及统治阶级统治手段的能力”②。按照马克思主义的观点,资本主义社会里阶级斗争的主要表现就是占有劳动资料但不劳动的资产阶级与没有劳动资料但劳动的工人阶级之间的对抗。生态社会主义已经彻底放弃了资本主义社会中的无产阶级,现在就需要继续追问福斯特,所谓的无产阶级到底源自何处?福斯特认为第三世界才是生态革命的“前沿阵地”。在那里,马克思主义阐明的无产阶级产生的条件一一得到满足:无产阶级自由得一无所有,不仅需要消灭资本压迫,同时要消灭压迫本身为大多数人争取利益。换言之,那里的无产阶级,为了实现正义,有可能采取激进的革命方式来解决生态灾难问题。福斯特认为,现在世界上存在着诸多有影响力的生态运动,但是很多都对资本以及资本主义制度作出了妥协,而深具革命性策略和运动的生态斗争都集中在第三世界国家以及与资本主义体系联系薄弱或是断裂的国家,如古巴。据《生命行星报告》报道,全世界只有古巴达到了高水平的人类发展,其人类发展指数超过0.8,但人均碳足迹却低于世界水平,这种深植于古巴革命的生态转变是古巴生态学思想繁荣发展的结果;委内瑞拉在查韦斯的领导下,“玻利瓦尔美洲国家替代计划”提出基于人类需要和集体需要创造可持续发展社会,并进行了

---

① [法]安德列·高兹.资本主义,社会主义,生态:迷失与方向[M].彭姝祎,译.北京:商务印书馆,2018:88.

② John Bellamy Foster. Is it not a Postcapitalist World, Nor is it a Post-Marxist One[J]. *Monthly Review*, 2002(5):45.

绿化委内瑞拉的初步尝试；在玻利维亚、在印度等国家或地区都在进行可持续发展计划。可以说，全球性的生态革命现在正出现在第三世界国家。德里克·沃尔（Derek Wall）也指出现在世界上的环境主义虽然纷繁复杂，但大体可划分为发达国家的环境主义和发展中国家、不发达国家的环境主义，而富裕的发达国家只是把环境问题作为一种装饰，因为只有穷人才是生态环境破坏最大的受害者，他们不仅深受发达国家的经济剥削与压迫，还受到了严重的生态剥削，他们最有权利和意愿进行生态革命，他们也正在行动。当时沃尔对委内瑞拉的查韦斯政府、古巴的卡斯特罗政府所实行的生态政策大加赞赏，认为他们实行的环境政策带有明显的生态社会主义色彩。因此，生态革命的主体力量可以来自第三世界的无产阶级。

最后，工人阶级作为主体力量何以可能？早期生态社会主义者威廉·莫里斯（William Morris）认为，工人阶级将成为社会变革的代理人，因为工人罢工必然迫使资本家“去消费他们制造出来的烟雾”①。但工人阶级及其运动却被西方马克思主义者边缘化了，生态社会主义也未能避免，尤其是高兹之后，到底谁才能成为社会变革的主体这一问题成了困扰几代生态社会主义者的难题。面对高兹所提出的以新社会运动作为社会革命的主体，佩珀对其新无政府主义的倾向进行了批判。佩珀认为，高兹是在用无政府主义代替社会主义的分析方法，用个人主义代替集体主义，是古典自由主义理论的复活。工人阶级受到这种普遍存在的虚假意识影响，已经开始广泛使用资产阶级的世界观，对工人阶级自身的利益和自我意识产生了严重影响，这也就是葛兰西所说的意识形态霸权。另外，佩珀也对新社会运动进行了分析，新社会运动包括生态运动、女性运动、民权运动以及和平运动等，他们寻求的只是生活方式以及价值观的转变并非社会制度的变革，他们强调消费者而非生产者革命，他们的目的是保护而不是破坏资产阶级的利益，因此，新社会运动“是唯心主义的和以上层建筑为核心的。它们更多的是

---

① 转引自蔡华杰. 论劳动和人与自然的关系——威廉·莫里斯的生态社会主义论析[J]. 当代世界社会主义问题，2009（3）：112－122.

与非历史的后物质主义而不是与马克思主义的历史唯物主义相关”①。因而,新社会运动背离了马克思主义、社会主义,无法承担起社会革命的重任,生态社会主义若采用新社会运动与工人运动结合的观点,则是对社会主义做出的妥协。关于资产阶级与资本主义社会,佩珀通过对阶级结构分析后指出,现代资本主义社会的阶级压迫就是来自于资产阶级,资本主义社会“存在着十分明确的、可以辨认的个人、群体、阶级和利益集团,他们担当着控制工作,他们为整个社会指导着技术、经济和政治机器。他们而不是他们的机器决定着生命与死亡、战争与和平”②,工人阶级在资本主义社会并没有消失,高兹对“工人阶级能够实施不受调节的权力并把它扩展到整个社会的时代已经过去了”的论断是错误的,因为他夸大了新无产阶级的非技能程度而低估了无产阶级的技能,而且没有认识到工人阶级对自治的渴望以及对无法自治的自责,工人阶级及其家庭依然占据多数。在此,佩珀对马克思主义的“无产阶级”概念进行了所谓的“重释”。他认为,“无产阶级”不能简单地被理解为“不直接占有生产资料的阶级”,“如果无产阶级被界定为没有对生产资料拥有直接所有权的阶级,那么,它的队伍在 19 世纪(80%的美国人是自我雇佣的农场主和城镇手工艺者)和 20 世纪 70 年代(90% 的人在为资本工作)之间有了巨大的增长”③。但是,无论怎样,工人都是革命的主体,“工人运动一定是社会变革中的一个关键力量……潜藏的阶级冲突仍潜在地是一种强大的变革力量,而阶级分析也依然重要”④。况且,马克思主义意义上的无产阶级即便在发达资本主义国度已经过时,但在全球范围内它依然具有生命力。因此,佩珀认为,“无产阶级”应该指涉“工人阶级”。就阶级结构而言,工人阶级

---

① [英]戴维·佩珀.生态社会主义:从深生态学到社会正义[M].刘颖,译.济南:山东大学出版社,2012:154.

② 转引自[英]戴维·佩珀.生态社会主义:从深生态学到社会正义[M].刘颖,译.济南:山东大学出版社,2012:157.

③ [英]戴维·佩珀.生态社会主义:从深生态学到社会正义[M].刘颖,译.济南:山东大学出版社,2012:159.

④ [英]戴维·佩珀.生态社会主义:从深生态学到社会正义[M].刘颖,译.济南:山东大学出版社,2012:284.

主要是被资本主义生产方式的扰乱性入侵创造出来的,而这种扰乱性入侵必然导致直接的环境斗争,而且这些区域的工人阶级已经开始为能源、水、食物和居住地等基本的环境需要而斗争。需要强调的是,佩珀的“工人阶级”和马克思主义的“无产阶级”都具有全球张力。因为佩珀倾向于走福斯特主义的路线——从第三世界来展现革命的主体力量,与福斯特一样,佩珀也认为,第三世界国家不久就会以“19世纪的方式”作出反应。因此,佩珀认为,承担从资本主义社会向生态社会主义社会变革的主体力量仍然是被资本主义生产方式的扰乱性入侵创造出来的工人阶级。

毋庸置疑,生态社会主义阵营内理论家和实践派的相关认识呈现多样性,有的主张“新的中间阶级”,有的认为是“第三世界的无产阶级”,也有寄希望于“工人阶级”。但是,关于社会变革的主体力量我们要从整体上把握生态社会主义把哪些力量纳入了社会变革的主体范围而不仅仅关注某一位生态社会主义者的思想,即从主体特征来把握主体。这样一来,结论显而易见,生态社会主义认为,社会变革的主体力量是多元主体的集合。

(二)红绿联盟的政治路线

应该说,20世纪90年代之前,“红”与“绿”之间一直保持着某种程度的接触,生态社会主义阵营中的诸多理论家皆来自左翼阵营,如波兰共产党人亚当·沙夫。因此,生态社会主义对如何构建人与自然和谐发展的绿色社会有着自己独特的理想方案——“红”与“绿”的联盟。生态社会主义认为,绿色运动应该保有一种激进的政治变革诉求,而且它也应该具有反现代性的基本特征。那么如何才能建立“红”与“绿”的政治联盟以实现正义呢?佩珀在《生态社会主义:从深生态学走向社会正义》一书中说:“建议绿色分子通过放弃那些更接近于自由主义及后现代主义政治的无政府主义方面而更好地与红色分子协调;与此同时,红色分子通过复活那些我在本书描述与评论的社会主义传统而与绿色分子协调。这些传统包括非集中主义、社会自然辩证法以及古典马克思主义的唯物主义的某种程度复活和对重新发现我们作为生产者力量的强调。”①显然，生态社会主义实现正义的基本方式是把生态诉求转变为政治诉求，即“红”与“绿”的联盟。现在，我们需要仔细考察生态社会主义关于“红”与“绿”联盟的几个问题，比如“红”与“绿”之间联盟是否具有可能性、怎样才能实现“红”与“绿”的联盟、“红”与“绿”的联盟对正义的实现具有何种价值等。

关于“红”与“绿”之间联盟是否具有可能性的问题，生态社会主义给出了肯定的答案。

一方面，生态社会主义认为，“红”和“绿”现实需求的一致性为两者联盟提供了契合点。1998 年 9 月，“红绿联盟”在德国第十四届联邦议院选举中赢得胜利并迅速组成新一届德国政府。“红”与“绿”联盟获得胜利具有表征意义，它意味着“红”与“绿”的联盟不仅具有理论可能性还具有现实契合点。生态社会主义认为，“红”与“绿”联盟的现实契合点主要体现在以下几个方面：

(1)在经济上，虽然“红”与“绿”双方对待资本主义经济制度的态度存在差别——“红”方要求彻底变革资本主义经济制度而“绿”方旨在改良，但是，关于生态危机的经济根源，“绿”方从工业主义本身出发进行分析，“红”方从资本主义生产方式出发进行分析，双方并无根本性对立。

(2)在政治上，一方面，“绿”方认为生态危机是由资本主义所造成的，因而和“红”方一样具有反资本主义倾向；另一方面，针对基于生态优先原则，绿党憧憬市民社会的生活政治愿望——基层民主原则、社会公正原则与红色政党的解放诉求基本一致。

(3)在生态上，“红”与“绿”双方共同致力于解决生态环境问题并建设一个人与自然和谐相处的生态社会，即现实的奋斗目标相同。

就此而论，“红”和“绿”的现实需求具有一致性。因此，英国绿党代表马丁·赖尔在《生态与社会主义》(*Ecology and Socialism*)一书中明确指出：“乌托邦

---

① ［英］戴维·佩珀.生态社会主义：从深生态学到社会正义［M］.刘颖，译.济南：山东大学出版社，2012：3－4.

社会主义看起来是绿色分子和社会主义者之间的一个明显的契合点。”①

另一方面，生态社会主义认为，“红”和“绿”之间的理论相关性为两者的联盟奠定了基础。如果把红派看作马克思主义的化身，那么绿派则是无政府主义的代表，显然两派之间存在着难以调和的矛盾。佩珀在《生态社会主义：从深生态学到社会正义》中明确指出：“‘绿色’分子则通常依然顽固地扎根于无政府主义原则。”②换言之，红派与绿派之间已经互相融合。那么两者之间存在的“天然”的内在联系在何处？毋庸置疑，红派和绿派都接受唯物主义的想法，坚持以推翻资本主义社会为中间点，并旨在建立一个人与自然和谐发展的社会。换言之，即使红绿两派之间存在些许差异，但就其理论基点而言，两者具有明显的关联性。这种关联性为红绿两派之间构建一个两者都接受的绿色社会提供了连接点，为红绿联盟提供一个充满生机的生态政治平台。正如佩珀所说，“就必须有效地把生态社会主义和生态无政府主义联合起来……我们应当从社会正义推进到生态学而不是相反”③。理论基础的相关性决定了红绿两派必然倾向于将红绿联盟作为两者政治实践的最终表达形式。

关于如何实现“红”与“绿”的联盟，生态社会主义给出了一系列具体路径。佩珀认为，当前许多绿色分子已经放弃或不再相信马克思主义的社会主义理想，因此，对于生态社会主义而言，红绿联盟的重点任务是对绿色理论、绿色运动进行马克思主义改造。如其所言，若要实现红绿联盟，必须“更多地把马克思主义的分析带进生态主义的主流中，而且使其摆脱它的无政府主义的自由方面，转而支持更多的共产主义和工联主义—无政府主义传统……无政府主义和深生态学必须摆脱走向自由主义的政治经济学与意识形态、反人类主义、神秘化和唯心主

---

① Ryle Martin. *Ecology and Socialism*[M] London：Radius，1988：21.

② ［英］戴维·佩珀.生态社会主义：从深生态学到社会正义[M].刘颖，译.济南：山东大学出版社，2012：187.

③ ［英］戴维·佩珀.生态社会主义：从深生态学到社会正义[M].刘颖，译.济南：山东大学出版社，2012：3－4.

义的趋势”①。对此，佩珀给出了红绿两派联盟三个方面的要点：

(1)理论上坚持马克思主义的历史唯物主义和辩证唯物主义。一方面，基于资本主义生产方式的非正义性，佩珀认为，红绿联盟应当坚持以马克思主义的历史唯物主义为理论指导来分析资本主义社会的第二重矛盾——生态矛盾，揭露生态资本主义的理论缺陷和现实骗局；另一方面，基于自然的社会性，佩珀认为，在人与自然的关系问题上，红绿联盟要捍卫马克思主义的人类中心主义立场；应该坚持马克思主义的辩证唯物主义思想。

(2)方法上坚持马克思主义的阶级分析法。一方面是工人阶级作为社会变革的强大的主体力量，一方面是资本主义社会的工人阶级正承受着严重的生产与分配的不公正、消费异化等病症，佩珀认为，红绿联盟应该坚持以马克思主义的阶级分析方法来提升和强化工人阶级反对非正义的资本主义社会的愿望。

(3)在思想权重分配上，佩珀坚持认为，必须用社会主义和马克思主义改造无政府主义，即红色权重大于绿色。原因在于，马克思主义“是超越了传统的人类中心论，并对现代人类中心论进行改造的更加完善的、合理的、开放的、真正的人类中心论，是一种‘真实的人类中心论’”②。

显而易见，将马克思主义或社会主义和无政府主义集结在一起，最终复活社会主义传统是生态社会主义实现正义目标的基本政治策略。抑或说，红绿联盟的基本特征是马克思主义红化绿派。现在我们必须回过头来思考与主题相关的关键问题：红绿联盟对实现正义具有何种价值？

在生态社会主义看来，只有建立红绿联盟的政治形态才能保证环境正义、社会正义和人类正义的实现。

首先，以自然概念的社会化为基础，红绿联盟反对人本主义将自然神秘化的做派，也反对纯粹的生物道德。即是说，在保障人的主体地位的同时要遵从自然

① [英]戴维·佩珀.生态社会主义：从深生态学到社会正义[M].刘颖，译.济南：山东大学出版社，2012：266.

② 穆艳杰.论“虚假人类中心论”与“真实人类中心论”[J].学术交流，2007(3)：10－13.

规律,不能以牺牲环境为代价换取人类利益,毋宁环境正义有了基本保障。

其次,红绿联盟的基本立场是人类中心主义,以人类价值为尺度考量社会公平、正义、有序发展的水平和程度。在如何实现人与自然和谐发展的问题上,红绿联盟以对经济领域的变革超越和摒弃工业社会对单纯经济增长目标的追求进而解决生态领域的问题。在此,佩珀明确指出:“生态社会主义认为,我们应当从社会正义推进到生态学而不是相反。”①简单说,社会正义作为红绿联盟的价值目标,应该被置于最明显且重要的地位。

最后,红绿联盟政治途径的终极目标是实现人类的自由与解放。因而,红绿联盟的政治路线要求废除资本主义私有制,实行公有制,消灭剥削和压迫,生产按计划有序进行,社会产品按需分配,劳动自愿而非强迫,也不存在生产过剩及资源浪费现象。一言之,红绿联盟的政治路线以实现人类物质和精神的极大丰富为条件保障人类自由的顺利实现。

事实上,不仅意识形态领域,而且非意识形态领域中科学技术的发展水平和国家的发展模式等也会对正义价值的实现造成影响。就生态社会主义的政治路线看,在“资”与“社”制度对立的情势下,红绿联盟为我们提供了一种新的政治形态,旨在全方位地解决生态问题并实现正义。

(三)社会生态化的非暴力革命

西方绿色运动在社会变革的策略方面多数坚持非暴力原则,他们认为非暴力是生态社会的重要组成部分,因此他们既反对个人的暴力,也反对国家的“结构性暴力”,认为应该通过部分变革生产关系来实现其目标。在生态社会主义内部,非暴力也被作为基本原则。

生态社会主义指出,当下严重的生态灾难是资本主义根深蒂固的经济危机的另一种表现形式。要消除这一系列不良后果,实现正义的远景,就必须实现资本主义社会的生态化转型。福斯特在《排斥阶级问题的环境保护主义的局限》一

---

① [英]戴维·佩珀.生态社会主义:从深生态学到社会正义[M].刘颖,译.济南:山东大学出版社,2012:4.

文中，通过对阶级利益冲突与环境保护运动的经验总结后认为，环保组织者轻视生态的社会正义性是因为他们对工人阶级的生存权利不重视，而过分关心生态环境的状况，这致使阶级斗争与环境运动脱节。事实上，重视生态环境保护的主体是占人口多数的工人阶级。换言之，即可以通过社会经济利益将阶级斗争与环境斗争相联系，保障正义的实现。即是说，生态运动应该和社会正义相结合才能实现生态社会主义社会。原因很简单，资本必然具有剥削性和反生态性等性质，这些基本特质又决定了它在社会领域的非正义性。若要解决生态问题就应该通过大规模的生态运动摒弃以牺牲自然和人类自身利益为代价的资本主义生产方式，通过生态转化战略实现生态社会主义，探索一条建立在公正和可持续基础上的社会形态。基于此，生态社会主义认为，进行社会的生态化转型是实现生态正义的前提和基础。还不清楚的是，应当以何种恰当的方式实现这一社会转型呢？

生态社会主义指出，资本主义社会的生态化转型是一场革命。按照马克思主义的观点，要对资本主义生产造成的严重灾难进行有效调节，“需要对我们的直到目前为止的生产方式，以及同这种生产方式一起对我们的现今的整个社会制度实行完全的变革”①。福斯特同样认为，解决生态问题“唯一的合理对策在于一场生态革命，这也必须是场旨在创造公平而永续的社会革命”②。只不过，福斯特将这场革命引向了第三世界。科威尔延续了马克思主义关于生态革命的思想，在其名著《自然的敌人》一书中，他引用了马克思在《哲学的贫困》中关于竞争的相关阐释。

“如果我们以为只需颁布几道法令就可以摆脱竞争，那么我们就永远摆脱不了竞争。如果我们更进一步建议废除竞争而保留工资，那就等于建议用王室法令来做一些毫无意义的事。但是各民族并不是按照王室法令来发展的。各民族

① 中共中央马克思恩格斯列宁斯大林著作编译局. 马克思恩格斯文集(第 9 卷)[M]. 北京：人民出版社，2009：561.

② John Bellamy Foster. *Why Ecological Revolution*[EB/OL]. https://monthlyreview.org/2010/01/01/why-ecological-revolution.

在制定这样一些法令之前，至少必须彻底改变他们在工业上和政治上的生存条件，也就是要彻底改变他们的整个生活方式。”①

当然，科威尔关于进行生态革命的观点并非突然而至，而是有其前兆。应该说，他延续了在《生态社会主义宣言》中论述的关于资本主义制度具有反生态性的思想。他在那里明确说道，只要我们还想追求一个美好未来的话，就必须对资本主义制度进行根本性的改变或者革命。显然，生态社会主义试图用激进的革命形式来完成社会的生态转型。但是，革命的形式依然有两种基本形式，即暴力的抑或非暴力的形式。这就把我们关注的视角引向革命的性质问题上来。

关于生态革命的性质——暴力的抑或非暴力的，生态社会主义基本达成一致，即采用非暴力的革命形式完成社会的生态化转型。“‘非暴力’是西方绿色运动社会变革的基本的变革途径和策略原则，其本质是在资本主义制度内部以部分社会关系变革的形式来缓解生态问题的尝试。”②阿格尔认为，马克思主义用暴力革命的方式砸碎资本主义锁链的做法已经不能适应时代（资本主义进入垄断阶段）要求，如其所言：“在面对马克思完全没有预见到的大规模的社会变革的情况下，继续坚持把阶级斗争方式固定化只是一种较空想的战略；不能把动力危机与阶级实践的政治解放理论统一起来恰恰是一种空想。”③“期望破灭了的辩证法”就是阿格尔对马克思主义暴力革命的明确否定。现在资本主义社会的危机已经从生产过剩的经济危机转化为异化消费的生态危机，因此社会变革的动力也从工人阶级生产性劳动所带来的剥削与压迫转变为工人阶级的真实需求无法得到满足，正是生态环境危机促发了新的人类需求，但发达资本主义社会无法满足人们的期待，当这种期待破灭之后，人们就走向了自己的对立面，如人们已经开始对简朴生活感兴趣。法国生态社会主义学者拉比卡（Georges Labica），针对暴力与革命提出，当今的资本主义社会充满着暴力，既有诸如两次世界大战、越

① 中共中央马克思恩格斯列宁斯大林著作编译局. 马克思恩格斯文集（第1卷）[M]. 北京：人民出版社，2009：632.

② 田坤. 乌托邦与生态社会主义[D]. 苏州：苏州大学，2012：82.

③ [加]本·阿格尔. 西方马克思主义概论[M]. 慎之，译. 北京：中国人民大学出版社，1991：490.

南战争、伊拉克战争等明显的暴力行为，也存在着对童工、女性和贫困人口的暴力，市场是暴力、腐败是暴力、生态环境污染也是一种暴力……正是资本创造了暴力，而埋葬资本、结束私有制最好的办法就是民主。他认为这是符合马克思主义的传统的，马克思、恩格斯在《共产党宣言》中指出，“工人革命的第一步就是无产阶级上升为统治阶级，争得民主”，列宁也强调“谁想不经过政治上的民主制度而沿着其他道路走向社会主义，谁就必然会得出一种无论在经济上或是在政治上都是荒谬的和反动的结论”①。因此，拉比卡得出结论：“革命的道路、手段、目的就是民主。”②佩珀也认为：“当资本家控制国家时，试图暴力地击溃资本主义可能不会奏效，因而，国家必须以某种为所有人服务的方式被接受并解放出来，试图通过教育和示范性生活方式实现的一种大众意识的革命是有局限的。介入管理资本主义生产不能形成解决环境危机的根本方法，而由一个先锋队发动然后成为独裁者的无产阶级专政也是不可接受的。”③相比之下，萨拉·萨卡的方式就温和多了，他认为生态社会主义构想的依据就是人们可以克服自我利益，因此他把所有的希望都寄托在提高“新人”的道德水平上，即用一种非暴力的道德革命来完成社会的生态化转型。他说：“道德提高，一个道德的经济和社会，都是实现可持续性所必需的。”④因此，生态社会主义要创造一种新的文化，新文化必须接受如下律令：生态律令，承认经济发展和人口增长的极限；平等律令，消灭占统治地位的人的剥削、压迫、歧视等；允许其他物种生存的律令，人类具有这种意识才是道德进步的象征。与此同时，这种新文化需要朝向生态的、团结的、正义的价值观转化，但这并不需要宗教信仰。

---

① 中共中央马克思恩格斯列宁斯大林著作编译局. 列宁选集（第一卷）[M]. 北京：人民出版社，1995：537.

② 曾枝盛主编. 国外学者对马克思主义若干问题的最新研究[M]. 北京：人民大学出版社，2006：117.

③ [英]戴维·佩珀. 生态社会主义：从深生态学到社会正义[M]. 刘颖，译. 济南：山东大学出版社，2012：284.

④ [印]萨拉·萨卡. 生态社会主义还是生态资本主义[M]. 张淑兰，译. 济南：山东大学出版社，2012：211.

但是,我们并不能就此认为,全部生态社会主义者都坚持"非暴力革命"的观点,科威尔就提出了截然相反的看法。他认为,如果非暴力革命不能取得良好效果,那么采用暴力革命的方式未必不是一种最好的选择。但科威尔的暴力革命与马克思主义的暴力革命还是存在很大差别的。科威尔认为,巴黎公社展现了自由联合劳动力的力量,这种无产阶级专政仍然适用于生态社会主义。例如,萨帕塔民族解放运动就是一种通过自由联合劳动力取得成功的生态社会主义运动,它再现了巴黎公社精神。但科威尔也承认,加维奥塔斯提供了实现生态社会主义的另一种模式,它在生态环境极其恶劣的情况下,通过生态技术进行改造从而得到了解放,是建立在资本主义循环体系之外的生产集体。那么生态社会主义革命要如何实现呢?科威尔首先分析了生态社会主义革命面临着四重不同的力量:从事革命活动的人;家庭主妇、教师、护士等并没有从事革命活动但却与生态生产相容的人;资本家等为资本主义服务的人;为资产阶级创造剩余价值的工人。因此,要对不同的人加以区分,并进行训练。而要实现最终的生态目标与社会目标,还必须采取以下步骤和原则:第一,成立临时大会,用以分配资产、保障供给;第二,建立合作社,这是构成生态社会主义社会的政治和经济单元;第三,各尽所能、按需分配,即使是从事家务劳动、照料孩子等没有实际报酬的人也会给与收入,赋予其新的价值;第四,社群生态治理,供给有效的生态管理;第五,民主参与政治,一旦认同生态社会主义原则,就要行使政治权利;第六,建立监督机构,在遵循社群指令的前提下监督社群为生态系统完整性所做出的贡献;第七,进行社会总体协调,包括经济活动、社会服务以及国际交往。概言之,生态社会主义革命的实现关键还是民主的问题。

但这并不影响我们从总体上判断生态社会主义的革命性质。因此,本文以为,关于生态社会主义的革命性质已基本达成一致意见,即以非暴力革命的形式来完成资本主义社会的生态化转型。

结合以上几个方面,本文对生态社会主义实现正义的基本途径有了一个基本判断:生态社会主义试图用非暴力革命的形式来完成社会的生态化转型,以实现正义。但是,生态危机关涉全局,因而革命的对象必然指向多个领域。这就迫使生态社会主义的革命深入到社会各个领域当中去。这样一来，我们也就必然要去探讨生态社会主义在各领域进行革命的一般模式。

（四）社会各领域变革的一般模式

生态社会主义在对资本主义制度进行批判的同时，把当代资本主义生态危机与实现社会正义的理想联系起来。虽然生态社会主义者的构成非常复杂，但他们对生态危机产生的根源问题和解决的路径问题有一致性，由于资本主义"贪婪地以漠视环境需求所换来的利益仅使少数人暴富，这种对环境的掠夺导致了为争取环境公正而进行的斗争"①，并且，"为社会公正而进行的历史性斗争也正在前所未有地与为保护地球而进行的斗争汇合在一起"②，因此生态社会主义主要代表人物均以此为出发点展开对资本主义反生态性和非正义性的批判以及对未来美好社会的建构。生态社会主义对生态问题和资本主义制度关系的这种认识决定了解决生态问题的思路和方法——即社会正义和环境正义的联盟。这说明生态危机加剧了资本主义社会生产的扩张性和生态系统承载能力有限性之间的矛盾，矛盾的加剧一方面说明了资本主义社会的增长动力对于环境或社会正义的结果来说是不可妥协的；另一方面也表明了建立一个理性的、有益于每个人的平等利益和生态发展、支持社会正义的生态社会主义的可行性。正如奥康纳所说："自然越是被看成劳动、财产、剥削及社会斗争的历史的结果，我们的未来就越有可能是可持续的、公正的以及具有社会正义性的。"③

在审视现存社会的生态环境问题和社会正义问题等社会问题的基础上，生态社会主义提出了"恢复生态平衡，实现社会公正，实行基层民主和采用非暴力"等措施符合生态要求和超越传统社会主义和当代资本主义的没有剥削和压迫、实现社会正义的社会主义制度，即生态社会主义社会。

---

① ［美］约翰·贝拉米·福斯特．生态危机与资本主义［M］．耿建新，宋兴无，译．上海：上海译文出版社，2006：34.

② ［美］约翰·贝拉米·福斯特．生态危机与资本主义［M］．耿建新，宋兴无，译．上海：上海译文出版社，2006：34－35.

③ ［美］詹姆斯·奥康纳．自然的理由：生态学马克思主义研究［M］．唐正东，臧佩洪，译．南京：南京大学出版社，2003：113.

1. 社会主义的可持续经济

奥康纳对生态社会主义社会作了如下描述："生态学社会主义是一种生态上合理而敏感的社会，这种社会以对生产手段和对象、信息等等的民主控制为基础，并以高度的社会经济平等、和睦以及社会公正为特征。"①

在20世纪90年代之前，生态社会主义在经济方面，多主张"去增长"或"零增长"的"稳态"社会主义生态经济模式。所谓"稳态"，主要是指从量的增长向质的改进上转移，具体来说，就是用小规模、无污染的"软技术"和小企业取代跨国公司和垄断企业的集中化、官僚化的生产体系。这里的小规模技术是经济学家舒马赫提出的一种"中间技术""非暴力的技术"或"具有人性的技术"。当下资本主义社会由于炫目的科学技术成就使人们坚信生产的问题已经得到解决，但这种生产却存在一个致命缺陷，即其本质是破坏生态和暴力的。他们认为要解决生态环境问题，必须代之以"分散化"为特征的"稳态经济"生产体系。

生态社会主义认为单纯以经济效益、生产成本、生产总值来衡量经济发展的具体指标，而置环境、社会成本于不顾的狭隘性发展模式只能加剧生态危机。阿格尔指出，生态马克思主义者认为，"即将来临的生态灾难迫使我们重新思考工业化的生活方式，使我们转而采取一种较分散、放慢增长速度的社会经济组织形式"②。这种模式的核心是将"分散化"运用于技术生产过程。所谓的"分散化"，就是强调应当在工业生产中采用小规模技术淘汰高度集中的大规模技术。通过采用小规模的技术使工业生产"分散化"的生产体系，来缓解人和自然关系的紧张，实现使"人类满足的前景必须根置于创造一个运转良好的共同活动和决策的领域，使各个个人能在其中锻造出满足自己需要的手段"③的生产正义性社会。

但20世纪90年代以后，生态社会主义学者意识到稳态经济对于追求价值增殖的资本来说是不可忍受的，对第三世界国家来说更是不公平，因为他们急需经

---

① [美]詹姆斯·奥康纳. 自然的理由：生态学马克思主义研究[M]. 唐正东，臧佩洪，译. 南京：南京大学出版社，2003：439－440.

② [加]本·阿格尔. 西方马克思主义概论[M]. 慎之，译. 北京：中国人民大学出版社，1991：476.

③ [加]本·阿格尔. 西方马克思主义概论[M]. 慎之，译. 北京：中国人民大学出版社，1991：475.

济发展以摆脱贫困。此外,从生态环境危机的解决角度来看,稳态经济也没有办法克服生态环境的进一步恶化。因此,越来越多的生态社会主义者提出,生态环境危机的解决也需要物质基础,“一种生态的——共产主义的乌托邦也需要生产力的发展……(任何类型的)经济增长是必要的。”①实现经济和生态的可持续发展,才能实现社会正义并保护生态环境。

生态社会主义认为经济的过高增长、负增长和零增长既不是解决生态环境的有效途径,也不是合理的增长,而“适度”的并“以人为本,尤其是穷人,而不是以生产甚至环境为本”②的增长才是合理有效的。因为这种增长是人们理性的选择,即把需要的满足建立在生产过程中而不是消费过程中,把劳动和闲暇统一起来,使创造性的劳动成为自由和幸福的源泉。这种更理性的社会经济形态“不是建筑在以人类和自然为代价的积聚财富的基础上,而是建筑在公正与可持续的基础上”③,即人们所生产的是人们真正需要的东西,这样既不给予任何人以特权、也不缩小任何人权利的社会是一种平等的社会,它既不损害生态系统,又能满足每个人的需要,人们既可同自然和谐一致,又可以彼此平等交往。

佩珀也坚持适度发展的经济原则,要求生产资料实行共同所有,主张国家计划与市场调节相结合,工人阶级通过集体行动、合作社等方式直接参与经济管理,注重社会正义。佩珀所说的增长是理性的,是为了每一个人的平等利益。社会主义可以在不超过自然限制的前提下,通过生产满足人类合理且富裕的需求,实现社会的发展,这是一个“艺术上更丰富的社会”。与之相适应的技术,也不是资本主义的技术,而是生态社会主义的技术,“(a)是适应所有自然(包括人类)

---

① [英]戴维·佩珀. 生态社会主义:从深生态学到社会正义[M]. 刘颖,译. 济南:山东大学出版社,2012:267-268.

② [美]约翰·贝拉米·福斯特. 生态危机与资本主义[M]. 耿建新,宋兴无,译. 上海:上海译文出版社,2006:42.

③ [美]约翰·贝拉米·福斯特. 生态危机与资本主义[M]. 耿建新,宋兴无,译. 上海:上海译文出版社,2006:129.

的而不会对它造成破坏;(b)强化了生产者的能力和控制力”①。高兹在这一问题上的观点与佩珀一致:“经济领域中劳动的不平等分配以及与此相伴的由技术革新所创造的自由时间的不平等分配,导致一部分人能够从另一部分人那里购买额外的空闲时间,而后者只能替前者服务——曾经被战后工业化废除掉的‘奴隶’阶级再次出现。”②因此,要从这种追求效率和利润最大化的经济理性中解放出来,践行生态理性。这不是说要反对经济增长,相反,还要增加涉及人类生活基本要素的生产,但要通过对真实需求进行自我设限把具有生态威胁的商品生产和商品服务的发展速度降下来,重新定位经济发展为社会正义和生态可持续服务。也就是说,高兹进行生态重建的工业领域主要集中在重工业和资本密集型产业。

总之,衡量一个社会是否发展,不能总是以经济的增长、以生产和消费商品总量为评判标准,其本质在于要通过重新配置资源和改变社会政策的方向,使满足人类消费需要的问题不再完全看作是消费活动的功能。

2. 非官僚化的基层民主管理

在政治层面上,生态社会主义首先抛弃了一些环境主义者的“去国家化”立场,重回马克思主义传统,提出国家要在生态重建中发挥作用。西方绿色运动推行“非暴力”原则,不仅反对战争、军备竞赛等明显的暴力行为,还反对一切与暴力或威胁相关的行为,而国家也是一种暴力机关,存在着结构性暴力。因此,他们反对国家理论,尤其是深生态学、生态无政府主义等环境主义者提出生态社区、生态自治、生物区域主义等概念作为国家的替代性选择。但生态社会主义认为,一方面,虽然资本主义国家和社会主义国家都存在生态环境危机,但生态环境治理还需要有国家的存在,我们要做的是修正它而不是消灭它,“革命社会主义和民主社会主义有许多共同之处:根本反对资本主义(但它对此更为强烈),强

① [英]戴维·佩珀.生态社会主义:从深生态学到社会正义[M].刘颖,译.济南:山东大学出版社,2012:283.

② André Gorz. *Critique of Economic Reason*[M]. London · New York:Verso,1989:6.

调为了社会需要和环境质量而生产，接受国家的存在（至少在向公社主义转变的过程中）”①。另一方面，经济全球化的趋势与生态环境问题的全球性化背景下，生态运动需要全球性思考与行动，“去国家化”的地方自治也已经不能满足现实全球生态运动联合的需要。“但要实现一个全球性协调的、商品与资源的平等生产和分配，并包含着最大限度的生态关心、和平和社会公正——无政府主义地在松散、自发和直接民主（哪怕是多数，更不用说一致同意）的基础上，在成千上万的自治公社、合作社、城市区域和生物区域中做到这一点——这是难以想象的。因此，人们又被拖回到像赖尔、弗兰克尔或米利班德那样的社会主义立场中：主张一定形式的国家或类似国家的制度，尽管它是一种卢梭式的仁慈的国家，并且作为地方共同体的一个授权者主要进行地方化运作。”②

在论证了生态社会主义社会中国家存在的必要性之后，生态社会主义者强调生态社会主义要以社会民主和正义为基本原则。

对于民主，生态社会主义者认为，西方资本主义社会的民主政治并没有像其宣扬的那样主权在民。人民只是在选举时在形式上享有当主人的权利，而实质上在选举后的民主权利则无法真正地实现。传统社会主义国家苏联也缺乏民主和自由，萨拉·萨卡指出，斯大林时期的苏联是个人独裁专政，还有秘密警察协助统治，哪怕是共产主义者也不能畅所欲言、民主地参与政治，“‘社会主义’制度没有能够获得其国家的多数人民的赞成。他们没有满足人类最重要的一个需求，即政治自由。”③奥康纳也指出，在所有社会主义国家中，都不存在着对生产资料进行民主控制的传统，更多强调集中制，因而社会主义国家就具有了官僚政治统治的特征。因此，生态社会主义主张实行以“非官僚化”为特征的基层民主管理方式。这种基层民主具有三个优势：一是基层民众直接选举出各种人民代表

---

① [英]戴维·佩珀.生态社会主义：从深生态学到社会正义[M].刘颖，译.济南：山东大学出版社，2012：58.

② [英]戴维·佩珀.生态社会主义：从深生态学到社会正义[M].刘颖，译.济南：山东大学出版社，2012：276.

③ [印]萨拉·萨卡.生态社会主义还是生态资本主义[M].张淑兰，译.济南：山东大学出版社，2012：26.

以及各级行政官员。二是使基层拥有“独立的和自治的权力”，把主要权力交给基层，“不允许权力集中于多年处于等级结构上层的少数人之手”①，防止国家权力被垄断于少数人手中从而出现危害社会公共利益的现象。三是提倡包括政府决策行为和官员政治行为等的公开化，反对秘密政治。生态社会主义强调基层民主，反对权力过分集中，认为权力为少数人所垄断是造成资本主义社会各种严重政治问题和社会问题的根本原因之一。资本主义的生产体系通过高度操纵消费者其结果必然会导致极权主义。因此，只有把权力放到基层，真正贯彻权力“非官僚化”的社会政治原则，才能使人们从官僚化的组织系统中解放出来，激发工人劳动的积极性和创造性。所谓“非官僚化”，就是反对资本主义生产过程中集权的官僚管理体制，代之以公民直接参与决策和公共事务管理的方式，让公民成为劳动过程中的主人，从而体会到劳动创造的快乐，彻底摆脱异化劳动和“劳动—闲暇”二元论思想，生态社会主义认为只有这样才能体现社会公正、平等。阿格尔认为，资本主义社会中等级制官僚组织的存在并非必要，因为这一制度下的生产关系存在的不平等使工人的劳动完全被统治者操纵，缺乏独立性，工人缺乏自由，没有存在的价值，造成生产资源的浪费进而引发生态危机。只有建立非官僚化、分散化的生产关系来调节社会生产需要与自然资源之间的平衡，才能避免对生态环境的破坏。

3. 极限增长的道德感化

从文化道德观念上来看，生态社会主义之所以对生态友好，主要是因为它能根除增长极限、解决道德沦丧等问题。为此，萨拉・萨卡为实现生态正义设计了两个宏观规划：一是实行经济收缩政策，把经济限定在增长极限范围内；二是培育与经济收缩相适应的生态价值观。（如下图所示）

① [美]弗・卡普拉，查・斯普雷纳克. 绿色的政治：全球的希望[M]. 石音，译. 北京：东方出版社，1988：69.

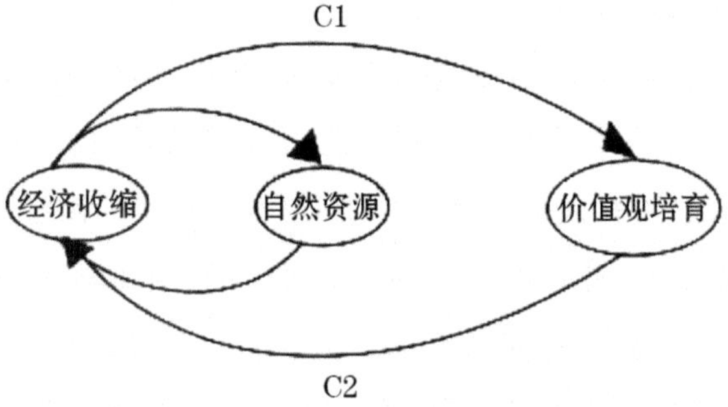

注:C:condition,条件;C1:经济条件;C2:道德条件

从上图来看,萨拉·萨卡认为要想实现生态正义,必须把自然资源的开发和利用限定在可持续的范围内,即通过自然资源的低水平开发根除增长极限。如此设定必须实行经济收缩政策——工业收缩到一个低水平的稳定状态,以保障整体经济的可持续发展。换言之,经济收缩是实现生态正义的前提条件。如其所言:“生产力的发展会导致物质流量的增加,从而引起进一步的环境退化和资源耗竭。事实上,如果我们要追求可持续的目标,今天的大部分生产力必须受到抑制。”①但是,与经济收缩相伴而生的是低水平的商品生产和服务,在此,与经济收缩相适应的经济条件的总和构成C1,包括人们必须认可低水平的日常生活指数,接受低水平的经济平等,控制人口增长以提升资源的人均分配额度等。显然,C1不能被当前的资本主义体制接受,因为它既不符合自由市场体制的逐利要求,也与资本主义社会的贪婪特质相悖。为此,萨拉·萨卡认为,“一个道德的经济和社会,都是实现可持续性所必需的”②,实现生态正义必须寄希望于“道德提升”(C2),包括消除贪婪、经济欺诈、腐败,培育生态正义价值观等。总之使伦理道德和生态价值观念恢复到“新人”应当具备的水平。C2的变化才能使C1被接受。以此循环往复,人们才能接受低水平的经济平等,经济收缩和根除增长极

① [印]萨拉·萨卡.生态社会主义还是生态资本主义[M].张淑兰,译.济南:山东大学出版社,2012:211.

② [印]萨拉·萨卡.生态社会主义还是生态资本主义[M].张淑兰,译.济南:山东大学出版社,2012:211.

限才变得可能，生态正义才可能实现。

基于经济收缩与价值观培育的宏观指引，萨拉·萨卡给出了实现生态正义的一系列具体路径。概括来说，主要包括以下9个方面：(1)为避免生态运动造成大规模失业问题，主张建设劳动密集型、技术优先型的社会，可以在减少资源消耗的同时实现充分就业；(2)为避免人口过度增长造成贫穷问题，主张建立社会保障体系（例如，保障儿童和老人的基本生活，一个家庭至多2个孩子，实行出生证政策等），可以在保障对社会有益的有报酬工作的同时降低人口数量；(3)为避免经济收缩造成工资收入的不平等，主张有差别的平等工资，在这种情形下，阶级差异可能会消失，从而实现社会的总体平等；(4)为确保收缩经济态势下工人、管理者工作动机的真诚，主张培育高尚的价值观，实行道德控制；(5)为规避市场经济条件下的不公正，主张整个经济有计划、有秩序地国有化，并使计划经济从集中性计划逐步过渡到分散性计划，如此策略可以增进经济行为与生态运动的长远友好关系；(6)为规划、指导和调控日常生活中微观的经济活动，允许建立在自己或家庭劳动基础上的私营企业存在，但不能雇佣劳动力；(7)为保证低水平的稳态经济得以持续，主张国家最低限度的配给，同时实行耐用品的社会分享行动，实现产品的再循环利用，降低资源消耗；(8)为避免大规模生产造成的资源消耗，经济必须可预测和可控制，因而生态社会主义必须反对全球化，主张尽可能的地区生产和短距离贸易，这样一来才可能完成第三世界的可持续性转型；(9)为避免专政，工人尽可能地控制企业，参与经济收缩具体细节的制订过程，实现微观的经济民主等。

以上9个具体措施致力于实现5个具体目标，又可以被划为两个部类：经济部类和道德部类。经济部类通过经济收缩试图根除增长极限，道德部类通过培育生态正义价值观解决道德沦丧问题。萨拉·萨卡之所以认为经济收缩有如此作用，基本依据来自于丹尼斯·L.梅多斯等人在《超越极限》中提出的环境影响(IPAT)公式。（如下图所示）

环境影响 = 人口 × 富裕 × 技术

环境影响公式[①]

显然，在人口与技术保持不变的情况下，要想降低环境影响就必须实行经济收缩、降低富裕程度。结合萨拉·萨卡的道德部类，对上述公式稍作改变即可得到萨拉·萨卡的环境影响公式。（如图所示）

$$环境影响 = 人口 \times \frac{富裕}{道德} \times 技术$$

在道德水平不变时，经济收缩的程度决定了环境影响的大小；相反，在经济水平不变时，提高道德水平，同样可以降低环境影响。基于此，萨拉·萨卡认为，要想实现生态正义，生态社会主义必须实行经济收缩和生态价值观培育。

4. 可持续发展的公正社会

对于社会正义，马克思主义自诞生之日起就深刻批判了资本主义社会的非正义性，并以实现无产阶级解放、全人类解放为己任，并认为只有到了共产主义社会，才能真正实现人与自然、人与人之间的和谐，才是正义价值的实现。可以说，正义是社会主义的必然追求。西方绿色运动强调“社会责任感”这一原则，即强调保证不会损害穷人和工人阶级利益的社会正义。生态社会主义者常常将社会正义这一价值理念表述为绿色主义的“社会责任感”，它是生态社会主义社会的核心价值。在生态社会主义者看来，整个社会成为被不平等的阴霾笼罩的“病态社会”是因为其现行体制注重效率而漠视平等、缺乏“社会责任感”造成的。社会主义者把集中体现社会公正的平等置于比效率更高的位置，社会主义对社会平等的信仰是迄今为止社会主义最重要的特征。[②]

社会正义的基本含义是消除在环境问题上的不平等现象，建立人人平等、充

① ［美］唐奈勒·H. 梅多斯，丹尼斯·L. 梅多斯，约恩·兰德斯. 超越极限：正视全球性崩溃，展望可持续的未来［M］. 赵旭，周欣华，张仁俐，译. 上海：上海译文出版社，2001：104.

② 俞可平主编. 全球化时代的“社会主义”：九十年代国外社会主义述评［M］. 北京：中央编译出版社，1998：7－8.

满正义的社会。也就是说无论是实行“分散化”的“稳态”社会主义生态经济模式还是实行“非官僚化”的基层民主管理方式都是为了实现社会正义的理想。阿格尔指出:“通过使现代生活分散化和非官僚化,我们就可以保护环境的不受破坏的完整性(限制工业增长),而且在这一过程中可以从性质上改变发达资本主义社会的主要社会、经济、政治制度。”①把生产过程的分散化、民主化、工人管理这三者结合起来,建立一种由崭新的民主化的国家政权与民众权力之间的合作关系,一个以公正和可持续发展为基础的生态社会主义社会,才是实现全球社会生态正义的必要途径。生态社会主义认为,一个社会或者社群如果以不公正的损害别人的方式发展自己利益的态度求得自身的环境健康,就必然存在需要解决所谓正义稳定性的问题,而要保持环境问题上正义的稳定性就必须“公正”地对待所有的国家。正如高兹明确指出,社会主义制度应当建立在平等的基础之上,在消费方式上要改变资本主义制度造成的虚假消费。社会团体里面每个人都处于平等的地位,这样当人与人实现机会的平等,每个人都会将生活的关注点放在自身的自由发展上并满足于自身的基本消费,也就实现了更少地生产,更好地生活。然而,资本主义制度和生产方式把人类与其生态基础割裂开来,这就造成发展中和发达国家之间的贫富两极化和相互依赖的不平等的经济、政治现象存在最大的非正义。各种数据显示,发达资本主义国家产生的有害废料占全球的98%,它们制造了全球85%的环境污染。种种事实也表明,发达国家对发展中国家的“污染侵入”,完全是置发展中国家的环境破坏于不顾。可以说,发展中国家的环境退化与社会贫困有着密切的关系,在现实社会中,穷国、穷人以及那些被剥夺权利的群体永远都是环境破坏的最直接受害者。为消除这种社会不公和环境不公,生态社会主义主张通过各种努力确保由社会所有成员公平地分担环境资源的利益、保护环境资源的成本和环境退化的结果。然而,在当今社会,通过掠夺自然资源对自然环境造成严重危害的发达资本主义国家往往不承担环境

① [加]本·阿格尔.西方马克思主义概论[M].慎之,译.北京:中国人民大学出版社,1991:499-500.

恶化的责任,也不担负环境危机与自然报复的后果,却享受着工业化带来的利益,而发展中国家却经常承受着过分的环境负担和环境成本不平等的份额。这样,在发展中国家和发达国家之间,保护全球环境的这个责任的分担是与它们在历史上和当前对地球环境造成的破坏和压力往往是成正比的,2001 年美国拒绝在《京都议定书》上签字就是最突出的例子。

可见,环境问题的本质是社会正义问题。佩珀曾指出,社会正义问题才是环境问题中最为紧迫的。生态社会主义认为,由于发达资本主义国家的社会政策,政治和道德准则只限于本民族国家的范围之内,它的社会发展是建立在对发展中国家的剥削、不平等的经济贸易秩序以及对发展中国家的生态破坏基础之上,而社会正义的实现却是需要面向全世界的。因此,要消除这些不平等和不公正的对待,最主要的是克服资本主义的私有制生产关系,使人们可以自主地控制人与自然的关系。在生态社会主义看来,资本主义的现行体制只注重效率而漠视平等主要是由于其缺乏社会责任感。这样的结果只能引发更多的环境问题,加剧社会的不公正。因此,"只有我们愿意进行根本性的社会变革,才有可能与环境保持一种更具持续性的关系"①,才能从根本上解决环境非正义问题,实现社会的正义。而"社会主义革命的生态危害性事实上要比资本主义相互间的对抗以及它们的反革命行为的危害性小得多"②。"因为它们是以不同的财产关系、法律关系、意识形态以及政治权力关系为基础而发展起来的……所以,对于它们来说,环境破坏的原因和影响又是不一样的。"③"社会主义国家的资源损耗和污染更多是政治而非经济问题;这就是说,与资本主义的情况不同,大规模的环境退

---

① [美]约翰·贝拉米·福斯特. 生态危机与资本主义[M]. 耿建新,宋兴无,译. 上海:上海译文出版社,2006:1.

② [美]詹姆斯·奥康纳. 自然的理由:生态学马克思主义研究[M]. 唐正东,臧佩洪,译. 南京:南京大学出版社,2003:408.

③ [美]詹姆斯·奥康纳. 自然的理由:生态学马克思主义研究[M]. 唐正东,臧佩洪,译. 南京:南京大学出版社,2003:409.

化可能并非是社会主义的内在本质。”①

综上所述，生态社会主义主要关注以下三种形式的社会正义：(1)分配性正义，主要指事物的平等分配，关涉的是在资本主义制度下财富和收入的分配问题、环境利益与风险的分配问题以及全球范围内的区域分配问题，就像福斯特要求富人对穷人、资产阶级对工人阶级、男人对女人、发达国家对不发达国家等偿还欠下的经济债务与生态债务就是属于分配性正义，这一切都是源于资本主义制度本身的非正义性。因此，分配性正义在资本主义社会内是永远无法实现的。(2)生产性正义，主要指生产条件和生产关系的平等，奥康纳曾指出“正义之惟一可行的形式就是生产性正义”②，生态社会主义的正义是生产性正义，强调“能够使消极外化物最少化、使积极外化物最大化的劳动过程和劳动产品(具体劳动和使用价值)”③。也就是说，生产性正义是为了满足人类真实需求而非利润进行生产，这样就会对生态环境破坏的程度降到最低。(3)消费性正义，主要指消费行为对人自身、自然以及人类社会不造成伤害，莱斯指出资本主义社会高度集约的市场布局造就了将人类需求的满足等同于消费的现象，它首先导致了人身体、心理健康问题，例如食品添加剂、化妆品、兴奋剂、酒等带来了更多的人类疾病，除此之外，“高消费生活方式所固有的心理危险并不低于其心理危险”④。其次，它还导致了生态环境的破坏，大量的消费需要大量的生产，这必然会造成资源的浪费，并且随着科学技术的发展，工业生产也带来了大量的有害物以及废弃物，对全球生态系统产生的巨大影响。再次，虚假的需要往往不是消费者自身的意愿，而是受消费社会强加和操控的，为了强化这种合法性，“必然的结果是由少数

---

① [美]詹姆斯·奥康纳.自然的理由：生态学马克思主义研究[M].唐正东，臧佩洪，译.南京：南京大学出版社，2003：418.

② [美]詹姆斯·奥康纳.自然的理由：生态学马克思主义研究[M].唐正东，臧佩洪，译.南京：南京大学出版社，2003：538.

③ [美]詹姆斯·奥康纳.自然的理由：生态学马克思主义研究[M].唐正东，臧佩洪，译.南京：南京大学出版社，2003：538.

④ [加]威廉·莱斯.满足的限度[M].李永学，译.北京：商务印书馆，2016：18.

精英阶层代理人实施更加令人压抑的独裁政治统治形式"①。最后,它还会加剧社会的冲突,为了占有更多的资源进行生产,为了避免生态环境对本国的消极影响而进行污染转移,这都加剧了社会冲突,"人类在历史上第一次作为一个整体开始经历一种特殊的冲突即普遍的全世界范围的冲突,一些远离权力中心地方的显然很小的事件都以它们对全球利益平衡的可能的影响来解释。地球似乎成了人类进行巨大的自我竞技的舞台,人们为了实行对自然力的有力控制而投入了激烈的纷争"②。

在生态社会主义看来,社会主义可以保证最大限度地消除非正义现象和对自然环境方面的愚行。因此,解决社会公平问题的重任只能由社会主义来完成。他们对这种理想的价值意义做了较系统地阐述:第一,需要将属于人的权利还给人自身改变人与人之间的不平等关系;第二,需要改变因生产资料占有的不平等和权力的不平等而造成的机会不平等,实现人的自由个性充分发展;第三,需要使一切主体的决策或行为符合社会正义就必须确立社会责任感。

三、生态社会主义正义道路的远景期盼

生态社会主义正义观的现实起点是全球性生态危机,而全球性生态危机不仅是人与自然关系的失衡,还是人与人关系的失衡。要化解这一危机,就必须在资本主义语境下重新理解自然,重新理解人与自然的关系。然而,在 20 世纪 90 年代以前,生态社会主义在对待人与自然关系的问题上,过分强调自然的内在价值,结果陷入了非历史主义和神秘主义。20 世纪 90 年代之后,生态社会主义才开始正确反思人与自然的关系以及对待自然价值的正确观念,主张将人类和自然利益结合起来,才能实现自然和人的解放,才能找到一条实现正义的可行路径。

(一)缓解生态危机实现自然的解放

生态社会主义断言,生态危机已经成为现代社会影响最大的危机。虽然工

---

① [加]威廉·莱斯. 满足的限度[M]. 李永学,译. 北京:商务印书馆,2016:128.

② [加]威廉·莱斯. 自然的控制[M]. 岳长龄,李建华,译. 重庆:重庆出版社,2007:140.

业化态势中的经济保持高速增长,但生态环境灾难也频繁出现。经济增长与环境灾难成正比。这说明,人类的生态问题没有得到有效的控制。生态危机凸显了人与自然处于严重的不平等地位,这种不平等以自然的委曲求全和人类社会大规模的自然扩张为基础,也是因人类“控制自然”的观念造成的。具体来说,“控制自然”造成的自然的不平等分两个步骤:

——第一步,以人类主体力量——“控制自然”观念的张扬来否定自然的自主性和目的性。前文,生态社会主义对“控制自然”观念的批判已阐述得十分清楚,不再赘述。需要说明的是另一方面,即自然的自主性。奥康纳指出,“经典历史唯物主义理论凸显了自然界的人化问题,却没有强调人类历史的自然化方式以及自然界的自我转型问题”①。换言之,人类通过劳动改造自然,但自然却并非被动地接受这种改造,而有自己的运作规律和自身的“目的性”——自然界以其自身的完善、发展为根本目的,不会因为人力的加入而发生改变。毋庸置疑,“在人类的物质生活,以及人类的历史和人类意识的进步中,自然界对于人类来说是始终是一个能动的伙伴”②。然而,“控制自然”的观念将人置于绝对主体的地位,自然则成为纯粹的被改造的对象,即在人类面前,自然毫无自主性可言。这一切都是“控制自然”的观念造成的。

——第二步,以人类对自然的自主性的否定直接抹除自然的主体地位,自然的不平等开始出现。从自然的先验性来看,自然不仅制约着人类的生物性,还制约着人类的社会性。但是,人类通过实践劳动实现了与自然之间的物质交换,在这个交换过程中,人类以强大的改造自然的能力抹除了自然的自主性,自然的自我构建功能和修复能力被压制了。人与自然之间进行物质交换的后果间接表现为对人与自然关系的歪曲——它实际上表现为人对自然的征服、统治、破坏和掠夺,即赋予人对自然的统治地位,而不是人对自然的人道主义占有。借用黑格尔

---

① [美]詹姆斯·奥康纳. 自然的理由:生态学马克思主义研究[M]. 唐正东,臧佩洪,译. 南京:南京大学出版社,2003:8.

② [美]詹姆斯·奥康纳. 自然的理由:生态学马克思主义研究[M]. 唐正东,臧佩洪,译. 南京:南京大学出版社,2003:9.

的言词来表达人与自然的关系,可以说,人与自然的关系已经简单地表现为统治与被统治、奴役与被奴役的关系。

基于此,生态社会主义发表了他们对待人与自然关系的基本立场。生态社会主义认为,马克思在《1844 年经济学哲学手稿》中对自然的理解是正确的,自然先于人而存在,人以自然为先决条件。人是自然界的一部分,一切"现实的、肉体的、站在坚实的呈圆形的地球上呼出和吸入一切自然力的人"①都是自然界长期发展的产物。另外,"人靠自然界生活。这就是说,自然界是人为了不致死亡而必须与之处于持续不断的交互作用过程的、人的身体。所谓人的肉体生活和精神生活同自然界相联系,不外是说自然界同自身联系,因为人是自然界的一部分"②。即是说,人的发展以自然存在为前提和条件,人类的发展受自然规律的制约。人的实践活动消除了自然界的天然性而成为"现实的自然",人类的"特殊的感性的本质力量"实现着"自然界的本质的全部丰富性"。因此,生态社会主义在处理人与自然的关系问题上主张,人和自然是平等的民主主体,自然甚至高于人。要实现人与自然的平等关系,必须遵从自然规律,即实现自然的真正解放,从"控制自然"的观念转向尊重自然。现在,问题的症结在于,如何实现从"控制自然"到"自然的解放"的逆转?

首先,生态社会主义认为,生态危机问题的本质并非是自然本身的问题而是人的问题。生态社会主义认为,目前的生态环境问题的实质并未发生变化,在拉美国家、亚洲国家等全球范围内,环境剥削依然存在,只是未被人们认识到而已。解决环境问题只能寄希望于生态社会运动。更明确地说,要解决生态问题就必须在人类社会框架内而不是在此之外去寻找解决方案,只能依靠人类社会的力量——对工业和技术道德弊端进行深刻反思,克服人与自然关系的异化。

其次,改变人与自然之间的物质交换过程才能实现自然的解放。既然人与

① 中共中央马克思恩格斯列宁斯大林著作编译局. 马克思恩格斯全集(第二版,第 3 卷)[M]. 北京:人民出版社,2002:324.

② 中共中央马克思恩格斯列宁斯大林著作编译局. 马克思恩格斯全集(第二版,第 3 卷)[M]. 北京:人民出版社,2002:272.

自然之间的不平等只能在社会框架内得到解决,那么探讨社会框架内的不平等根源就成为分析焦点。生态社会主义坚信,马克思主义关于"经济基础决定上层建筑"的论断是正确的。生态问题的解决最终还是要靠人类的劳动实践、依靠科学技术的发展和生产力水平的提高改变人与自然之间的物质交换过程。但是,生态社会主义认为,物质交换过程之所以造成生态危机,根源不在于劳动本身,而是制约劳动的社会制度。回顾一下前文关于生态社会主义"在社会各领域进行的生态化变革"这一论点便可到印证和说明。总之,生态社会主义认为,要想恢复自然的功能和实现自然的解放,只能改变制约人与自然的物质交换过程的社会制度。现在,我们可以很明确地说,生态问题中的不平等是人类社会中不恰当的物质变换过程造成的,而"控制自然"为这一过程提供了最基本的观念保障。那么,在摒弃"控制自然"的观念之后,我们又将以何种观念填补空缺呢?抑或说,实现自然的解放与平等的正确的思维观念应该是什么呢?

最后,生态社会主义认为,实现自然的解放,必须重返人类中心主义。佩珀说:"生态社会主义是人类中心论的(尽管不是在资本主义—技术中心论的意义上说)和人本主义的。"①自然只有在与人类社会发生关系时才能获得意义,它本身不具有独立于人类社会之外的意义。② 归根到底,最彻底的人类中心主义也许就是最彻底的自然保护主义。可见,生态社会主义试图以一种类似于生物平等主义的口吻坚决主张"自然的权利",强调应当以(生物性的)人类利益为中心来审视自然和生态问题。总之,生态社会主义试图以人类中心主义来替代"控制自然的观念"的合理性,以保障自然的解放。

综上所述,基于解决生态危机的重要性与紧迫性,在资本主义还未消亡以及生态系统还未被毁灭之前,生态社会主义将自然界与人类社会的地位等同起来,并赋予自然界和人一样的政治权利和伦理权利,以此实现自然的真正解放。但

---

① [英]戴维·佩珀.生态社会主义:从深生态学到社会正义[M].刘颖,译.济南:山东大学出版社,2012:282.

② [英]戴维·佩珀.生态社会主义:从深生态学到社会正义[M].刘颖,译.济南:山东大学出版社,2012:4.

是,生态社会主义在这里还遇到了一个理论的合法性问题:即便生态危机可以被还原为社会危机,那么这一还原性操作的根本价值何在?

(二)获取生态权益实现人的解放与自由

自然已经不能再被当作人类存在和发展的工具,否则迎接我们的将是更大的生态灾难,甚至是人类的毁灭。但是,人类的存在又必然以自然为基础。生态社会主义认为,现在需要做的就是提供一种能够恰当地对待自然的观念——它既能够顺应自然,又能恪守自然满足人类社会需求的准则。它就是人类中心主义。人类中心主义主张在合理的限度内开发自然价值以满足人类存在的需要。在此,生态社会主义力图彻底地否定工具理性的合理性,主张从"控制自然"到"自然的解放"的转变,并通过回归人类中心主义的操作将自然拉回价值理性的大本营。因此,从根本上说,从"控制自然"到"自然的解放"的转变就是从自然的工具理性向价值理性的转变,而社会构成了这一转变的场域,构成了人与自然辩证统一的桥梁。马克思主义认为人与动物的根本区别在于人的社会性,"人的本质不是单个人所固有的抽象物,在其现实性上,它是一切社会关系的总和"①。人类通过不同的实践活动形成了各具特色的社会关系,并建构出不同的社会形态。就生态问题而论,人与自然之间的紧张关系,必然发生在社会领域。社会是人同自然界的本质的统一,社会不应该置于生态系统之外。社会财富的分配、社会公平、民主政治等问题,都进入了生态社会主义价值建构的视野,并成为生态社会主义价值体系的主要组成部分②。一言之,解决生态环境问题就是实现社会正义,就是实现人的自由和全面发展。

关于以上结论的相关论证,我们可以从高兹那里得到说明。他认为生态社会主义社会应该具有两个基本特征:

其一,生态社会主义社会是克服了资本主义社会根本矛盾,用尽可能短的时

① 中共中央马克思恩格斯列宁斯大林著作编译局.马克思恩格斯文集(第1卷)[M].北京:人民出版社,2009:501.

② 王振亚.生态社会主义价值观的多维透视[J].马克思主义研究,2003(1):85-90,92.

间产出更大的使用价值的社会。高兹指出，生态社会主义社会已经完全规避了资本主义追求利润最大化而产生生态危机的风险，生态理性支配经济理性，用尽可能少的资源和尽可能短的时间，生产出更大的使用价值。如其所言："'我们经济的生态重建、产品设计的生态重建（产品必须是'可持续'且'易修复的'）直至物质消费与回收的生态重建'……'化学工业、交通运输和农业也进行生态重建'……'技术创新不仅要服务语言生态重建和生态合理化'，还要'提高劳动生产率，让削减工时成为可能'并'将我们从异化的劳动中解放出来'。总之，以产出和收益最大化为宗旨的经济准则要服务于社会生态准则。"①

其二，生态社会主义的社会是劳动解放、个人自由自主生产的社会。高兹认为，"社会主义运动诞生于个人为了共同的目标紧密团结起来，限制经济理性的肆意拓展，使经济理性再度服从以伦理要求为基础的社会约束的斗争……社会主义运动的意义和目的曾经是并将继续是使个人摆脱限制个人充分发展与自由的市场、竞争和利润逻辑桎梏，获得解放"②！若要实现劳动的解放首要任务是创造一个劳动自主的空间。在此，高兹按照以最少资源实现最高效率的原则将未来生活划分为自主领域和受外界支配的领域。自主领域赋予个人最大限度的创造性空间，在那里，个人能够按照兴趣自由生产并自主地与他人进行合作。他认为，人类的自由只有通过工人阶级自身的解放才能实现，其重要任务就是使劳动成为自由自主的活动。"劳动的本质就应该是努力从所有施加于劳动者的权威中解放出来……把劳动解放出来并转变为自主活动的渴望是真劳动的本质和异化所固有的。真劳动（尽管受到了异化）使主体有能力从事自主活动。"③显而易见，高兹试图打造的自主空间是一个主体能动而非被动地进行劳动的自由社会。

总之，高兹试图通过解放劳动来实现人的自由而全面的发展。但是，这种

---

① ［法］安德列·高兹. 资本主义，社会主义，生态：迷失与方向［M］. 彭姝祎，译. 北京：商务印书馆，2018：50－51.

② ［法］安德列·高兹. 资本主义，社会主义，生态：迷失与方向［M］. 彭姝祎，译. 北京：商务印书馆，2018：58.

③ ［法］安德列·高兹. 资本主义，社会主义，生态：迷失与方向［M］. 彭姝祎，译. 北京：商务印书馆，2018：69.

“自由”的图景依然不够清晰,还需要进一步对未来社会的自由图景进行更为直观的描绘。高兹认为,“多元活动取代工作就是劳动解放后自由人的存在状态”。正如陈永森等人在《人的解放与自然的解放》中指明的那样:“以多元活动(multi-activity)取代‘工作’是高兹追求劳动解放和人的解放的大胆设想,是高兹晚年美丽的乌托邦。”①通过考察现代意义上的“工作”的内涵,高兹认为,“工作是一份苦差事”。因为,“就业不再将一个人融入一个社区,不再构成每天、每周或每年的周期,或生活的各个阶段,也不再是每个人可以基于他/她的生活项目的基础”②。更明确地说,今天,“以工作为基础的社会已经消失了”③。并且,以工作为基础的社会的衰退为以多元活动为基础的社会提供了条件,抑或说,以多元活动为基础的社会是生态社会主义理论逻辑的必然结论。为此,高兹试图通过一系列制度和政策安排来保障人在多元活动社会中的自由状态的实现。具体而言,包括四个方面:

(1)为“拉开社会主义和资本主义的差距”,通过鼓励新的生活方式、合作形式和活动模式来增加未来社会的空间和资源,例如重新规划城市、对教育进行改造等。

(2)为所有人提供“充足的保障性收入”,而不是“低于生存水平的基本收入”,以此将人从劳动力市场中解放出来。

(3)为解决失业问题,重点不在创造出新的工作岗位,而是对有限岗位的再分配以及扩大个人的多样化活动(即增加不受资本支配的社会活动)。

(4)为摆脱资本主义生产、交换和消费方式的影响,试图建构一种以社区货币为交易媒介的本地交易系统——一种建立在平等互助关系基础上、废除金钱崇拜和限定在本地资源范围内的交易系统。

---

① 陈永森,蔡华杰. 人的解放与自然的解放:生态社会主义研究[M]. 北京:学习出版社,2015:123.

② André Gorz. *Reclaiming Work:Beyond the waged-based society*[M]. Translated by Chris Turner. Malden: Blackwell Publishers Ltd,1999:57.

③ André Gorz. *Reclaiming Work:Beyond the waged-based society*[M]. Translated by Chris Turner. Malden: Blackwell Publishers Ltd,1999:57.

高兹的设想给人耳目一新的感觉。他说:“我不知道我尝试释放欲望或不受束缚的想象方式是否正确,我也不知道我制订的政策是否会被采纳。对那些认为它是‘乌托邦’而立即拒绝它的人,我只能说这是乌托邦的功能。”①无论高兹对未来理想社会的设想是否正确,“心中有个乌托邦的人,至少比安逸现状的人,或者把现实当成完全合理的人,对社会的进步更有益”②。而且,至少生态社会主义的理论取向我们是清楚的——即为实现正义,必须解放劳动并还人类以自由。

(三)追求生态和谐与社会正义的统一

前文,我们从“自然的解放”和“人的解放”两个层次阐明了生态社会主义未来的正义远景。但是,孤立地实现自然抑或人的解放并非生态社会主义的终极旨归。可以说,在20世纪90年代之后,生态社会主义就致力于将人类利益和自然权利结合起来论证社会正义与生态和谐之间的关系。他们认为二者是互相促进的关系。正如福斯特所言:“我们需要通过斗争来创造全球性社会,以提升整个自然与人类社会的地位,使自然与人类社会高于资本积累,公平与公正高于个体贪婪,民主制度高于市场经济。”③总的来看,生态社会主义主要从经济、政治和社会视角表达了对社会正义与生态和谐辩证统一的社会愿景。

其一,生态社会主义对生态和谐与社会正义统一关系的经济表达。高兹说,“更少地生产”才能换来“更好地生活”。在这里,高兹表达了两层意思:一是,用“更少地生产”的合理性取缔非理性的利润追求,实现生态和谐。生产不再为交换价值服务,而是为使用价值服务。缩减性的资源安排并非要否定经济增长,而是为了生产出耐用的、易于修理的、没有污染的商品,以改变人与自然的对立状态。二是,用“更少地生产”的合法性取缔非法的奢侈享乐,实现社会正义。高兹认为,资本主义社会的统治者一边让大众追求并享受社会精英所享受的特权和

---

① André Gorz. *Reclaiming Work: Beyond the waged-based society*[M]. Translated by Chris Turner. Malden: Blackwell Publishers Ltd,1999:113.

② 陈永森,蔡华杰. 人的解放与自然的解放:生态社会主义研究[M]. 北京:学习出版社,2015:137.

③ [美]约翰·贝拉米·福斯特. 生态危机与资本主义[M]. 耿建新,宋兴无,译. 上海:上海译文出版社,2006:76.

需要的同时，一边又不断制造新的特权和需求，维护着社会的不平等。福斯特说："如果我们把自然交给了资本，那么我们就为在很大程度上忽视可持续性这个集体目标的各种形式的私人控制和掠夺提供了可能性。"①即是说，"更少地生产"，既不给任何人以特权，也不缩小任何人的权利，这才是"更好地生活"，是真正的社会正义。可见，生态问题与"富人剥削穷人的经济公平性问题捆绑在一起时"②才会出现，而高兹的"更少地生产，更好地生活"正是对生态和谐与社会正义辩证统一的经济表达。

其二，生态社会主义对生态和谐与社会正义统一关系的政治表达。福斯特认为在资本主义制度下，资产主义国家与私人垄断资本相结合形成的国家垄断资本主义，通过与资本的合作以各种手段对自然环境进行掠夺，并机械地将人划为生产者和消费者，必然造成新一轮的环境灾难。因此，福斯特认为，不消除人与人之间的剥削关系，就不能消除人与自然之间的剥削关系，生态斗争要与社会斗争相统一，环境正义要与国家民主联系在一起。实现社会正义，要以人为本，尤其是对于社会中的穷人、不发达国家整体等，不能将其抛弃在世界体制之外。在政治上，必须以人民与民主权力之间的合作关系取代国家与资本之间的勾结。在未来社会中，国家要与人民结成一种"新型的民主关系"——一种保障人民享有充分的政治权利与民主自由的关系。福斯特的"普遍自由"就是对"新型的民主关系"的最高表达。"普遍自由"就是要在摒弃人类自由的机械主义观念基础上，把"所有生物"都看成是社会的有机组成部分，都能平等地、民主地享有权利，以此建构人与自然的和谐关系。当然，对生态和谐与社会正义统一关系的政治论证并不仅限于福斯特的相关阐释，佩珀、高兹、科威尔等理论家也进行了相关论述，此处不赘。

其三，生态社会主义对生态和谐与社会正义统一关系的社会表达。佩珀认

---

① [美]约翰·贝拉米·福斯特，[加]丹尼斯·瑟龙. 马克思主义生态学与资本主义[J]. 刘仁胜，译，刘庸安校. 当代世界与社会主义，2005(3)：155－158.

② 转引自[美]约翰·贝拉米·福斯特. 生态危机与资本主义[M]. 耿建新，宋兴无，译. 上海：上海译文出版社，2006：42.

为，无论是在地区还是在全球，环境问题都应该被纳入社会正义的范围，其主题包括：“真正基础性的广泛民主；生产资料的共同所有制（即共同体成员所有，而不一定是国家所有）；面向社会需要的生产，而主要不是为了市场交换和利润；面向地方需要的地方化生产；结果的平等；社会与环境公正；相互支持的社会—自然关系。”①佩珀认为，环境议题不应被限定在狭义的范围内，应当从广义上来加以界定。例如，在区域范围内应该把街头暴力、中心城市的衰败、共同体以及与乡村的分离、汽车污染、交通事故等都纳入分析范围，其中最重要的就是失业和贫穷；在全球范围内，应该把与社会正义相关的臭氧层空洞、全球变暖、海洋污染、生物多样性等生态难题纳入考察范围。值得一提的是，无论在地域范围，还是在全球范围，以上焦点都集中在社会领域，要消除这些环境污染难题就应该提倡社会公正。只有实现生态和谐与社会正义的有机统一，我们才会“不再通过它体验一种环境危机：非人的自然将被改变而不是被破坏，并且，更加使人愉快的环境将被创造而不是被破坏”②。

当然，生态社会主义对生态和谐与社会正义有机统一的社会远景的论证，并不仅限于经济、政治和社会方面的表达，而且还包括文化论证，如人道主义的人与自然的共同体等。但是，“由于新的社会主义正处于形成之中，以及受到正在变化的历史条件的影响，因此，想知道新的社会主义的复兴是以何种面目出现是不可能的”③。换言之，生态社会主义者所做不过是理论上的推演并按照自我意愿设定未来的正义愿景。基于此，我们如何评判和看待生态社会主义正义观就成为重要课题。

---

① ［英］戴维·佩珀.生态社会主义：从深生态学到社会正义［M］.刘颖，译.济南：山东大学出版社，2012：3.

② ［英］戴维·佩珀.生态社会主义：从深生态学到社会正义［M］.刘颖，译.济南：山东大学出版社，2012：284.

③ ［美］约翰·贝拉米·福斯特.社会主义的复兴［J］.庄俊举，译.当代世界与社会主义，2006（1）：142－145.

第四章
生态社会主义正义观述评

正义，一直以来都是人类社会所追求的理想，然而，由于我们所生活的世界具有无穷复杂性，古往今来，国内外的思想家、理论家在对什么是正义的认识上存在着很大的差异，仅就现代西方所存在的各种理论主张来看就存在着美德正义、政治正义与综合正义等不同的正义理论。这些差异的存在，使得人们对社会正义问题的解答难以做出一个全局性的放之四海皆准的确切答案。虽然目前没有一个统一的标准答案，但并不意味着我们不需要答案，只能说复杂的社会正义问题没有简单的答案。

马克思主义是时代的产物，是开放的理论体系。在指导不同国家的社会主义事业发展进程中，马克思主义会随着时代的发展不断与时代特征、各国具体国情以及各国传统文化相结合而不断丰富、发展自己，从而产生出新的理论成果。因此，要弄清楚什么是社会正义，我们应该坚持什么样的正义原则，客观评价和科学借鉴生态社会主义正义观的一些问题，将有助于我们研究马克思主义的社会正义思想，从而对于我们构建中国特色社会主义和谐社会，实现社会公平正义具有极其重要的现实意义。

一、马克思主义经典理论家论正义问题

要想对生态社会主义正义观进行评述，首先需要澄清什么是马克思主义的正义观。虽然马克思主义对正义问题十分关注，但要想对马克思主义的正义观

进行系统地总结却是一件相当困难的事情。一方面,在马克思主义经典著作中并没有关于正义问题明确且系统地论述;另一方面,不可否认马克思、恩格斯一生所做的事业都是致力于对资本主义非正义现象的批判,并以此为基础构建共产主义社会。然而1989年,随着苏联解体和东欧剧变,曾经被认为是社会主义国家实现社会正义手段和途径的生产资料公有制和收入平等等基本原则受到了来自理论与实践的质疑和挑战。这些质疑和挑战也说明了人们对正义“究竟意味着什么也并非完全清楚”,更难以对马克思主义的正义问题有一个确切的理解。因此,弄清楚什么是马克思主义的正义观这一问题,对于中国特色社会主义生态文明的建设以及社会正义的实现具有极其重要的现实意义,同时也是我们对国外马克思主义正义问题进行评述的重要前提。

(一)马克思主义正义观的基本内容

虽然马克思主义的经典理论家没有专门研究关于正义问题的著作,但是并不能否认马克思主义包含着正义的理论,在马克思主义经典理论家的许多著作中都有关于正义的思想,所以我们可以从马克思与恩格斯的浩瀚著作中,分析马克思、恩格斯对正义问题的一些基本主张。一方面,马克思、恩格斯基于资本主义现实对资本主义制度的非正义性进行了全面且深刻地批判;另一方面,马克思、恩格斯从事实和价值两个层面展开关于人的自由发展和社会正义的理想社会制度地描述。因此,在理解马克思主义正义观的过程中,我们应该区分马克思主义自身所蕴含的正义观念与其对资本主义非正义的批判,因为马克思主义对资本主义非正义的批判,实际上内含着对正义的要求。

1. 对资本主义制度非正义性的揭露和批判

马克思主义经典作家所阐释的正义问题主要是关于人的尊严、自由和平等权利的问题,而对这些问题的阐述是在对封建专制、宗教统治、资本主义非人道和剥削制度的不公正现象进行批判的基础上展开的。

马克思、恩格斯揭示了非正义问题产生的社会历史根源。马克思、恩格斯认为,放之四海而皆准的正义是不存在,正义总是与具体的社会状况——即具体的经济政治制度、文化等因素关联在一起。并且在阶级社会里,只能存在某一个阶级或者某一部分人的正义。马克思、恩格斯曾大力赞扬资本主义相对封建主义的历史进步性，认为正是商品经济的发展为现代民主政治的平等和自由奠定了基础。与此同时，他们又对资本主义制度本身存在的非正义性进行了全面揭露与深刻抨击。在《莱茵报》工作期间，马克思面对现实社会中的种种非正义情况——书报检查令、林木盗窃法、区乡制度改革等，就曾对普鲁士政府进行批判，为底层民众的权利与自由呐喊。同时马克思看到了私人利益在这个过程中所起到的作用，“一部分人由于特殊等级的狭隘性而反对新闻出版，另一部分人则由于同样的狭隘性为新闻出版辩护。一部分人希望特权只归政府，另一部分人则希望把特权分给若干个人”①。

在马克思、恩格斯看来，正义和劳动是密不可分的。马克思、恩格斯分析了在资本主义制度下，虽然劳动者摆脱了封建社会的人身依附关系，但劳动力却转身成了商品，资本家按照市场规律赋予劳动者的价值购买劳动力，这似乎体现了自由平等的一面。但是在分析资本主义这些现象时马克思、恩格斯认为工人阶级是受剥削的。恩格斯在《论住宅问题》一文中指出：“工人受剥削的关键是：劳动力出卖给资本家，而资本家通过这种交易，迫使工人生产出比购买劳动力所支付的价值多得多的价值。”②也就是说，在资本主义社会，资本家之所以是资本家正是由于其占有他人的劳动才能成为资本家，而劳动者不是出于自愿而是为了生存，才不得不向生产资料的占有者出卖自身的劳动力。在马克思主义看来，无产阶级被剥削的不仅是劳动果实，他们的劳动活动本身也被异化了。在《德意志意识形态》中，马克思、恩格斯阐述了私有制条件下人们之间生产关系被异化的根源：“只要私人利益和公共利益之间还有分裂，也就是说，只要分工还不是出于自愿，而是自发的，那末人本身的活动对人说来就成为一种异己、与他对立的力量。”③这种被

---

① 中共中央马克思恩格斯列宁斯大林著作编译局. 马克思恩格斯全集(第二版，第1卷)[M]. 北京：人民出版社，1995：198.

② 中共中央马克思恩格斯列宁斯大林著作编译局. 马克思恩格斯选集(第3卷)[M]. 北京：人民出版社，2012：202.

③ 中共中央马克思恩格斯列宁斯大林著作编译局. 马克思恩格斯全集(第一版，第3卷)[M]. 北京：人民出版社，1965：37.

异化了的劳动的结果是严重的不平等和对人身“自由”的剥夺和限制。虽然资产阶级法律规定了人自由的唯一限制是不能妨碍他人的自由。但是,这是无法实现的。马克思主义从劳动异化的角度出发论证了资本主义社会永远无法实现社会正义,只要生产资料私有制和劳动力的买卖仍然存在,资产主义的正义就只能是资本的正义,是资产阶级的正义,因为“平等应当不仅仅是表面的,不仅仅在国家的领域中的实行,它还应当是实际的,还应当在社会的、经济的领域中实行”①。因此,马克思、恩格斯主张无产阶级通过暴力革命的手段打碎资本主义私有制的统治,建立公有制的社会正义制度来实现真正的自由和平等。因为“真正的自由和真正的平等,即共产主义”②,“真正的自由和真正的平等只有在公社制度下才可能实现……这样的制度是正义所要求的”③。

由上可知,马克思主义的正义观首先是在全面揭示和深刻批判资本主义制度非正义性的基础上来实现人的自由和平等的。但是,苏联以及东欧社会主义制度发生巨大变化以后,国外有许多学者向马克思主义者提出了这样的问题:什么是社会正义?马克思主义正义观的现实价值何在?尽管有这样和那样的困难和问题,但并不能否认马克思主义中包含着社会正义理论,也没有削弱马克思主义关于社会正义价值观的吸引力,相反,却促使了一些西方学者针对西方资本主义社会的现实问题,运用马克思主义的观点和方法对马克思主义的社会正义问题的进行了多方位的思考。

2. 正义是价值理想和制度正义的统一

的确,马克思主义经典作家运用共产主义必然取代资本主义这一社会历史发展规律对资本主义社会作出分析与批判,是基于唯物史观而非伦理观。然而,这并不能说明他们漠视正义这一价值尺度,更不能得出他们反对正义的简单结

① 中共中央马克思恩格斯列宁斯大林著作编译局. 马克思恩格斯选集(第3卷)[M]. 北京:人民出版社,2012:484.

② 中共中央马克思恩格斯列宁斯大林著作编译局. 马克思恩格斯全集(第二版,第3卷)[M]. 北京:人民出版社,2002:476.

③ 中共中央马克思恩格斯列宁斯大林著作编译局. 马克思恩格斯全集(第二版,第3卷)[M]. 北京:人民出版社,2002:482.

论。在绪论中我们已对正义相近的几个概念进行了辨析，由此我们可知，对于正义一词我们可以从不同层面上加以理解。在马克思主义的文本中，我们同样可以直观感受到马克思主义思想中存在着多元“正义”观念，在我们看来，关键是应该区分作为法律等制度层面的“正义”观念与理想的“正义”理念。前一正义是与一定的生产关系与上层建筑相联系的，后一正义则是指超越现存社会的正义局限性而构建的社会正义。正是这一“超越性”理想意义的“正义”观念，乃是马克思主义走向当代并发挥其应有效力的可贵精神遗产。

事实上，马克思、恩格斯从社会历史发展规律的角度论证了资本主义必然灭亡的趋势，其中就蕴含着无产阶级在社会历史发展过程中的对社会制度选择的合理性与正义性。在马克思主义看来正义作为具有理想性的价值，并不是虚构的乌托邦，它是以一定的社会经济结构为其现实基础并由一定的经济基础所决定的社会制度和普遍社会意识形态所决定的。从这样的层面上来看社会主义优于资本主义，这种优越性不仅体现在制度上还体现在价值层面上。因此，我们必须结合马克思主义对资本主义社会的“历史性”理解来解读其“正义”观念。一方面，马克思主义阐明了资本主义社会所宣扬的社会正义的虚无缥缈性，指出其实质仅是维护资产阶级的利益而无视无产阶级的权益，这是其正义思想的“批判性”向度；另一方面，马克思主义则要在现实社会生活基础上确立相应的价值尺度，这是其正义思想的“制度正义”维度。根据马克思、恩格斯的相关论述，马克思主义的根本价值指向是共产主义社会所代表的人的自由而全面发展以及人与人之间平等的价值追求，并非共产主义制度本身。因此，必须清楚地看到，社会主义制度本身就是超越制度正义的实践活动。在马克思主义看来，任何一个资本主义国家制度都不能为人的自由发展与社会正义提供基本保障，对自由的理解必须超越这些国家制度，真实的自由只有在超越国家制度的历史实践中才能够实现。

肯定这一立脚点是否与科学社会主义相矛盾？这是颇有价值的理论忧思。根据马克思主义历史观，历史的发展是其客观规律与人们的历史选择性共同作用的结果，但人们的价值诉求并不能改变历史必然性的作用。在马克思主义理论中,历史的必然性与人们的道德追求、对现实社会局限性的批判与对未来社会的建构从来都是辩证统一的。所以,我们也不必担心强调马克思主义超越制度正义会削弱其理论的科学性和对现实生活的解释力。

马克思、恩格斯所论述的科学社会主义体现了社会主义制度和价值的统一。社会主义价值观念植根于物质的经济土壤之中,体现着社会主义的本质追求。然而,因历史的、现实的或是主观的、客观的等方面原因,社会主义价值还没能得到充分体现,这其中的一个重要原因就是把社会主义价值性与社会主义科学性割裂开来,忽视了制度的历史阶段性,不考虑制度成本,把制度当作了目的,都将使社会主义制度在实践中受挫。

价值与制度的抉择是社会主义发展中的一个重要问题。"价值"的社会主义和"科学"的社会主义两个方面是内在联系、不可分割的,这种内在统一的关系已从社会主义的实践和经验中得到说明。不重视解放生产力和发展生产力的问题,社会主义实践就会遭遇挫折。可见,价值的实现必须有制度的保障,只有这样,社会主义建设才能取得重大成就;相反,如果两者脱节,社会主义建设就会受到重创。可见,"价值"的社会主义和"科学"的社会主义两者对立起来,不可避免会影响社会主义的建设。

3. 正义与一定的生产关系相适应

历史唯物主义视域中的正义观指明正义具有客观的内容。这种客观内容表现在正义是同一定的生产关系相适应的。正如恩格斯所指出的,"一切社会变迁和政治变革的终极原因,不应当到人们的头脑中,到人们对永恒的真理和正义的日益增进的认识中去寻找,而应当到生产方式和交换方式的变更中去寻找;不应当到有关时代的哲学中去寻找,而应当到有关时代的经济中去寻找"①。可见,马克思主义经典理论家所主张的正义是与一定历史条件下的生产方式相适应的。由于生产力决定生产关系,而生产关系是社会关系中最基本的关系,它决定着社

① 中共中央马克思恩格斯列宁斯大林著作编译局. 马克思恩格斯文集(第3卷)[M]. 北京:人民出版社,2009:547.

会关系中的其他关系，如经济关系、政治关系、法律关系、宗教关系等。因此，正义只能是同一定历史条件下的生产力、生产关系相适应，生产关系包括生产资料所有制关系、生产中人与人的关系和产品分配关系。在生产关系中，生产资料所有制关系又是最根本的，它不仅决定着物质资料的生产，产品的分配，商品的交换和消费，还决定着社会中人与人之间的关系，所以它是最基本的、具有决定意义的方面。

在马克思主义的正义视野中，人的真正生活来源于人的劳动，因此，只有通过劳动占有自然界才是正义的。然而，资本主义雇佣劳动是对劳动正义的背离。劳动者作为人意义上的劳动权利被剥夺，其劳动失去自主性。马克思主义认为雇佣劳动是资本增殖的奥秘所在，即创造资本的劳动，马克思主义正是通过对资本主义的几个基本点——资本的原始积累、资本的生产和扩大再生产过程、资本的流通过程——深入剖析，发现了生产资料的所有权和对剩余劳动占有权的不平等这一资本主义非正义的根源。

在资本主义社会，劳动者被资本家雇佣，因而劳动者的劳动是从属于资本的，从资本以及资本家的立场出发，剥削劳动者是资本增殖的必然要求，虽然违背了劳动正义但却符合资本正义。资本为了不断增殖，就必须使劳动者与所有的劳动条件相分离，成为仅有劳动的存在。在这种条件下，资本家拥有生产资料的所有权，劳动者与生产资料相分离，为了维持生存，劳动者不得不出卖劳动力以获得生活所必需的资料。这样，劳动者与资本家的生产资料相结合，产出劳动产品，资本家与工人通过劳动力的买卖紧密联系在一起。在这种情况下，资本家在拥有生产资料所有权的基础上，实现了对劳动产品的完全占有与分配，并通过雇佣劳动实现了对劳动力的控制与支配。毋庸置疑，马克思主义所论述的资本主义非正义，是基于资本主义的生产关系，而不是基于资本主义的生产力。资本家与工人的关系不是奴隶主与奴隶式的完全占有，也不是封建地主与农民式的人身依附，而是建立在劳动者拥有完全的人身自由基础上的“平等”关系。正因为如此，资本家只能通过购买工人的劳动力的方式，实现劳动对生产资料的加工与改造，生产出新的使用价值并无偿占有雇佣工人创造的剩余价值。在这里，劳动者及其劳动就使得所有的生产资料都具有了资本的性质，所有的生产资料所有者都成为资本的人格化表现。也就是说，不占有生产资料的无产阶级与占有生产资料的资产阶级也就具有了剥削与被剥削的对抗性质。因此，资本主义生产资料私有制是雇佣劳动赖以存在的基础，是资本与雇佣劳动之间剥削与被剥削关系的体现。

在马克思主义看来真正的财产应是对“私有财产的积极的扬弃，就是说，为了人并且通过人对人的本质和人的生命、对象性的人和人的产品的感性的占有，不应当仅仅被理解为直接的、片面的享受，不应当仅仅被理解为占有、拥有。人以一种全面的方式，也就是说，作为一个完整的人，占有自己的全面的本质……对人的现实的占有；这些器官同对象的关系，是人的现实的实现（因此，正像人的本质规定和活动是多种多样的一样，人的现实也是多种多样的），是人的能动和人的受动，因为按人的方式来理解的受动，是人的一种自我享受”①。马克思主义认为，资本主义社会中人与人的不平等以及各种剥削现象的出现从根源上来说是由生产资料私有制造成的，因此未来的新社会应该是以公有制为基础的社会。无产阶级在夺取政权后，必须实行生产资料公有制，即由国家、集体、人民掌控生产资料，并尽可能快地增加生产力的总量。与资产阶级生产不同，社会主义不断发展生产力、增加生产的目的不是为了交换到商品的价值即资本的增殖，而是为了使用价值即满足需要。生产资料公有制是共产主义社会“最简明扼要的概括”，也是任何社会主义国家在任何时候都不能放弃的基本原则。马克思主义进而得出结论，分配领域不可能产生分配正义。因为分配正义产生于资本主义生产关系层面，因此，只有解决生产资料私人占有制这一根源问题才有可能解决非正义问题。

可见，马克思主义正是把握到了资本主义生产资料私有制这一关键问题，并在此基础上进行了全面而深刻地批判资本主义非正义。马克思主义批判目的是

---

① 中共中央马克思恩格斯列宁斯大林著作编译局. 马克思恩格斯文集（第 1 卷）[M]. 北京：人民出版社，2009：189.

使“以社会的生产经营为基础的资本主义所有制转化为社会所有制”①，而社会所有制是决定社会正义的“基石”。马克思主义所追求的社会正义是实现“人”的自由和全面发展的正义，由此我们就不难理解马克思、恩格斯在《共产党宣言》等文本中，为什么多次强调消灭私有制的问题了。

4. 正义与劳动密不可分

马克思主义认为正义和劳动是密不可分的。马克思主义立足于“现实的人”探讨人类社会发展规律，从而看到了劳动在社会发展及正义追求中的力量，进而肯定了所有劳动者尤其是无产阶级劳动的价值。

马克思、恩格斯对于资本主义制度下的劳动作了详细的分析。马克思、恩格斯认为虽然劳动者摆脱了封建社会的人身依附关系，劳动力成了商品，资本家按照市场经济的等价交换原则购买劳动力，这似乎体现了自由平等的一面。然而，正如马克思、恩格斯所说：“只要私人利益和公共利益之间还有分裂，也就是说，只要分工还不是出于自愿，而是自发的，那末人本身的活动对人说来就成为一种异己、与他对立的力量。”②这种被异化了的劳动的结果是严重的不平等和对人身“自由”的剥夺和限制。因此，资本主义发展所带来的不平等在马克思、恩格斯看来是更深层次的。

马克思主义对资本主义分配方式提出批评的基础上，设想了共产主义的初级和高级两个阶段的分配正义原则。马克思在《哥达纲领批判》中指出，共产主义社会的第一阶段，“它不是在它自身基础上已经发展了的，恰好相反，是刚刚从资本主义社会中产生出来的，因此它在各方面，在经济、道德和精神方面都还带着它脱胎出来的那个旧社会的痕迹”③。共产主义社会的第一阶段对消费品的分配只能实行按劳分配原则和等价交换原则，“每一个生产者，在作了各项扣除以

① 中共中央马克思恩格斯列宁斯大林著作编译局. 马克思恩格斯文集(第5卷)[M]. 北京：人民出版社，2009：874.

② 中共中央马克思恩格斯列宁斯大林著作编译局. 马克思恩格斯全集(第一版，第3卷)[M]. 北京：人民出版社，1965：37.

③ 中共中央马克思恩格斯列宁斯大林著作编译局. 马克思恩格斯选集(第3卷)[M]. 北京：人民出版社，2012：363.

后,从社会领回的,正好是他给予社会的"①。

马克思主义在论述劳动的应得问题时讲到:"小孩子同样知道,要想得到与各种不同的需要量相适应的产品量,就要付出各种不同的和一定量的社会总劳动量。这种按一定比例分配社会劳动的必要性,决不可能被社会生产的一定形式所取消,而可能改变的只是它的表现方式,这是不言而喻的。"②这里的劳动价值论是符合社会实践的要求的。

不过,对于"平等权利"中通行的"等价"原则是存在着本质的不同理解:按劳分配本身并不等同于实现了真正的平等。马克思在《哥达纲领批判》中有过这样的论述:形式的平等并不代表内容的平等,对具有异质性的劳动而言依据同一标准衡量的"正义",缺乏对劳动者个体之间的自然禀赋和历史差异的考虑和重视。马克思认为,按劳分配默认"劳动者的不同等的个人天赋,从而不同等的工作能力,是天然特权"③。人的天赋才能具有偶得性,利用人的天赋才能获得相应的财富不仅依赖于对天赋的所有权,还依赖于对天赋的使用权、支配权。所以不是平均分配就是正义的,利用人的天赋才能获得的财富应该进行必要的调整,其占有者、使用者在分配时必须比其他人获得更多。

不过,我们需要注意的是:按劳分配原则所说的劳动报酬与劳动贡献之间的相等不是算术式的相等。在社会总的产品进行必要扣除后,剩余部分才能进行分配,这并不违背平等原则。为了未来的生产和储存,这是经济的必然要求,并非不正义。分配方面的非正义,诚如恩格斯所指出:"当一种生产方式处在自身发展的上升阶段的时候,甚至在和这种生产方式相适应的分配方式下吃了亏的

---

① 中共中央马克思恩格斯列宁斯大林著作编译局.马克思恩格斯选集(第3卷)[M].北京:人民出版社,2012:363.

② 中共中央马克思恩格斯列宁斯大林著作编译局.马克思恩格斯选集(第4卷)[M].北京:人民出版社,2012:473.

③ 中共中央马克思恩格斯列宁斯大林著作编译局.马克思恩格斯选集(第3卷)[M].北京:人民出版社,2012:364.

那些人也会欢迎这种生产方式。"①"只有当这种生产方式已经走完自身的没落阶段的颇大一段行程时……这种越来越不平等的分配,才被认为是非正义的,只有在这个时候,人们才开始从已经过时的事实出发诉诸所谓永恒正义。"②这就是说,分配正义具有历史的相对性,其评判依据是看这种分配方式是否有利于社会生产力的发展,是否有利于促进人的自由本质的发展。而一种生产关系适合不适合生产力发展的水平和要求,从结果上是看它是否有利于促进生产力的发展,从内在机制和过程上则是要看这种分配制度是否比较合理、公正,个人的合法收入和财产是否得到了合理的保障。对此,恩格斯曾指出:"最能促进生产的是能使一切社会成员尽可能全面地发展、保持和施展自己能力的那种分配方式。"③

因而,分配正义不仅关涉分配过程中的正义问题,即每个人获得相差无几的产品与服务,还关涉与分配密切相关的其他经济因素,如是否有利于促进人的积极性、创造性以及人的自由本质的提高,是否有利于促进生产力的发展以及经济的稳步前进。总而言之,分配正义涉及对分配内容和分配行为是否合理,分配价值取向、分配方式和分配标准是否能促进经济效率和人的发展的统一以及经济制度本身正义与否的价值评价和理性反思。

可见,所有制与分配制度并非经济制度正义中的两种事物,而是同一件事物的两个方面,一方面,所有制是一定分配形式的前提;另一方面,分配形式又是获得一定财富和资源的途径,是所有制的现实表现和落实,二者是内在关联无法分割的。因此,未来社会不会停滞于按劳分配的分配方式,而是通过生产关系的变革解放生产力,向更高层级的分配方式进化和发展。这些局限是共产主义阶段所要克服的。

马克思在《哥达纲领批判》中曾提出过两个原则。社会主义作为共产主义社

---

① 中共中央马克思恩格斯列宁斯大林著作编译局. 马克思恩格斯选集(第3卷)[M]. 北京:人民出版社,2012:527.

② 中共中央马克思恩格斯列宁斯大林著作编译局. 马克思恩格斯选集(第3卷)[M]. 北京:人民出版社,2012:528.

③ 中共中央马克思恩格斯列宁斯大林著作编译局. 马克思恩格斯选集(第3卷)[M]. 北京:人民出版社,2012:581.

会的第一阶段，生产力的发展还不充分，社会产品没有满足人们的需要，这就决定了该社会对于劳动者只能实行“按劳分配”的原则。虽然并没有达到理想状态的按需分配，但由于它比资本主义社会的分配原则与分配方式更为正义，也更符合社会发展趋势，因而“按劳分配”也是一种“进步”。然而，马克思也明确指出，这一原则本身也存在着局限性，因为它既没有考虑到每个人的天赋不同，也没有考虑到每个人的需求差异，因而会出现劳动者在报酬上的巨大差异，从而默认天赋更高的人存在的优势与特权，这就需要上升到一种更高级且更正义的分配方式——按需分配。马克思、恩格斯认为，资本主义社会中人与人的不平等以及各种剥削现象的出现从根源上来说是由生产资料私有制造成的，因此未来的新社会应该是以公有制为基础的社会。马克思主义还认为，在共产主义的不同阶段，应当实行具有不同特征的分配制度。在第一阶段即初级阶段，由于生产力水平还不够高，还存在旧的社会分工，劳动也还只是谋生的手段，因而在分配方式上只能采取“按劳分配”的原则，即等量劳动领取等量产品的原则。这种分配方式尽管存在历史局限性，但在共产主义第一阶段是无法避免的。只有生产力水平达到高度发达，才能真正实行“各尽所能，按需分配”。马克思指出：“共产主义作为私有财产的扬弃就是要求归还真正人的生命即人的财产。”①

马克思主义指出，从共产主义社会的初级阶段——社会主义社会向高级阶段迈进的过程中，需要重新建立“个人所有制”。所谓个人所有制是指“劳动者个人对生产资料的所有，是劳动和所有的统一，同时，它还是对生产资料共同占有基础上的个人所有”②，这是一种“以人为本”的个人所有制，它的建立将为人类社会正义提供基本经济和物质保障。因此，只有到了共产主义高级阶段，“在随着个人的全面发展，他们的生产力也增长起来，而集体财富的一切源泉都充分涌流之后——只有在那个时候，才能完全超出资产阶级权利的狭隘眼界，社会才能

① 中共中央马克思恩格斯列宁斯大林著作编译局. 马克思恩格斯文集（第1卷）[M]. 北京：人民出版社，2009：216.

② 韩立新. 关于“个人所有制”解释的几个问题——兼评李惠斌《对马克思关于“私有制”、“公有制”以及“个人所有制”问题的重新解读》一文[J]. 马克思主义与现实，2009(2)：25－30.

在自己的旗帜上写上:各尽所能,按需分配"①!

这里需要注意的是:共产主义社会中的"各尽所能,按需分配"实质上就是一种正义的原则。共产主义社会将按照自然资源的情况和社会成员的需要,对生产进行有计划的组织和管理。恩格斯指出:"这种新的社会制度首先必须剥夺相互竞争的个人对工业和一切生产部门的经营权,而代之以所有这些生产部门由整个社会来经营,就是说,为了共同的利益、按照共同的计划、在社会全体成员的参加下来经营。"②那时,由于全体人民共同占有生产资料,并在基础上进行生产与分配,个人劳动直接成为社会劳动的一部分,个人利益也就直接转化为了社会利益并在社会利益中得到实现。劳动者个人的劳动将不再像资本主义社会那样如果没有"交换"这一环节就无法转化为社会劳动,也就是说社会成员之间的相互服务也不必采取等价交换的形式来进行。

总而言之,"按劳分配"原则比起资本主义制度下的分配方式具有历史进步性,但究其本质来说还是资本主义经济制度框架内的一种分配方式,仍没有实现分配上的真正正义,只有进入共产主义社会,"各尽所能,按需分配"的实现才能突破这一局限并最终实现人类在分配上的真正平等。

(二)马克思主义正义观的理论特征

正义一直是西方理论学界最为关注的问题之一,无论是柏拉图对国家正义和个人正义的关注,还是罗尔斯强调无知之幕下的正义选择,西方关于正义的理论卷帙浩繁,马克思主义正义观也是一个复杂且庞大的思想宝库,因此从整体上把握马克思主义正义观的理论特征成为必要。马克思主义正义观具有科学性、现实性、历史性、阶级性以及革命性的理论特征。

1. 科学性和现实性

马克思主义正义观的理论特征首先体现在他的科学性和现实性上。马克思

① 中共中央马克思恩格斯列宁斯大林著作编译局. 马克思恩格斯选集(第3卷)[M]. 北京:人民出版社,2012:365.

② 中共中央马克思恩格斯列宁斯大林著作编译局. 马克思恩格斯选集(第1卷)[M]. 北京:人民出版社,2012:302.

主义在阐释正义问题时,从社会生产力水平出发,以生产关系为重要依据,对不同时期、不同阶级所持正义价值观进行考察,并通过对现实的资本主义生产关系的科学分析,揭示了资本主义必然灭亡的命运及其非正义性,展示了其正义思想的唯物史观视角。马克思主义认为正义的本质从根本上来讲体现了不同阶级的利益以及人类文明发展的一种社会关系。

马克思主义指出,个人“不是处在某种虚幻的离群索居和固定不变状态中的人,而是处在现实的、可以通过经验观察到的、在一定条件下进行的发展过程中的人”①。因为“人的本质不是单个人所固有的抽象物,在其现实性上,它是一切社会关系的总和”②。马克思主义将人们生活的社会关系以及社会物质内容放归到正义的视野之中,这样的正义具有强大的社会基础。现实的人从事不同的社会劳动,形成不同的社会关系,因而马克思主义认为资产阶级奉为永恒真理的正义、平等、权利等实际上是资产阶级的法权,从而对资本主义社会所倡导的“永恒的正义”或“自然的正义”进行了深刻的批判和辛辣的讽刺,并认为只有在商品交换这一领域中“占统治地位的只是自由、平等、所有权和边沁”③。

在马克思、恩格斯的诸多著述中,可能会经常见到对“永恒正义”“自然正义”等的深刻批判,但绝不可把这种对抽象正义和剥削阶级正义观的批判,理解为对正义本身的否定。实际上,马克思、恩格斯多次肯定“平等”“自由”在资产阶级革命中的伟大作用,认为平等和自由的口号本质上是商品经济发展的产物。然而,历史上正是由于资产阶级面对封建主义的剥削和压迫追求自由和平等,才实现了社会形态的变革,但这种自由和平等并不是全人类的,而是资产阶级的自由和平等。马克思、恩格斯认为私有制存在的条件下,自由平等只是纯粹形式上的。正如前文所述,在马克思、恩格斯看来,正义和劳动是密不可分的。在资本

① 中共中央马克思恩格斯列宁斯大林著作编译局.马克思恩格斯选集(第1卷)[M].北京:人民出版社,2012:153.

② 中共中央马克思恩格斯列宁斯大林著作编译局.马克思恩格斯选集(第1卷)[M].北京:人民出版社,2012:135.

③ 中共中央马克思恩格斯列宁斯大林著作编译局.马克思恩格斯文集(第5卷)[M].北京:人民出版社,2009:204.

主义制度下，劳动者从封建制农民对地主的依附关系中解脱出来，并在市场上出售自己的劳动力，资本家按照市场经济运行赋予劳动力的价值购买劳动力，表面看起来这是劳动者与资本家自由平等的选择，不过，资本主义的发展所带来的不平等在马克思、恩格斯看来是更深层次的。马克思主义认为只有在消灭分工、私有制和异化劳动的共产主义社会，每一个人都能自由全面发展，社会正义才真正实现。

总之，在马克思主义看来，正义是特定的历史条件和社会的经济结构所派生的意识形态的一个部分，判定某一社会制度是否公正，不能脱离于这个社会的具体现实，也不能试图寻找一个放之四海而皆准的绝对法则来作为依据，而是要考量这一制度的形成基础以及具体运行情况，即从其生产力的发展水平、生产关系是否符合生产力的发展水平以及在此基础上形成的经济结构和经济关系来评定。

2. 历史性

马克思主义认为，从时间的一维性来看，历史性是事物发展以及人存在的必然，无论是自然界还是人类社会只有经由过去的历史才会发展到当下的现实、进展到未来。正义是一个历史范畴，是人类社会历史发展到阶级社会以后才出现价值追求，也必将在共产主义社会真正实现社会正义之后消亡。这是马克思主义正义论的一个重要观点。马克思主义从历史唯物主义的角度出发对正义观念进行了考察，认为以往都只把正义当作一种意识形态，但探讨社会正义问题不应该到正义理念中去寻找，而应该从社会的物质生产及其社会关系中寻找。不是社会正义产生了社会生产，恰恰相反，是社会生产产生了正义秩序和正义观念。由于社会生产总会伴随社会实践中人的需要而变化，因此，当经济基础发生变化时，社会的正义秩序和正义观念也会随之变化。马克思主义认为，不存在普遍的正义，正义总是与一定的社会生产力与社会制度相联系。在阶级社会里，正义始终是一定阶级的正义。马克思主义在用正义这一概念来揭露资本主义制度的非正义性以及社会主义和共产主义的必然性时，是把正义作为人类活动的价值追求与理想社会所要达到的目标来加以论证的。也就是说正义社会是人们所希望达到的一种理想状态,马克思主义对理想社会的设计体现了对人类正义这一终极价值的关怀。

总之,并不存在所谓的"永恒正义"。正义的内容会随着社会时代的发展而不断变化,不同时代对于正义的理解尤其是对正义的评判标准的理解是不同的。唯物史观的正义观所反映的是历史条件下的生产方式、生产关系的客观要求,而非某种永恒不变的理性观念。马克思主义正是站在历史发展的高度,强烈地谴责了资本主义社会的非正义,并认为只有到了共产主义社会,人类才能获得真正的自由和解放,实现社会正义。马克思主义所设想的共产主义,其基本特征包括:物质财富极大丰富,消费资料按需分配,社会关系高度和谐,人们精神境界极大提高,实现从必然王国向自由王国的飞跃,每个人都得到自由而全面的发展。这些特征既包含了对未来社会社会实践的构想,也包括对未来社会价值追求即社会正义、自由等的构想。

关于资本主义生产方式的"正义",我们认为这样的正义在实践中是无法实现的,因为它缺乏道德理论和实践的统一。而共产主义生产方式则与生产实践相统一。共产主义社会中人的发展是建立生产力高度发展、生产资料公有制基础上的每一个人的自由而全面的发展。马克思主义认为,在共产主义条件下人摆脱以往奴隶制社会、封建制社会、资本主义社会的经济形式与政治制度的束缚,实现了人的"自由个性"的发展。这种发展是全面发展,不仅是个人的全面发展还是类群体的全面发展,不仅是人的能力的发展还是人的社会交往、社会关系的发展,不仅是人的价值还是人的本质的确证与充分发展。这种自由而全面的发展是全体社会成员的共同发展,或每一个社会成员的发展,而不是少数个别人的发展,或一部分人的发展。社会发展不再以牺牲某些个人的发展为代价,真正实现了人与人之间的平等。

由于马克思主义历史唯物主义范畴中的"历史"是把自然界以及人类社会当作"过程"来理解的,因此,马克思主义所强调的正义不是脱离于历史发展从人性中推演出来的超历史的抽象范畴,而是受生产方式制约的具体的历史的范畴。马克思主义认为正义原则是历史地变化着的,正是由于这种对待正义问题的态度，马克思主义对资本主义制度进行了道德批判。但“道德主义”者和“非道德主义”者双方都没有认识到资本主义是相对于封建主义的历史进步性及其本质的非正义性的辩证统一。用道德抨击资本主义与正义的相对性之间并不矛盾，这是马克思主义分析问题的一种辩证方法。因此，如果对正义原则进行抽象理解，就会出现某种独立于生产力、生产关系以及社会制度之外的抽象不变的正义原则，从而使其成为抽象的概念。但正义是不能从它所属的社会历史条件中抽离出来而获得单独理解，因而正义原则是历史的和相对的，是会随着统治主体的变化而发生改变。但需要注意的是，具体的、历史的正义原则也是有其产生和存在的客观条件的。

3. 阶级性

西方学者关于“马克思是从社会生产维度切入剖析正义的”这一论点，并没有达成一致性共识。“如胡萨米就认为，正义不仅受制于占主导地位的生产方式，而且有其阶级性……胡萨米说的是事实。”①正义是属于统治阶级的，对被统治阶级来说只有非正义。布坎南（Allen Buchanan）对此提出了这一命题：正义是阶级社会的产物。“一个既定的正义观念只随特定的生产方式而产生，并作为一种意识形态支持服务于特定的生产方式，且既然生产方式是暂时的历史产物，那任何正义观念将不可能适用于所有时代、所有社会的所有的人，甚或是所有的理性的人。”②布坎南的这一命题有它的文本根据，马克思在《1848 年至 1850 年的法兰西阶级斗争》等文章中就指出了正义的阶级性问题。“平等仅仅存在于同不平等的对立中，正义仅仅存在于同非正义的对立中”③，并因处于不同的生产关系与社会制度之中，正义具有不同的要求，代表着不同统治阶级的利益。恩格斯也曾指出，在资本主义社会，“资产阶级的平等要求也由无产阶级的平等要求伴随着”④。

---

① 林进平. 正义在马克思思想历程中的遭遇[J]. 哲学研究，2009(6)：17－23.

② [美]艾伦·布坎南. 马克思与正义[M]. 林进平，译. 北京：人民出版社，2013：192.

③ 中共中央马克思恩格斯列宁斯大林著作编译局. 马克思恩格斯全集（第一版，第 20 卷）[M]. 北京：人民出版社，1971：670.

④ 中共中央马克思恩格斯列宁斯大林著作编译局. 马克思恩格斯选集（第 3 卷）[M]. 北京：人民出版社，2012：484.

自由主义理论家用一种假设的、抽象的自然状态、原初状况讨论“永恒的正义”，与他们不同，马克思主义把对正义的讨论置于历史的长河中。生产关系集中表现为物质利益关系，私有制的存在必然导致经济地位的不同，因此就会产生反映不同阶级立场和利益要求的不同的正义理念。奴隶制社会既有反映奴隶主阶级主张的正义也有反映奴隶阶级主张的正义；封建制社会既有反映封建主阶级主张的正义也有反映农民、农奴阶级主张的正义；资本主义社会中既有反映资产阶级主张的正义也有反映无产阶级主张的正义；在社会形态混合存在的情况下，代表各自利益的阶级也都会提出对这个有益的正义见解，也就出现了不同正义原则并存的情况。对此，恩格斯指出：“这个公平则始终只是现存经济关系的或者反映其保守方面，或者反映其革命方面的观念化的神圣化的表现。”①“希腊人和罗马人的公平认为奴隶制度是公平的；1789 年资产者的公平要求废除封建制度……所以，关于永恒公平的观念不仅因时因地而变，甚至也因人而异。”②马克思主义认为，在阶级社会里，正义始终是一定阶级的正义。马克思主义分析了资本主义国家的阶级性质，认为在资本主义制度下无产阶级的利益得不到保护，大多数人的利益无法得以保护的国家不能称之为真正的共同体。正义作为国家制度的基本理念，对于不同的阶级其意义是不同的。因此，在马克思主义看来，正义具有阶级性，而这种阶级性是通过物质生产及生产关系表现出来的：“在每个历史地出现的社会中，产品分配以及和它相伴随的社会之划分为阶级或等级，是由生产什么、怎样生产以及怎样交换产品来决定的。”③

因此，唯有通过消除阶级对立和矛盾，才能真正使社会制度的正义原则对整个社会发挥基础性的作用。

---

① 中共中央马克思恩格斯列宁斯大林著作编译局. 马克思恩格斯选集(第 3 卷)[M]. 北京：人民出版社，2012：261.

② 中共中央马克思恩格斯列宁斯大林著作编译局. 马克思恩格斯选集(第 3 卷)[M]. 北京：人民出版社，2012：261.

③ 中共中央马克思恩格斯列宁斯大林著作编译局. 马克思恩格斯选集(第 3 卷)[M]. 北京：人民出版社，2012：797.

4. 革命性

马克思主义的正义观是革命性的。因为消除阶级对立和矛盾、实现社会制度的更替意味着必须以社会革命为基础,因而马克思主义拒绝在资本主义社会制度内讨论社会正义问题。在资产阶级提出消灭经济特权时,无产阶级早就提出了消灭经济本身的平等要求。马克思主义认为,剥削是资本主义的本质,这是由资本的本性和资本主义社会的基本矛盾决定的。因此,无产阶级提出消灭资本主义经济,铲除不正义的根源。事实上,人与人的真正平等只有在消灭了阶级以后才能真正实现,这时人与人之间的差别消亡,国家消亡,全人类都得到了解放,这也正是无产阶级运动的最终价值旨向。

因此,马克思主义关于正义问题的阐述从其目标上来说,是关于人的自由而全面发展的社会变革理论。马克思主义认为正义就是人与人之间实质上的平等,即每个人在经济、政治、法律等方面全面的平等,反对任何特权的存在。马克思主义反对改良主义,反对仅仅只关注分配正义问题,虽然也提倡无产阶级在分配端(获得更高的工资、享受更好的社会福利等)与资产阶级展开斗争,但马克思主义认为这仅仅触及了表面问题,对于解决社会非正义问题来说是远远不够的,找到问题的根源所在才是最根本、最重要的任务。马克思主义通过异化劳动理论、唯物史观以及剩余价值理论的分析,认为私有制是这一问题的根源,因此,所有无产阶级不仅要针对工资问题、失业问题、福利问题等进行斗争,更为重要的是针对资本主义私有制进行革命,只要不消灭资本主义生产资料私有制,工人阶级与无产阶级之间的不平等就无法彻底消除。因此,按马克思主义的观点来看,社会正义的实现关键在于调整和变革生产关系,而不是只关注个人和个人之间的分工和协作关系的调整和变革。马克思、恩格斯蔑视在资本主义制度内仅仅诉诸于正义的价值追求,认为这并不能改变任何问题,甚至有可能走向歧途。

一方面,马克思主义指出要实现真正意义上的自由和平等必须消灭财产私有制。马克思主义认为资本主义是一个非正义的社会制度,这种非正义现象之所以产生并长久存在是因为私有制的存在。资本主义制度反映的是资产阶级的利益,资产阶级所奉行的所谓政治权利的平等只是形式上的平等,而不是实质上的平等。私有制造成资产阶级对无产阶级的剥削，由于无产阶级所处的经济地位不同，即使有了所谓的平等公民权，也无法在现实中得以实现。可以说，只要私有制和雇佣制存在，资产阶级的正义就只能是虚假的。因为"平等应当不仅仅是表面的，不仅仅在国家的领域中实行，它还应当是实际的，还应当在社会的、经济的领域中实行"①。资本主义所谓的"正义"只是资本的"正义"，是资产阶级的"正义"。因此，马克思主义主张通过无产阶级通过革命的手段消灭资本主义私有制，建立社会主义公有制的社会正义制度来实现真正的自由和平等。不过，对于马克思主义经典作家所阐述的这些社会主义经济制度的基本特征，我们要从方法上有一个清醒的认识。

（1）廓清消灭生产资料私有制的层面性质。马克思主义阐明过两种私有制，一种是占有生产资料者自己劳动的私有制；一种是占有生产资料者自己不劳动但通过雇佣他人劳动的私有制。前一种私有制实际上是劳动者生存的物质条件，这与社会主义原则是不矛盾的。后一种私有制，在资本主义制度下被用来当作剥削的物质手段。现在的情况说明，前一种私有制在社会主义初级阶段仍然具有广阔的发展空间。在两种私有制存在和发展时期，需要保护合法的私有财产。保护合法私人财产的原则，符合正义的价值观。

（2）廓清消灭生产资料私有制与建立公有制的关系。马克思主义经典理论家认为，消灭生产资料私有制的认识论方法是对所有制的扬弃，是既克服又保留。资本主义越发展，越能为资本增殖以及社会进步创造出有利条件，越能促进生产力水平的提升，其社会化的程度也就越高，但这就使得与私有制之间的矛盾越来越尖锐，从而为无产阶级革命的产生与公有制的建立奠定了物质基础。

（3）廓清生产资料的所有制结构与社会性质之间的关系。所有制结构是指一定的社会形态中各种所有制形式的总和，反映的是社会经济由哪些成分构成。因此，一个社会的所有制结构并不是由一种所有制形式构成的，而是多种所有制

① 中共中央马克思恩格斯列宁斯大林著作编译局. 马克思恩格斯选集（第 3 卷）[M]. 北京：人民出版社，2012：484.

共同构成，但在多种所有制形式中存在着一种占据主体地位的，其他所有制形式也是社会经济的重要组成。而占据主体地位的所有制形式决定着这个社会的性质，正如无论是资本主义国家还是社会主义国家，都是这种混合型的所有制结构，但资本主义国家是私有制占主体地位，社会主义国家是公有制占主体地位。

另一方面，马克思主义拒绝在资本主义制度内探讨正义问题，提出无产阶级是人的解放的实际力量。剥削是资本主义的本质，这是由资本的本性和资本主义社会的基本矛盾决定的，资本主义越发展，这种剥削也就越隐秘而严重。因此，必须铲除不正义的根源。“共产主义社会是比以往一切社会都更加正义的社会，要建立这样的社会，必须通过无产阶级革命。当资本主义生产关系落后于生产力发展水平时，通过无产阶级革命改变生产关系就是一个必然的选择。”①这时革命就是唯一的选择。无产阶级只有通过革命才能消灭阶级、消灭剥削、颠覆资本主义的政治统治，最终建立社会主义制度才能真正实现社会正义。由于马克思主义的理论焦点并不是要建构一种理想的正义价值观念，而是在基于现实的基础上找到变革的实践路径和主体力量，因此，马克思主义的正义理论是脱离了抽象的人道主义的历史唯物主义理论。

因为共产主义社会生产力的高度发达可以使每一个人的物质需求都得到充分满足，并且这种需求的满足不是以出卖劳动力为基础，而是以公有制和自由自觉的劳动为基础，因而个人的利益与社会的利益是统一的，社会也就不再会出现因为个人利益或是某个集团的利益与社会利益相冲突而进行暴力革命的现象。于是，到了共产主义社会，阶级被消灭，阶级剥削和阶级压迫也就不存在，阶级斗争也随之消失。这样的社会制度正是社会正义所要求的。

（三）马克思主义正义观的方法论

综合国外学者对马克思主义正义问题的讨论和研究，可以说，大多数学者都误读了马克思、恩格斯对正义问题的方法论解读。马克思、恩格斯等经典理论家

---

① 中共中央马克思恩格斯列宁斯大林著作编译局. 马克思恩格斯选集（第 3 卷）[M]. 北京：人民出版社，1995：305.

对正义问题的阐述，运用的是历史辩证法，这一方法强调历史尺度和价值尺度、科学性和价值性的统一。

“道德主义”者和“非道德主义”者对马克思主义正义理论的理解是不同的，而且各自都能在马克思主义的著作中找到文献支撑，因此，有学者怀疑这种争论是由马克思本人造成的。其实，“在讨论正义问题时，马克思确立了一种以物质利益和客观关系等客观性的东西说明正义原则的方法。这种方法使他能够在强调正义之历史性的同时避免陷入相对主义的陷阱”①。因而，马克思主义正义观实现了历史尺度和价值尺度的统一。

正义具有历史性，正义的实现具有阶段性。从历史的层面看，正义是社会历史发展的产物，在不同的社会历史时期具有不同的表现形态，也就是说，随着人们对资源的获取、占有、分配方式的改变，正义形态本身也将随着历史的进一步演化而被超越。可以说，在不同的社会经济发展的不同时期需要解决的问题不同，正义的内涵当然也不同。因此，在特定的历史条件下存在着各种不同的价值观，而其中哪些是正义的？哪些是非正义的？这一判断标准只能通过它们与生产制度的关系来把握。

马克思主义既不是“道德主义”者也不是“非道德主义”者，由于争论的双方都没有对马克思主义正义观进行全面理解，才造成了“正义之争”，但这并不说明马克思主义理论本身在正义问题上存在着前后矛盾的情况，而只能说明争论者们分析方法的错误以及对辩证法的忽视。罗伯特·塔克尔（Robert C. Tucker）和艾伦·伍德（Allen W. Wood）对马克思主义社会正义的阐释偏重的是道德在生产方式中的作用，他们的理解偏离了马克思主义把道德看成是在生产过程中人的实践的结果。马克思主义正义原则是建立在历史唯物主义基础上的生产实践和道德诉求的辩证统一，“马克思并没有因要求一个更高的善而否定在特定的历史时期内追求政治正义的必要性，因为在他那里这种追求本身就是超越政治正义

① 王新生. 马克思是怎样讨论正义问题的？[J]. 中国人民大学学报，2010(5)：62－70.

的历史实践的一部分"①。从生产方式决定正义等道德原则来看,马克思主义确实持有某种正义观,因为,在无产阶级反对资产阶级的斗争中就包含着自己的正义观。马克思主义认为,资本主义社会的基本矛盾是生产的社会化与生产资料私人占有之间的矛盾,只有废除生产资料私有制才符合最广大多数人的利益,符合社会正义的要求。但这并不是说在任何社会都追求共产主义社会的社会正义,因为正义与一定的生产关系、社会制度密切相关,无论是超前于还是落后于生产力、生产关系的正义都是不值得追求的。

总之,马克思主义从来没有形而上学地谈论过正义的历史的尺度和道德的尺度、超越的层面与现实的层面。可见,马克思主义是在不同层面上处理正义问题的。因此,可以说,马克思主义并没有把正义看成是独立的存在。在马克思主义的著作中,"正义"一词是与批判建立在私有制基础上的资本主义制度与资产阶级正义价值紧密相连的。任何对马克思主义正义问题的简单作答都可能是一种误读。

1. 正义是一种价值观念

有学者认为马克思主义理论中的正义是一个已经发生或者正在发生的问题,而另有观点则认为正义是一个价值性问题。其实,在马克思、恩格斯看来,正义首先是一种价值观念。马克思主义认为正义作为一种理念,它从人类自身的需要出发,回答作为具体正义层面所指向的终极目的,体现出人们在正义各个领域所寄寓的理想和价值。因此,正义作为具有理想性的价值,并不是虚构的乌托邦,它以一定的生产力水平和社会经济结构为其现实基础,是在一定社会历史中的人们根据以往的实践经验所积累的知识预见到有可能实现或应当实现的事物的属性和作用,是人们经过合乎价值理性的思索之后构造的理想化的图景,是存在于观念之中的值得人们不断逼近的目标,是人类社会共同追求的理想目标。理念正义的价值体现了人类实践活动中人的意志、愿望达到内容的先在性、先导性特征。理念正义看上去似乎不具有现实性,但又无时无刻不以一种神奇的方

---

① 王新生.马克思超越政治正义的政治哲学[J].学术研究,2005(3):61-67.

式切入人的生活。正义作为一种理想,激励着不同时代的人去追寻、去探索。在对正义的期冀中,包含着对现实不平等的批判,也包含着对平等、自由的渴望,任何社会的存在以及对它的所有批判中都包含着正义的理念。

马克思指出:“流通中发展起来的交换价值过程,不但尊重自由和平等,而且自由和平等是它的产物,它是自由和平等的现实基础。作为纯粹观念,自由和平等是交换价值过程的各种要素的一种理想化的表现;作为在法律的、政治的和社会的关系上发展了的东西,自由和平等不过是另一次方上的再生产物而已。”①从这句话里,我们可以看到马克思、恩格斯把正义看作是一种观念性的存在,也看作一种事实性的存在。从资本主义的法律关系、政治关系以及生产关系的角度考察正义,可以得出资本主义非正义理应得到解决的结论,但如果把正义问题仅仅诉诸“应该”的层面也是不合理、不科学的。在马克思主义对于事实与价值的观点是:“价值判断”必须建立在“事实判断”的基础之上才有具有合理性、科学性。在马克思主义那里,正义既是一种价值观念,也是一种制度。

2. 正义是一种制度

在马克思、恩格斯看来,正义是一种价值观念或价值判断,但是如果仅仅从理念本身来考察正义是不够的,因为它对于实现人类解放的目的来讲并不是实现解放的物质前提,也就是说它不是人类解放的充分条件。正义问题在马克思主义那里是从理论与实践的统一关系中对表面征兆问题、深层问题的揭示。在马克思、恩格斯视野中的正义不仅属于观念性的存在,同时也是一种制度性的现实。正义永远也不会脱离社会经济政治条件的限制,没有所谓价值中立的制度,任何制度都预设了某种价值取向,并导致某种社会合作模式。

马克思主义认为价值判断的基础是对物质生产的反映。“在法学家和盲目相信他们的人们眼中,法的发展就只不过是使获得法的表现的人类生活状态一再接近于公平理想,即接近于永恒公平。而这个公平则始终只是现存经济关系

① 中共中央马克思恩格斯列宁斯大林著作编译局. 马克思恩格斯全集(第二版,第31卷)[M]. 北京:人民出版社,1998:362.

的或者反映其保守方面、或者反映其革命方面的观念化的神圣化的表现。”①恩格斯也指出:“在道德上是公平的甚至在法律上是公平的,从社会上来看可能远不是公平的。社会的公平或不公平,只能用一种科学来断定,那就是研究生产和交换这种与物质有关的事实的科学——政治经济学。”②这里,道德或法律上的公平是一种观念的存在,而社会的公平则是一种客观性或物质性的存在。

其实,马克思主义所说的资本主义条件下的工资关系,表面看起来是“公平交易”,但实质上只不过是表面的暂时现象。“公平交易”是资本家对工人无偿劳动的占有,根本不是现实中的真实交易。马克思主义通过对资本主义生产过程的分析揭示了资本主义公平背后隐藏着的真实的剥削关系。马克思主义说明了这种剥削关系是属于制度性的,并且是非正义的。剥削到底是正义还是非正义的盘点标准不是依据资本家是否违背了资本主义的正义原则,而是依据资本主义制度是否违背了劳动者应当享有自己劳动产品的贡献原则。马克思主义认为,人们根据各自的劳动贡献获得相应的劳动报酬是合理的,但资本主义的问题在于,资本自诞生之日起就是非正义的,在其运作过程中工人阶级也并不是所有的劳动都会获得报酬。因此,马克思主义认为,不应该离开社会制度问题来谈正义。要实现社会正义,其所在的社会制度本身必须是正义的。

3. 正义离不开人们的现实生活

“对于马克思而言,超越政治正义的政治哲学只是他的政治哲学的一个超越性层面,另一个层面则是对现实生活的正义关怀。并不像考茨基等人所说的那样,由于马克思将道德看作是反映经济基础的意识形态,因而就从根本上取消了对现实政治的正义与非正义进行伦理断定的问题。”③马克思主义从来没有混淆历史的尺度和道德的尺度、超越的层面与现实的层面,也从来没有机械地将其分

① 中共中央马克思恩格斯列宁斯大林著作编译局. 马克思恩格斯选集(第3卷)[M]. 北京:人民出版社,2012:261.

② 中共中央马克思恩格斯列宁斯大林著作编译局. 马克思恩格斯全集(第二版,第25卷)[M]. 北京:人民出版社,2001:488.

③ 王新生. 马克思超越政治正义的政治哲学[J]. 学术研究,2005(3):61-67.

离过。马克思主义并没有把正义思想置于思辨之中，而是把正义思想放归在现实之中，正是马克思主义这种精神与努力，才揭示了正义理念同现实的冲突关系。

总之，马克思主义经典理论家十分关注正义问题。尽管在马克思主义理论中我们很难看到对马克思、恩格斯对资本主义的非正义性以及正义价值追求做出系统论述，但这丝毫不妨碍他们持有一种正义观。马克思主义的正义观是通过分析与批判资本主义社会中资产阶级凭借原始积累建立起的生产关系优势，从而剥削雇佣劳动者的劳动而确立的，亦即以生产关系为基础的社会批判理论和社会建构理论。与此同时，马克思主义认为正义是与人类的物质生产活动、社会政治制度密切联系的，因而要求我们从具体的社会历史背景和特定的生产方式出发来定性和定位的社会正义，只有这样，才能清晰地表达革命阶级的要求，不是所有的阶级都要“消除一切社会的和政治的不平等”。

二、生态社会主义正义观的对比分析

生态社会主义经过不断地努力探索，逐渐形成了一种较为全面而系统的正义观，他们的正义主张更加完善，诸多主张也更加务实。不过，虽然生态社会主义对正义问题的研究紧扣当今世界发展的脉搏，但并不能说在资本主义框架内就能解决生态环境问题，生态危机的解决与社会主义之间存在着必然性的关联。对比分析的方法，首要前提是要弄清楚对比分析的对象，前文我们用了很大篇幅来说明生态社会主义正义观，也对马克思主义正义观进行了一定阐释。为了理论的全面性，现在我们必须澄清学界关于马克思主义正义观的一些争论，我们才能看清生态社会主义正义观对马克思主义正义观的误读，才能清醒并合理地选择其中的有益成分。辩证地、科学地对待生态社会主义正义观，对于推进中国马克思主义正义观的相关理论研究及其实践具有重要意义。

（一）西方学界关于马克思主义正义观的争论

在马克思主义的思想体系中，正义理论是一个不可缺少甚至是至关重要的核心理论。1989 年以后，随着东欧社会主义国家政权的相继垮台和苏联的解体，一些曾经被认为是传统社会主义国家实现社会正义的基本途径和方式,诸如:生产资料公有制、消灭剥削和收入平等问题受到了来自理论与实践各方面的挑战。面对挑战,世界大多数共产党和左翼学者力图为社会主义事业的继续发展提供坚实的规范道德基础和价值源泉,对马克思与正义问题以及马克思主义的社会正义理论重新作了历史的和现实的分析和研究,产生了两种截然相反的观点:一种观点认为马克思主义理论中没有正义观;另一种观点则认为虽然在马克思主义经典理论著作中并没有关于正义问题的系统论述,但是马克思主义的唯物史观包含了完整的关于正义的理论。"马克思对法权模式的拒斥是来自他对一个既定社会的基础和上层建筑之间关系的唯物主义观点的推论……在马克思那里,对一个社会的基本的生产力和生产过程的分析比起该社会的正义和权利概念以及它们赖以体现的法权制度,更能在总体上提供理解该社会的关键。"①无论这些观点是否正确,它们所引发的理论讨论都值得我们关注。因为面对当代社会生活的变化,国外马克思主义理论界的观点为我们重新认识正义问题提供了一个全新的视角。马克思主义所创立的唯物史观揭示了社会历史的必然性。不过,历史发展的必然性即规律的客观性与历史主体的正义意愿之间是什么关系?要解决上述问题必然不能回避一个很容易遭到人们质疑的问题,即马克思、恩格斯等经典理论家到底有没有提出过正义理论?如何看待马克思主义与正义的关系?国外马克思主义对马克思主义正义问题的解读是否到位?厘清这些问题并系统梳理和研究马克思恩格斯思想中关于正义问题的观点是本课题首先要解决的任务,如果对此类问题不加以界定与厘清,就容易造成研究视线上的混乱与理论认知的偏差。

1."马克思反对正义"还是"马克思赞成正义"

梳理和分析当代国外相关马克思主义正义问题的研究,不难发现国外的一些学派对马克思主义与正义的关系的探讨存在着分歧,从原因上分析主要有二:一是源于马克思主义对资本主义制度下资本家对工人的剥削的论述,在这些论

---

① [美]艾伦·布坎南.马克思与正义[M].林进平,译.北京:人民出版社,2013:67.

述中表达出了马克思主义所具有的正义感;二是源于马克思主义对自由、平等和正义持过批判的态度。因此,从立场上看,主要有“马克思反对正义”和“马克思赞成正义”两派,两派最具争议性的话题是:马克思主义是否从正义的角度将资本主义批判为非正义,用社会主义取代资本主义或在资本主义框架内寻求正义,两者表达的是同一正义观的不同理解还是两种截然不同的正义观?

“马克思反对正义”

塔克尔和伍德最早挑起关于马克思“反对正义”还是“赞成正义”的争论。1969 年塔克尔在《马克思主义革命观》中说:“马克思主义创立者的主要热情不是对公平的热情。马克思和恩格斯对资本主义的谴责不是基于反对不公平,他们没有把未来共产主义社会想象成公平王国。”①塔克尔的这一观点主要来自《哥达纲领批判》,他认为在此文本中马克思对“公平分配”的论述是这样的:“马克思宣布把‘公平的分配’‘平等的权利’和‘不折不扣的劳动所得’这样的口号,即‘把那些在某个时期曾经有一些意义,而现在已变成陈词滥调的见解作为教条重新强加于我们党’是‘犯罪’。”②据此,塔克尔认为马克思宣称拉萨尔派所主张的“公平的分配”“平等的权利”和“不折不扣的劳动所得”等为“陈词滥调”,说明了马克思“以‘剩余价值学说’对资本主义进行科学分析,目标对准其生产方式,而不是为了争取什么分配的公正。相反,马克思批判空想社会主义者和普鲁东、拉萨尔等人鼓吹公平分配的主张。此外,马克思企图建立的共产主义社会,也不是以正义和公平为目标,而是以改变生产方式为鹄的”。③ 由此,他认为马克思反对分配正义,是一个“非道德论者”。曾任美国康奈尔大学的道德哲学和神学教授的伍德支持塔克尔的观点,他于 1972 年发表了文章《马克思对正义的批判》。伍德认为,“正义”概念是有局限性的,不能错误地把“正义”概念看作是马克思主义批判资本主义社会、推崇共产主义社会的道德评价标准。伍德觉得自己的

---

① [美]罗伯特·查尔斯·塔克. 马克思主义革命观[M]. 高岸起,译. 北京:人民出版社,2012:59 - 60.

② [美]罗伯特·查尔斯·塔克. 马克思主义革命观[M]. 高岸起,译. 北京:人民出版社,2012:63.

③ 转引自余文烈. 分析学派的马克思主义[M]. 重庆:重庆出版社,1993:166 - 167.

观点能够得到文献的支持。他说:“一旦深入马克思、恩格斯著作中有关资本主义之不正义的详细描述时,我们便会立刻发现,在他们的著作里,不仅根本没有打算论证资本主义的不正义,甚至没有明确声称资本主义是不正义或不平等的,或资本主义侵犯了任何人的权利。”①伍德认为,在马克思、恩格斯那里“正义”概念根本就不是一个“道德”概念,而是一种“合法的”概念。“对马克思来说,交易或制度的正义与否,将依赖于它们与它们所隶属的那个生产方式之间的关系;某个生产方式中的正义制度,可能在另一生产方式中是不正义的。”②根据历史唯物主义的观点,经济基础决定上层建筑,附属于上层建筑内容的正义观念自然要服务于其所依赖的经济基础。马克思主义从生产力和生产关系的角度出发探讨正义理念,资本主义的“正义”概念源于资本主义生产方式,它是服务于资本与资产阶级的正义。因而,资产阶级剥削无产阶级是符合资本主义正义观的,我们不能单纯地以正义与否作为标准去评价资本主义。

伍德和塔克尔的观点被布坎南称为“塔克尔—伍德命题”。塔克尔—伍德观点提出后产生了重要的影响,一时间,对马克思与正义之间关系的讨论成为新的热点,从而引发了一场持续近半个世纪的大规模论战:一是“马克思赞成正义的”马克思主义的道德论者;另一个是马克思反对正义的“马克思主义的非道德论者”,代表人物有:塔克尔、伍德、米勒(Richard W. Miller)、塞耶斯(Sean Sayers)、克利尔(Andrew Collier)、斯金伦(Anthony Skillen)等。在马克思主义看来,正义是对法权概念的抽象,由于正义属于上层建筑,产生于特定的生产方式,因此,正义的衡量标准只能与生产方式相一致。所以说在马克思主义的思想中不存在关于正义的道德观,持此种立场的学者一般把马克思主义看作一种科学的理论形态。

“马克思赞成正义”

相反,“马克思主义道德论者”认为,虽然马克思主义并没有阐述道德理论的

---

① [美]艾伦·伍德.马克思对正义的批判[J].林进平,译.马克思主义与现实,2010(6):39-47.

② [美]艾伦·伍德.马克思对正义的批判[J].林进平,译.马克思主义与现实,2010(6):39-47.

专著,但在马克思主义的思想理论中却包含有丰富的道德价值,马克思主义谴责资本主义是非正义的。马克思主义的正义观是以马克思主义的道德观为理论基础的,从马克思的道德观中可以推出他的正义标准,即无产阶级的正义标准。马克思主义根据分配正义原则揭露了资本主义社会的非正义性。持这种观点的人很多,其中主要是一大批关注马克思主义正义理论的学者和分析的马克思主义者,主要有柯亨(G. A. Cohen)、罗默(John E. Roemer)、肖(William Shaw)、杰拉斯(Norman Geras)、埃尔斯特(Jon Elster)、杨(Gary Young)、胡萨米(Z. I. Husami)、赖特(Erik O. Wright)、艾伦(D. P. H. Allen)、布坎南、布伦克特(G. G. Brenkert)、卢克斯(S. Lukes)、艾瑞森(R. J. Areson)、尼尔森(Kai Nielsen)、王尔德(Lawrence Wilde)等。总的来看,他们对马克思正义观的理解出现了两种观点:一种观点认为,正义是一个法律概念,由特定的生产方式决定,因此,从资本主义自身的生产方式来看,资本主义社会就是正义的;另一种观点认为,资本家对工人剩余价值的无偿占有显然是一种不正义。他们所争论的主要核心议题如下:

(1)马克思是否对资本主义的非正义性进行了批判?

(2)马克思对资本主义的批判是否是道德批判?如果是,那么其道德标准是什么?

(3)如何看待剥削与正义,与此相联系共产主义是否超越了正义?

对于上述三个问题"马克思主义非道德论者"认为,马克思主义始终谴责资本主义的正义、平等、权利等抽象概念和对意识形态的幻想。伍德认为,马克思是在唯物史观基础之上对正义概念进行批判的,正义内在于生产方式之中。因此,判断一种社会制度是否是正义的,只能取决于具体的生产方式状况,取决于生产方式与社会制度之间关系的状况。由于生产力决定生产关系,经济基础决定上层建筑。可以说,生产方式决定正义的观点,因此,可以从资本主义的生产方式出发得出资本主义是不正义的。可见,"正义不是人类理性抽象地衡量人类的行为、制度或其他社会事实的标准。毋宁说,它是每种生产方式衡量自身的标准。它只是在特定的生产方式背景下呈现于人类思维中的标准”①。因此，根据马克思主义的正义标准，尽管资本主义剥削是罪恶的，但却符合资本主义正义。由此，可以说，不能离开社会生产方式而抽象地谈论正义。马克思主义认为正义问题并不是一个规范的问题，因此，马克思主义正义观是对一种生产方式的运行基础所依赖的基本原则的描述。马克思主义对资本主义非正义的批判是建立在非道德的善的基础之上的，是基于人类历史立场上的谴责和批判。

“马克思主义非道德论者”还认为，马克思、恩格斯没有为未来社会规定具体法则，也没有为未来社会设计具体的正义制度。马克思、恩格斯认为共产主义社会将消除资本主义正义的基础和条件，随着物质产品的极大丰富共产主义将从根本上解决正义问题。塔克尔指出，马克思所构想的共产主义社会是一个消灭了阶级与国家的社会，消灭了各种剥削与压迫的社会，这是以生产力发展为前提、以人的发展为目标、以生产资料所有制变化为手段而形成的，并不是仅靠正义原则建立起来的理想社会。马克思主义指出，在阶级社会由于它“还带着它脱胎出来的那个旧社会的痕迹”，因此，这些社会不可避免会存在弊端。但是，到了共产主义社会，由于分工将消失，生产力也得到了充分的发展，并实行各尽所能，按需分配。在“马克思主义非道德论者”看来，马克思主义是从正义的功能视角出发定义正义，也就是说，正义不是主张分配制度的结果和效果，而是在强调生产行为、商品与服务分配等是否与生产方式相适合。因此，资本主义的正义只适合于资本主义的生产方式，符合资产阶级的要求，而推翻资本主义就是无产阶级在历史发展过程中为适应生产方式提出的要求，而不仅仅因为资本主义本身的非正义性。对于这种观点，甚至有些学者将其极端化，认为马克思主义所构想的共产主义不存在正义：“用社会主义术语对正义的边际性最简明的解释是，在共产主义社会，正义的所谓‘条件’已经不复存在：需要分配的物质不再匮乏，没有冲突需要解决，没有惩罚和激励的制度需要实施。于是，在共产主义社会，没有正义和非正义的观念存在的空间，因为社会已经把这些观念可以发挥作用的历

① ［美］艾伦·伍德. 马克思对正义的批判［J］. 林进平，译. 马克思主义与现实，2010(6)：39－47.

史阶段抛在了后面。”①

针对于“马克思主义非道德论者”所回答的三个问题，胡萨米和柯亨等学者认为马克思持有正义观念。他们认为，马克思不仅对资本主义剥削持强烈批判的态度，而且马克思也是以一种新的正义标准来规范和建构未来社会的社会生活。“马克思主义道德论者”指出，以伍德为代表的学者曲解了马克思关于道德的理论，他们认为马克思把社会决定作为正义的判断标准。伍德等人认为马克思论述规范时仅仅联系生产方式，但实际上，马克思认为的上层建筑要素由两个层次决定，“一是生产方式（或社会的类型），另一是他们所代表的阶级利益”②。马克思主义不仅仅联系生产方式还联系了生产方式内的各社会阶级利益。由于阶级的存在所决定的不同立场，正义就存在不同的形式。不同阶级的正义观会随着历史发展和阶级利益的变化而变化，某一阶级在上升时期的正义观是先进的，但由革命阶级转变为没落阶级时其正义观就会变得落后。因此，“在马克思的说明中，无产阶级和他的代言人运用无产阶级的正义标准来批判资本主义的分配，这是有效的”③。

对于共产主义社会，马克思主义依据的是什么正义原则呢？胡萨米认为，马克思在《哥达纲领批判》中提出了“按劳分配”和“各尽所能，按需分配”两种分配原则，在社会主义社会实行“按劳分配”，共产主义社会条件成熟时则实行“各尽所能，按需分配”。马克思以这种分配正义原则来批判资本主义社会的不公正。“对于马克思，社会主义正义与平等紧密相连，而共产主义正义则与自我实现相联。”④所以，马克思主义认为共产主义社会是正义社会。

马克思、恩格斯到底有没有阐述过自己的正义理论，我们并不能仅仅从字面上寻找、得出关于正义的理论。伍德、布坎南等“马克思主义非道德论者”虽然指出正义具有阶级属性以及意识形态性，但却否认马克思主义的正义的本质，这从

① 转引自马俊领，魏娟. 论埃尔斯特对马克思正义理论的重建[J]. 社会科学家，2010(1)：134-137.

② [美]齐雅德·胡萨米. 马克思论分配正义[J]. 林进平，译. 马克思主义与现实，2008(5)：14-21.

③ [美]齐雅德·胡萨米. 马克思论分配正义[J]. 林进平，译. 马克思主义与现实，2008(5)：14-21.

④ [美]齐雅德·胡萨米. 马克思论分配正义[J]. 林进平，译. 马克思主义与现实，2008(5)：14-21.

理论上看是不谨慎的。“马克思主义道德论者”的基本主张虽然认为马克思主义内含正义理念，指出正义具有某种非意识形态性，概括了马克思主义对正义问题的某些基本主张，但他们更多从自然权利的角度进行论述。严格来说，这双方都不过是抓住了马克思主义立场的不同方面。从历史背景、社会条件来看，两派的争论都有想借助马克思主义的批判精神为新型资本主义社会扫除障碍的西学立场。所以，由“马克思主义是否具有正义观”所引发的相关正义理论研究，在各自的领域内都很深刻，但总体来讲又不彻底。马克思主义批判资本主义是对事实的描述和理解，并在其中穿插了判断和评价。就劳动问题而言，一方面，劳动被认为是资本主义非正义的基本寄存的场所；另一方面，劳动也是资本主义异化的主要场所，前者可以被看成是对资本主义的正义论批判理论，后者则可以看成是对资本主义的异化论批判的理论。

无论是“马克思反对正义”的伍德派，还是“马克思赞同正义”的胡萨米派，两种观点都分别引用了马克思主义文本中的话来佐证他们各自的观点。那么，我们如何看待和理解马克思主义对正义问题的研究呢？抑或说，我们如何透过马克思、恩格斯的文本，深入、彻底挖掘马克思主义拒斥、批判的是什么样的正义？从而理解马克思、恩格斯批评的是谁之正义，这是我们必须弄清楚的另一个重要的问题。

2. 马克思主义批判的是什么样的正义？谁之正义？

作为历史唯物主义者的马克思和恩格斯确实如伍德所说的批判了正义、权利等道德观念，马克思和恩格斯是在什么意义上拒斥正义的？批判的是什么样的正义？谁之正义？

马克思主义批判的是抽象空洞的“正义”

从对正义的一般界定来看，正义是人们追求的目标，所以似乎是不应当被批判的。以历史唯物主义的方法考察正义，其理论基础是唯物史观和剩余价值学说，马克思主义反对和批判的“正义”有其特定的内容，从理论角度上来看，马克思主义所批判的是理论家们脱离于具体实际滥用抽象空洞的“正义”概念；从现实角度来看，马克思主义是针对自由主义的或者说资本主义社会的特定的“正义”，是对资产阶级建立在不平等基础上的“正义”原则的批判；从经济研究的角度，马克思主义所批判的是资本主义经济关系，尤其是对造成市场经济关系中无产阶级与资产阶级之间不平等的权利和地位的经济制度的批判。

马克思、恩格斯认为，正义与特定的历史时期和特定的社会阶段相连，永恒正义是不存在的。马克思主义之所以拒斥非正义，正是因为非正义是不合理的社会生产的产物，正义的诉求恰恰是非正义赖以存在的条件所无法满足的。马克思主义指出我们所强调的自由、平等、正义等是人类社会发展的产物。马克思曾指出：“生产当事人之间进行的交易的正义性在于：这种交易是从生产关系中作为自然结果产生出来的。这种经济作为当事人的意志行为，作为他们的共同意志的表示，作为可以由国家强加给立约双方的契约，表现在法律形式上，这些法律形式作为单纯的形式，是不能决定这个内容本身的，这些形式只是表示这个内容。这个内容，只要与生产方式相适应，相一致，就是正义的；只要与生产方式相矛盾，就是非正义的。在资本主义生产方式的基础上，奴隶制是非正义的；在商品质量上弄虚作假也是非正义的。”①从这个角度出发，马克思主义反对离开社会生产力与生产关系谈论正义和权利问题。生产资料所有制是现实的经济关系的基础，生产资料所有制决定了各所有者与劳动者之间的关系，进而决定了产品以何种方式分配。因此，对于私有制的正义性，我们认为私有制是在一定的生产力水平下产生的，并通过国家制度、法律法规等加以确定，由此保障了私人财产及其权利，并在不同程度上对人的私欲加以规范从而增加了社会产品与服务总量，有利于社会发展和人类进步。但是，私有制的正义性既不是天然的，也不是永恒的。从根本上说，私有制具有剥削性，它非但不利于实现人的本质，反而导致了人的本质的异化。由于资本主义经济制度的核心是生产资料私有制，它的基本特征是劳动者只拥有劳动力这个唯一的生产要素，而资产阶级拥有除了劳动力之外的其他全部生产要素，这种劳动者与生产资料相分离的资本主义生产

---

① 中共中央马克思恩格斯列宁斯大林著作编译局.马克思恩格斯文集(第7卷)[M].北京:人民出版社,2009:379.

关系，使不劳动的资本家能够无偿地占有劳动者所创造的所有价值，改变了独立劳动者占有自己劳动产品的规律。马克思主义批判了资本主义的私有制以及在此基础上形成的经济制度的不合理性和不正义性。马克思主义认为，在资本主义社会里，由于生产资料私有制，“任何一种所谓的人权都没有超出利己的人，没有超出作为市民社会成员的人，即没有超出封闭于自身、封闭于自己的私人利益和自己的私人任意行为、脱离共同体的个体”①。“所有权对于资本家来说，表现为占有他人无酬劳动或它的产品的权利，而对于工人来说，则表现为不能占有自己的产品。”②恩格斯在批判蒲鲁东的“永恒正义”时也指出，“而这个公平则始终只是现存经济关系的或者反映其保守方面，或者反映其革命方面的观念化的神圣化的表现”③。“资产者的平等（消灭阶级特权）完全不同于无产者的平等（消灭阶级本身）。如果超出后者的范围，即抽象地理解平等，那么平等就会变成荒谬。”④恩格斯同时还批判抽象正义观诉诸永恒正义、诉诸道德的做法，“在科学上丝毫不能把我们推向前进；道义上的愤怒，无论多么入情入理，经济科学总不能把它看作证据，而只能看作象征”⑤。

马克思主义批判的是资本主义社会下的特定“正义”

马克思在《1844 年经济学哲学手稿》中，批判了资本主义社会中普遍存在的异化劳动现象，他认为由于资本主义社会中生产资料的私有制使劳动者与生产资料相分离，进而出现了劳动者与劳动产品相异化、与劳动过程相异化、与人的关系相异化、与人的类本质相异化的全面异化现象，因而其社会关系也是一种全

---

① 中共中央马克思恩格斯列宁斯大林著作编译局. 马克思恩格斯文集（第 1 卷）[M]. 北京：人民出版社，2009：42.

② 中共中央马克思恩格斯列宁斯大林著作编译局. 马克思恩格斯文集（第 5 卷）[M]. 北京：人民出版社，2009：674.

③ 中共中央马克思恩格斯列宁斯大林著作编译局. 马克思恩格斯选集（第 3 卷）[M]. 北京：人民出版社，2012：261.

④ 中共中央马克思恩格斯列宁斯大林著作编译局. 马克思恩格斯文集（第 9 卷）[M]. 北京：人民出版社，2009：355.

⑤ 中共中央马克思恩格斯列宁斯大林著作编译局. 马克思恩格斯文集（第 9 卷）[M]. 北京：人民出版社，2009：156.

面异化的、非正义的社会关系。资本家无非执行着资本的增殖本能,他们通过技术革新、提高生产效率和发展生产达到追求占有交换价值的目的。虽然在这过程中资本推动了生产力的大发展,但发展的目的并不是实现人的价值和需要,而是服从于资本增殖的需要。因此,资本主义社会所谓的“正义”只是资本的“正义”,是资产阶级的“正义”。随着资本积累的不断进行,资产阶级对工人的剥削与压迫不断深化,工人阶级的劳动不断转化为束缚自身的“金锁链”。工人的工作环境、福利待遇等虽不断好转,但是工人所受到的奴役必然会越来越难隐蔽、越来越严重。“这种奴隶状态的顶点就是:他只有作为工人才能维持自己作为肉体的主体,并且只有作为肉体的主体才能是工人。”①马克思主义通过对资本主义生存方式的内部剖析,揭示了在资本主义生产方式中存在的只是“非人”,在资本主义社会中,人被物占有。因此,资本主义所谓正义,只能是形式上的正义,并且以此来掩盖事实上的非正义。

自由与平等向来是正义理论所讨论的核心议题,马克思主义当然也不例外,但是马克思主义对自由平等的讨论是立足于历史唯物主义的基础之上,从生产力、生产关系的角度出发去研究自由平等。“在马克思这里,从一开始,自由平等就不是一种出自主观意志的要求,而是社会经济运动的事实状态和发展趋势。”②马克思主义深刻揭露和批判了资产阶级所强调的自由、平等、正义观念的虚假性,“不要一听到自由这个抽象字眼就深受感动!这是谁的自由呢?这不是一个人在另一个人面前享有的自由。这是资本所享有的压榨工人的自由。”③马克思和恩格斯均引用摩尔根(Lewis Henry Morgen)《古代社会》中的论述,强调剥削阶级对被压迫阶级的剥削,“单纯追求财富就不是人类的最终的命运了……社会的瓦解,即将成为以财富为唯一的最终目的的那个历程的终结,因为这一历程包含

---

① 中共中央马克思恩格斯列宁斯大林著作编译局. 马克思恩格斯选集(第1卷)[M]. 北京:人民出版社,2012:52.

② 胡真圣. 两种正义观:马克思、罗尔斯正义思想比论[M]. 北京:中国社会科学出版社,2004:90.

③ 中共中央马克思恩格斯列宁斯大林著作编译局. 马克思恩格斯选集(第1卷)[M]. 北京:人民出版社,2012:373.

着自我消灭的因素……这将是古代氏族的自由、平等和博爱的复活,但却是在更高级形式上的复活"①。马克思主义还对资本主义经济中所特有的人表面的平等与实质的不平等进行了剖析。在马克思主义看来,在经济基础尤其是生产资料所有制上人们如果是不平等的,那么也就不出现在政治法律制度以及观念上的平等。同时,在私有制下,统治阶级还可以通过政治法律制度以及意识形态宣传不断加深不同阶级之间的不平等。因此,对于无产阶级来说,要改变在社会中的不平等地位,不仅仅是要进行政治社会变革,还要打破不平等的经济关系。正如恩格斯所说:"无产阶级抓住了资产阶级所说的话,指出:平等应当不仅仅是表面的,不仅仅在国家的领域中实行,它还应当是实际的,还应当在社会的、经济的领域中实行。"②因此,在马克思、恩格斯看来,资本主义社会的不平等是更深层次的。只有到达共产主义社会阶段,消灭了阶级、私有制和异化劳动,才能使"人的自由而全面发展"变成现实,人类的正义理想才能最终实现。

可见,马克思、恩格斯一生所针对的正义是对资本主义社会剥削关系这种非正义现象的批判,是抽象的正义,是资本主义的正义。这种批判是建立在对资本主义生产关系的科学分析基础之上的。因此,马克思主义的正义理论不是通过诉诸抽象的人性来揭示资本主义的非正义,而是通过分析资本主义社会中无产阶级同资产阶级的生产关系,通过分析资本主义社会的生产方式来揭示资本主义的非正义。可以说,在马克思主义的视域中,不存在脱离现实社会经济关系而存在的永恒的正义观。在不同的历史时期,正义的形式是不同的。在资本主义社会,"这个理性的王国不过是资产阶级的理想化的王国;永恒的正义在资产阶级的司法中得到实现;平等归结为法律面前的资产阶级的平等;被宣布为最主要的人权之一的是资产阶级的所有权"③。因此,资本主义的正义观产生于资本主

① 中共中央马克思恩格斯列宁斯大林著作编译局.马克思恩格斯选集(第4卷)[M].北京:人民出版社,2012:195.

② 中共中央马克思恩格斯列宁斯大林著作编译局.马克思恩格斯选集(第3卷)[M].北京:人民出版社,2012:484.

③ 中共中央马克思恩格斯列宁斯大林著作编译局.马克思恩格斯选集(第3卷)[M].北京:人民出版社,2012:392.

义生产方式，随着生产方式的不断变化，作为思想观念的正义也必将发生变化。可见，对马克思、恩格斯来说，任何一种正义理论，如果不谈其所在的具体的生产力、生产关系与社会经济结构现状，那就会沦为一种抽象的正义观。基于此，现在我们必须将生态社会主义正义观与马克思主义正义观进行对比分析，以说明其中优劣。

（二）生态社会主义对马克思主义正义观的丰富

马克思曾说："理论在一个国家实现的程度，总是取决于理论满足这个国家的需要的程度。"①生态社会主义以生态的视角对资本主义进行审视，并在此基础上提出了人与自然和谐发展的社会正义观。生态社会主义的正义观是为解决在新的历史条件下出现的新问题的一种新思路。在生态社会主义看来，他们并没有背离马克思主义的理论轨迹，他们的理论只不过是为解决生态危机而对马克思主义正义观的一种"补充"或"发展"。这一理论在一定程度上丰富了马克思主义正义观。具体来讲，丰富之处主要表现在以下几个方面：

其一，生态社会主义正义观佐证了马克思主义"两个必然"的论断。

马克思、恩格斯在《共产党宣言》中说，《宣言》的任务是宣告资本主义必然灭亡，社会主义必然胜利。马克思、恩格斯运用阶级分析方法将资本主义社会划分为无产阶级和资产阶级，又通过对资本主义生产和发展过程考察，揭示了资产阶级必然灭亡的历史趋势以及无产阶级作为革命主体的历史必然性。之后，又通过《资本论》等著作从政治经济学的角度论证了这一结论。

生态社会主义从生态危机的现实境遇出发，详细阐述了资本主义社会自身的反生态性和非正义性，认为资本主义制度因不可能解决日益严峻的生态危机而走向奔溃，并最终会被社会主义制度取代。科威尔明确指出："资本主义世界体系已经在历史上破产了，它变成了一个无法适应世界现状的帝国，其空前庞大

① 中共中央马克思恩格斯列宁斯大林著作编译局. 马克思恩格斯文集（第1卷）[M]. 北京：人民出版社，2009：12.

恰恰暴露其根本虚弱”①。

生态社会主义对资本主义的论证与马克思主义“两个必然”的论断殊途同归。马克思主义认为,资本主义社会的基本矛盾是资本主义制度难以克服的,它贯穿于资本主义发展过程始终,并外化为经济危机。在阶级关系上,生产的社会化与生产资料的私人占有之间的矛盾则表现为无产阶级与资产阶级的矛盾。这就使得,无产阶级作为革命主体必然不断推动资本主义的灭亡和社会主义的胜利。生态社会主义关于资本主义的“历史性崩溃”的论断更多的是基于资本主义双重危机论——经济危机和生态危机。第一类的矛盾(经济矛盾)和第二类的矛盾(生态矛盾)共同存在于资本主义的体系中,两者共同促成了资本主义的“历史性崩溃”。更准确地说,生态社会主义关于资本主义的“历史性崩溃”是基于“资本主义生产的无限性(包括自然资源在内的)与资本主义生产条件的有限性之间的矛盾”(第二类矛盾)。因此,本文以为,生态社会主义以生态为视角论证资本主义制度的非正义性,是对马克思主义以政治经济学为基点论证资本主义制度非正义性的丰富,是对马克思主义“两个必然”的新佐证。

其二,生态社会主义正义观丰富了马克思主义的“劳动价值论”。

马克思主义的劳动价值理论是目前价值学说史上最科学、最系统的理论体系。它认为,价值和使用价值是商品的两大基本属性。但使用价值所反映的是商品的自然属性,体现着商品能满足人们某种需要的功能,而价值则反映着商品的社会属性,体现着商品生产者之间的劳动交换关系。横介在价值与使用价值之间的是交换价值,它反映的是一种使用价值与另一种使用价值相互交换的量的关系或比例。人类生产的目的本是为了使用价值,但资本主义社会却更注重价值及交换价值。

生态社会主义主张“重视使用价值”,提出以使用价值代替交换价值的相关论断,并以此丰富马克思主义对抽象劳动和交换价值的理论分析。生态社会主义认为,商品生产在资本逻辑的病态扭曲境遇中,商品生产纯粹是为加速交换过

① [美]乔尔·柯维尔,[法]迈克尔·洛威.生态社会主义宣言[J].李楠,译.绿叶,2008(12):96-100.

程并获取利润服务，这种商品生产悬置了商品的使用价值。即是说，在人与自然的双向互动过程中，资本以交换价值为准线，抛弃了使用价值的内在限度，从而使商品生产一般化——一般化为交换，而不是使用。一般化的商品生产在贬低商品的使用价值的同时，也意味着人与自然的正义关系被破坏——生产服务于无休止的商品交换，必然造成资源浪费以至破坏环境。若要恢复人与自然的正义关系，就必须削弱资本的控制力量，并恢复使用价值的有用性，即重视商品的使用价值。从对使用价值这一点的重视程度来看，生态社会主义正义观丰富了马克思主义的“劳动价值论”。

其三，生态社会主义正义观丰富了马克思主义预想的“自由人联合体”。

马克思、恩格斯在《共产党宣言》中写道：“代替那存在着阶级和阶级对立的资产阶级旧社会的，将是这样一个联合体，在那里，每个人的自由发展是一切人的自由发展的条件。”①马克思、恩格斯对共产主义的设想建立在对生产力、生产关系等科学分析之上，试图去除资本主义制度笼罩下的诸多限制，建构一种摆脱束缚实现人的解放与自由的存在状态，即自由人的联合体。

科威尔在批判性考察传统社会主义时说，“实际存在的社会主义”并没有克服不劳动者控制生产资料这一问题。进一步讲，“实际存在的社会主义”没有实现生产的联合，并不是真正的社会主义。显然，科威尔试图将马克思主义的“自由人联合体”改造成“生产者联合体”。如其所言：“生产者自由联合的概念无疑是马克思社会主义的基石。”②无独有偶，福斯特也将未来社会设想为“生产者联合起来的社会”。福斯特在《马克思的生态学》中说：“生产者联合起来的社会将不得不通过理性的方式建设而成，并且是建立在理解人类和地球之间新陈代谢关系的基础之上的。”③在这里，福斯特借用了马克思在《1844 年经济学哲学手

① 中共中央马克思恩格斯列宁斯大林著作编译局. 马克思恩格斯选集（第 1 卷）[M]. 北京：人民出版社，2012：422.

② ［美］乔尔·科威尔. 自然的敌人：资本主义的终结还是世界的毁灭？[M]. 杨燕飞，冯春涌，译. 北京：中央民族大学出版社，2015：180.

③ ［美］约翰·贝拉米·福斯特. 马克思的生态学：唯物主义与自然[M]. 刘仁胜，肖峰，译. 北京：高等教育出版社，2006：246.

稿》中引入的“联合生产”这个概念，并结合马克思《资本论》中的“新陈代谢”概念，从而得出结论，建构在这个概念上的未来社会将是合理地调节人和自然之间的物质变换的生产者联合体，就成为可能。生态社会主义是指这样一个社会：“生产是由自由联合劳动力开展的，使用的是以生态为中心的方式，实现以生态为中心的目标。当整个社会都以这种生产方式生产时，我们可将这种生产方式称为生产模式。因此生态社会主义生产模式就是生产模式以生态为中心的社会。这并不是说就没有其他生产形式并存。的确，在可预知的未来，特定的市场，也就是说商品，必然继续在生态社会主义社会中存在。然而，社会协调组织，如国家、公民社会、文化、宗教等，都将围绕生态中心生产运行，而这种运作模式同样能限制市场，使其遵照生态中心生产规范运作，而不是为了牟取暴利。”①显然，生态社会主义基于生产性正义的论证是对马克思主义“自由人联合体”的改造，它标明了实现最终自由的中间阶段，因而是对马克思主义正义观的丰富。

总体而言，生态社会主义正义观集成和丰富了马克思主义正义观，在保留马克思主义正义精髓的同时，试图将马克思主义正义观同生态问题结合起来，阐述一种社会化的、生态化的正义观。但是，我们并不能傻傻地陷于对生态社会主义正义观的乐观陶醉之中，还应该清醒地看到生态社会主义对马克思主义正义观的一些误读，甚至是背弃。

（三）生态社会主义与马克思主义正义观的分殊

在欧洲生态运动势头高涨的时代背景下，以佩珀、科威尔等为代表的生态社会主义者认为，马克思主义从经济危机视角论证了正义问题的方法已经不能适应当今资本主义社会生态危机日趋严峻的现状，应该用生态危机来代替经济危机，这样才能更清晰地解释资本主义社会的现实问题，进而进行变革。尽管生态社会主义与马克思主义的正义观在某些方面保持了一致，但生态社会主义对资本主义社会的基本矛盾、社会变革力量以及社会主义的基本旨趣等方面的论证

① [美]乔尔·科威尔.自然的敌人:资本主义的终结还是世界的毁灭?[M].杨燕飞,冯春涌,译.北京:中央民族大学出版社,2015:201.

却背离了马克思主义的立场与基本观点。

其一,关于资本主义社会基本矛盾的阐释,生态社会主义与马克思主义存有差异。社会基本矛盾与正义或非正义的程度有直接相关性。按照马克思主义的观点,生产的社会化与生产资料的私人占有之间的矛盾是资本主义社会的基本矛盾,这一基本矛盾造成生产过程中人与自然之间的不平等地位(人凌驾于自然),进而造成了人与人之间的不公正(阶级对立),最终造成社会整体的非正义性。用恩格斯的话来说:"现在按社会方式生产的产品已经不归那些真正使用生产资料和真正生产这些产品的人占有,而是归资本家占有……生产方式虽然已经消灭了这一占有形式的前提,但是它仍然服从于这一占有形式。赋予新的生产方式以资本主义性质的这一矛盾,已经包含着现代的一切冲突的萌芽。"①与马克思主义的阐释方式不同,生态社会主义认为,资本主义社会不仅存在生产力和生产关系这一社会的基本矛盾,而且还存在资本主义制度的另一对矛盾,即:生产关系与生产条件之间的矛盾。前者为资本主义社会的第一重矛盾,后者为第二重矛盾。生态社会主义系统论述了所谓的资本主义社会的第二重矛盾。他们认为,"'新社会运动'或包括生产内部的斗争在内的社会斗争是社会转型的重要力量,生产条件的再生产和社会关系构成了社会转型的直接目的。"②显然,生态社会主义把资本主义社会的非正义性直接归咎于包括自然资源在内的生产条件同社会关系之间的矛盾。这样,基于生态问题的人与自然之间的非正义性就有了更为直接的联系。因此,本文认为,基于资本主义社会基本矛盾的正义阐释,马克思主义重第一类矛盾而轻第二类矛盾,生态社会主义则重第二类矛盾而轻第一类矛盾。

其二,关于社会变革的动力的阐释,生态社会主义与马克思主义之间存有差异。生态社会主义基于对资本主义社会基本矛盾的不同认识,轻视了经济危机

---

① 中共中央马克思恩格斯列宁斯大林著作编译局.马克思恩格斯选集(第3卷).北京:人民出版社,2012:658.

② 曾文婷."生态学马克思主义"研究[M].重庆:重庆出版社,2008:182.

变革的作用,同时也夸大了生态危机变革的作用。首先,生态社会主义者轻视了经济危机的社会变革作用。他们主张放弃马克思主义的经济危机理论,想仅仅用马克思主义的方法来分析和揭露生态危机引发的社会非正义问题,即抛弃在经济范畴讨论正义问题,转向正义问题的生态追问。其次,生态社会主义者夸大了生态危机对于社会主义革命的作用。生态社会主义以资本主义社会的第二重矛盾为基点,认为资本主义社会的主要矛盾是生产条件同社会关系,抑或"社会再生产的资本主义关系及力量"之间的矛盾。资本有可能对其自身的生产条件进行有计划的破坏,而资本主义国家又无法对这些生产条件予以足够的保护。因此,奥康纳在《自然的理由》中说:"在任何一种情况下,以下这一点都是非常明确的:环境破坏的问题不应该仅仅放在资本的纬度上来加以审视,国家与自然界的危机之间存在着非常深刻的内在联系。"①最后,在社会发展的主体动力方面,生态社会主义的正义观所关注的核心问题与马克思主义的正义观也并非完全一致。马克思主义正义观生态视域的实质是人与自然的和谐共生以及人与人之间、人与社会之间的生态利益问题。当代生态正义所映射出来的人与自然的对立关系实际上是人与人的对立关系造成的,是不同阶级追求自身利益、短期利益所造成的恶果。因此当代社会生态正义的实现客观上要求协调不同主体之间的利益差别,处理眼前利益与长远利益之间的冲突,以便使人类能够继续生存和发展。

显然,生态社会主义夸大了生态危机在社会变革中的力量,否认了马克思主义关于资本主义社会基本矛盾的论述。除此之外,生态社会主义在夸大生态危机的变革作用的同时,忽视了促进社会变革的其他因素,例如他们不再相信科学技术的变革力量等。"事实上,任何社会变革不是单靠某一领域内的斗争比如生态危机和生态革命就能成功的,它是一个复杂的社会运动,它的实现不仅需要经

---

① [美]詹姆斯·奥康纳.自然的理由:生态学马克思主义研究[M].唐正东,臧佩洪,译.南京:南京大学出版社,2003:247-248.

济基础的斗争,还需要上层建筑的变革。"①马克思主义所讲的社会变革力量是一个动力系统。换言之,基于生态危机的正义探讨是一个体系庞大、各因素错综复杂的问题,因而系统、全面地考究生态问题才能客观把握正义变革的社会力量。

其三,关于社会主义基本旨趣的阐释,生态社会主义与马克思主义存有差异。曾文婷在《生态学马克思主义研究》中说:生态社会主义认为,"社会主义应该是绿色的,为了保护生态环境,必须限制经济的过度发展;他们不重视所有制问题,主张实行混合经济;他们反对实行无产阶级专政,主张社会改良的方法"②。可以更清楚地说:

——关于社会主义的基本特征,马克思主义认为是社会生产力的高度发达,生态社会主义则认为是可持续经济发展模式。

——关于社会主义的根本标志,马克思主义认为是消灭私有制实行公有制,生态社会主义则认为是计划与市场相结合的混合制模式。

——关于过渡时期的政治模式,马克思主义认为应该实行无产阶级专政;生态社会主义则反对权力集中,主张实行基层民主制度。

综合来看,生态社会主义者始终以马克思主义的立场标榜自我身份,也在积极地运用马克思主义正义观探讨和分析人与自然、人与人以及人与社会的关系,并给出了未来社会主义正义前景的蓝图。但是,由于受到西方马克思主义的影响,他们碎片化地理解和重释马克思主义正义观的基本做法是一种真切地误读。因而,客观地、科学地分析生态社会主义的理论贡献与局限就成为必要。

三、生态社会主义正义观的理论贡献

生态社会主义正义观的理论贡献主要表现在三个方面:一是为批判资本主义非正义性提供新视角,二是为重释马克思主义正义观提供新理路,三是图绘了社会正义与生态和谐发展新模式。

---

① 姚燕.生态马克思主义和历史唯物主义——对九十年代以来生态马克思主义的思考[M].北京:光明日报出版社,2010:90-91.

② 曾文婷."生态学马克思主义"研究[M].重庆:重庆出版社,2008:186.

（一）祛蔽求真为批判资本主义非正义性提供新视角

苏东剧变以后，社会主义思潮在世界范围内开始了新一轮对资本主义的批判和对社会主义的探索，并产生了不少流派。应该说，各种社会主义思潮均以对资本主义社会的政治、经济、社会等问题进行批判为主要内容，生态社会主义把批判的主要矛头对准生态环境问题，从不同侧面批判了资本主义制度的弊端，为我们认识当代资本主义，如何走社会主义道路提供了一种崭新的理论视角。生态社会主义后期的理论发展中所阐述的社会主义愿景有别于其他社会主义思潮的模式，生态社会主义主要以经济的适度发展为基本手段，以消除异化生活为表征，以实现社会的公正为主旨。资本主义制度的不正义性体现在资产阶级以对生产资料的占有为基础雇佣劳动进行生产，满足其追求利润的需要，这种不正义必然会导致生态危机。生态社会主义在对生态危机根源问题研究的问题上，用全面的经济社会批判取代了单一的资本主义生产方式批判。这一批判分析具有综合性和历史合理性，在一定意义上可以说生态社会主义还原了马克思在生态问题论述上的现实解释力，但从马克思主义的理论来看，这一思潮对资本主义制度的批判力度不够，由于解决环境问题的关键应当通过协调社会关系和改变社会结构来维护人与自然的和谐统一。不过，通过对资本主义生态问题的批判，可以使我们重新调整自身的发展观，树立维护生态系统平衡的信心，并最终使人们深切感受到社会主义在生态问题和社会公平正义问题处理上的优越性。

可以说，生态社会主义对“社会正义”问题的思考，以自己独特的视角探讨了当代全球环境问题和人类发展困境问题。这一思考引发了人们对社会正义问题的关注，也为我们对社会正义问题的研究隐约指明了方向：即社会正义所表达的是“人类对现实生活世界的批判和反思”，它“体现了人类生命不满足现状的存在本性，以及对人类生存状态和意义的终极关照”①。

综上所述，生态社会主义的“社会正义”观主要是通过对当前生态危机的资

① 毛勒堂. 什么是正义？——多维度的综合考察[J]. 云南师范大学学报（哲学社会科学版），2006(3)：112－118.

本主义制度根源以及资本主义社会生产方式非正义性的批判和揭露,找到一条消除生态危机、通往社会正义之路,即实行社会变革,改变资本主义社会人与人之间不平等的生态环境关系,建立一种人与环境之间平等、和谐关系的生态社会主义社会。不过,值得我们注意的是,它毕竟是产生于当代西方资本主义语境下的社会思潮,不可能对社会正义有准确或完整的理解和把握。对此,我们应以马克思主义为指导,对其进行具体的、历史的分析。研究生态社会主义"社会正义"理论的目的就在于,从人类社会发展的实际出发,通过借鉴生态社会主义的"社会正义"理论资源,使我们正确处理人与自然的关系,树立正确的生态道德价值观并能为构建生态文明和和谐社会提供更多有价值的理论资源。

虽然生态社会主义提出了一整套解决生态危机的理论,如反对奢侈浪费、反对生态殖民主义、反对霸权主义、主张废除资本主义、实行真正的民主、对经济进行调控等,而且这些理论在对当前生态危机的资本主义制度根源以及资本主义社会生产方式非正义性的批判和揭露上可以看成是一种以变革社会关系为基础的社会批判和社会建构理论,但这一思潮在实质上与西方马克思主义有些流派的思想是一致的,他们在政治上都难以发挥马克思主义的政治功能。因此,从严格的意义上来说,他们并没有真正从理论上解决马克思主义想解决的生态正义问题。生态社会主义对发达资本主义变革战略的探索以及实现正义价值理想的设计把握上,始终以生态保护为核心,这样的解决路径,无论在经济上还是在政治上将始终找不到现实可行的实现途径。

(二)登高博见为重释马克思主义正义观提供新理路

在生态社会主义看来,马克思主义的经济危机崩溃论未能在西方资本主义社会上演的原因在于高速增长的经济态势延缓了经济危机的出现。因此,马克思主义基本原理与方法虽然有效,但重释马克思主义理论的传统方法已然不能适应当下需求,只有开辟重释马克思主义理论的新理路才能激发马克思主义的生命力,才能唤起人类生态环保意识的觉醒。本文以为,生态社会主义为重释马克思主义正义观提供的新理路表现在三个方面:

其一,生态社会主义为重释马克思主义正义观提供了新的思维范式。生态社会主义认为,马克思主义对资本主义社会的剖析是基于经济视角的主客两分的思维范式。这种范式只适合简单对象,在越来越错综复杂的社会,这种思维范式显然已经过时。生态思维范式的特点表现在:“一是从线性因果分析过渡到网状因果关系分析。二是从整体的永恒变化过程去探求秩序。三是从追求数学推理的解析性、严谨性和完美性转向生态思维的灵活性、模糊性和模型性。四是研究的最终目的不是寻求系统的某种最终发现或解决问题的最优方案,而是着眼于对系统过程的学习、了解和探索合理发展的途径。它克服了还原论对人与自然的分离,对人本身的身心分离以及对自然各个要素之间的分离……改变了主客二分的思维模式。”①在随后的政治实践中,绿色分子就将其写入绿党纲领之中。斯普雷纳克(Charlene Spretnak)在《绿色政治:全球的希望》中说,生态思维范式“代表一种完整的理论,它与那种片面的、以要求更多生产为牌号的政治学是对立的。我们的政策以未来的长远观点为指导,以四个基本原则为其基础:生态学、社会责任感、基层民主以及非暴力”②。

其二,生态社会主义为马克思主义正义观的重释提供了新的价值观。在生态政治思维的范式下,生态社会主义积极倡导政治行动的绿色引领。从前文的分析来看,绿色价值观旨在摒弃集权主义制式下经济增长的无限制和无规划性,以满足自然状态下的人类审美需求。不仅如此,生态社会主义把环境质量、社会公平、参与制民主当作当今社会估价现代社会的价值标准。他们认为,只有这样,才能把人类利益与自然利益统一起来,才能防止出现物质主义倾向。显然,生态社会主义以缩减生产的方式换得社会的公平与正义,并试图以一种政治的、伦理的方式为社会正义提供保障。

其三,生态社会主义为重释马克思主义正义观提供了新的目标指向。马克思主义的历史唯物主义把社会发展归结为物质生产,并认为生产力决定生产关

① 王国聘. 现代生态思维方式的哲学价值[J]. 南京工业大学学报(社会科学版),2002(1):16-17,26.

② [美]弗·卡普拉,查·斯普雷纳克. 绿色政治:全球的希望[M]. 石音,译. 北京:东方出版社,1988:58.

系,经济基础决定上层建筑。因而,社会变革的决定因素是生产方式的变革,是经济领域的变革。也只有首先发起经济领域的变革,才能推翻资本主义的非正义性统治。当然,关于这一点,生态社会主义理论家深信不疑。正如佩珀所言:"尽管没有忽视社会化、教育和观念的力量,社会变革和历史发展的途径将是唯物主义的——承认经济组织和物质事件在影响意识和行为中的关键重要性。从一个全球视角看,潜藏的阶级冲突仍潜在地是一种强大的变革力量,而阶级分析也依然重要。"①与此同时,生态社会主义也认为,马克思主义的批判和建构理路完全基于人的经济存在,这就否定了人类的其他存在形态的合理性与合法性。尽管生态危机是经济危机的后果,但它的严重性远远超过经济危机的灾难,因为生态危机威胁了人类的存在安全。生态社会主义基于当今生态危机的严重性,认为生态存在才是社会公平、环境正义和自然平等的现实指向。简言之,生态存在是人类合理的存在形态。在这一点上,可以说,生态社会主义为重释马克思主义正义观提供了新的目标指向。

以上看来,无论是从思维范式,还是价值观念以及新的目标指向,我们有理由相信生态社会主义为马克思主义正义观的重释提供了新理路。生态社会主义正义观并非空穴来风,而是有其理论基础和理论参照,是借众多理论所长,合理吸收各派资源打造而成,是登高博见的最终结果。回顾"理论基点",以资证明。

(三)兼容并蓄图绘社会正义与生态和谐发展新模式

生态社会主义正义观从一个新的角度反思人与自然的关系,这一理论立足于当前的生态危机揭露和批判了资本主义社会的时弊,并把社会正义的实现同生态危机的解决联系起来。

生态社会主义正义观扩大了马克思主义理论在西方社会的影响,也在一定意义上拓宽了生态问题的当代发展道路。佩珀提出要将社会正义的原则注入环境原则之中。现代社会之所以出现严重的生态环境问题从根本上说是资本主义

---

① [英]戴维·佩珀.生态社会主义:从深生态学到社会正义[M].刘颖,译.济南:山东大学出版社,2012:284.

制度产生的不公造成的。佩珀指出环境难题应包括“街道暴力、交通污染和交通事故、内部城市的衰败、缺少社会服务、共同体和乡村可接近性的丧失、健康和工作安全,而最重要的是失业和贫穷”①。因此,要消除这些难题就应该将社会主义的原则注入环境议题中,“基本的社会主义原则——平等、消灭资本主义和贫穷、根据需要分配资源和对我们生活于共同体的民主控制——也是基本的环境原则”②。生态社会主义主张现代化的社会发展必须协调人与自然的和谐关系,主张在人与人、人与环境之间建立一种平等和谐的关系,反对利己主义。这为我们认识和解决人与自然之间的问题,构建人与自然和谐的社会主义社会提供了理论借鉴。此外,生态社会主义还通过对资本主义衍生出的“生态帝国主义”在国际政治、经济、生态等问题上的非正义性进行批判,进一步揭示了资本主义生产方式与全球生态危机之间的联系。这对我们观察和认识生态问题,透视“生态殖民主义”的本质有一定的积极意义。

虽然生态社会主义的这一理想不可避免地带有乌托邦的烙印,但是这些构想也正好表明了生态社会主义对资本主义制度的否定和批判,对科学社会主义理论也是一种有益补充。同时,也给中国特色社会主义生态文明建设提供了可资借鉴的理论资源,对在建设中国特色社会主义市场经济的过程中正确认识人与自然的和谐共生关系,在社会发展的进程中注重社会公平,包括代际的公平公正等问题上都具有极为重要的现实意义和进步意义,是一种新的探索。

四、生态社会主义正义观的理论局限

围绕环境问题所解决的具体问题,在深化社会正义理论内容的同时,也使人们对生态社会主义“正义”的实现产生了忧虑。因为生态社会主义正义观往往停留于对现实模糊的批判和对理想社会“生态乌托邦”式的构建,缺乏理论内部的连贯性阐释和切实的实践方案。因此,生态社会主义作为一种激进的思想和理

① [英]戴维·佩珀. 生态社会主义:从深生态学到社会正义[M]. 刘颖,译. 济南:山东大学出版社,2012:283.

② [英]戴维·佩珀. 生态社会主义:从深生态学到社会正义[M]. 刘颖,译. 济南:山东大学出版社,2012:284.

论是不成熟的，其理想目标、理论基础、策略主张以及发展道路等都与科学社会主义有原则上的不同。

（一）生态社会主义正义分析的非现实性

生态社会主义在对发达资本主义批判基础上所提出的对社会正义理想的建构，采取的往往是一些普遍性的正义原则，缺乏对现实的人存在的具体状态的分析。

生态社会主义试图用生态共同体取代经济共同体的主张是不可能从根本上解决环境问题的。

当广大发展中国家乃至贫穷落后国家在难以生存下去的情况下，对待经济的过度增长，我们应该警惕借发展之名而破坏生态环境，将环境视为索取资源的客体对象的“畸形发展”状况。但是，如果不以经济的增长为基础也不可能从根本上解决环境问题。我们应该深入到不同的发展中国家内部，对它们进行具体分析和透视，并依据不同国家和民族的经济发展状况以及对环境所承担的责任差异来提出具有可操作性的、能合理地解决生态危机的途径和方法。如在经济理论上，生态社会主义主张的小而美的“稳态”经济模式虽有可取之处，但企图以追求经济的“零”增长和产品质量为前提，来满足人们日益增长的物质文化需要，这在当今世界巨大的人口数量的物质需求总量以及对美好生活质量的高要求的巨大压力下，是不切合实际的，会带来新的供应不足的严重后果。对于多数发展中国家来说，发展经济、摆脱贫穷、解决温饱、保障健康是当务之急。如果实行“稳态经济”模式，只能维持现存世界各国不平等的现状，这一问题如何解决？当广大发展中国家乃至贫穷落后国家在难以生存下去的情况下，如何遵循理性“适度”原则？对于这样的问题，生态社会主义并没有提出切实可行的方案。众所周知，人类社会的进步总是以人类与自然的物质交换来满足人类需要的，如果以自然资源的稀缺为借口剥夺发展中国家特别是贫穷、落后国家发展的权利，这样背景下实现的发展只能是凌驾于人的自我发展和日常生活之上的社会发展。因为在现代社会的发展过程中“资源稀缺”可能会成为经常性的状态。我们知道，生产力发展的促进和阻碍因素是生产关系而不是生态关系。在人与自然的关系上，我们不应否定人的基本权利和自由，应从人的利益出发，依靠人的主观创造性去调整自身对环境的态度，规范自己的行为，从而更合理地理解并实现人的权利和自由，正确行使人对自然的权利和义务。我们既要强调自然对于人具有的外在价值，以保护环境，维持生态平衡，又要看到人类的基本利益是实现发展的必要条件。我们应该深入到不同的发展中国家内部，对它们进行具体的分析和透视。也就是说，我们对"正义"的理解不应"仅仅停留在对外部的一种秩序和规则的简单认同和据之践行上"，而应该深入到各种"制度和秩序背后是否蕴含着对人的存在本质及其自由生活的价值承诺"①之中去理解。否则的话，我们只能成为空谈社会正义的理想主义者，而不可能使人真正的正义"权利"得以实现。

（二）生态社会主义正义方案的非本质性

20 世纪 90 年代以后的生态社会主义认为资本主义制度本身是生态危机的根源所在，并对发达资本主义国家把生态危机转移给发展中国家的"侵略"行径称之为"生态帝国主义"。生态社会主义要求从根本上变革资本主义，从而建立一个绿色的生态社会主义。虽然这一构想从生态意义上有其借鉴的地方，但是从社会整体的发展来看，其变革资本主义的战略探索以及在实现社会正义的途径和方向说却存在一些问题。

第一，生态社会主义批判和揭露资本主义社会制度和其生产方式的不公正性是以人和自然的对抗性关系为出发点的，他们把人类社会历史的发展过程中始终伴随着的人和自然之间的矛盾问题看成是社会的主要矛盾，这就将人与自然这一人类社会共同存在的普遍矛盾取代了资本主义的基本矛盾。马克思、恩格斯曾指出"对自然界的这种特定关系，是由社会形式决定的"②，因此，生产资料所有制不同，人与自然以及人与人的关系也随之发生变化。生态社会主义这种对于资本主义社会主要矛盾的误判直接地影响了其对生态社会主义发展道路

---

① 毛勒堂. 什么是正义？——多维度的综合考察[J]. 云南师范大学学报（哲学社会科学版），2006(3)：112－118.

② 中共中央马克思恩格斯列宁斯大林著作编译局. 马克思恩格斯选集（第 1 卷）[M]. 北京：人民出版社，2012：161.

的选择，背离了科学社会主义的价值取向。

第二，生态社会主义反对阶级分析法。生态社会主义者对资本主义制度坚持改良主义的态度，在他们看来资本主义是有能力消解生态危机的。他们从自由市场、基层民主和分散化的经济等方面对资本主义的批判，但只是涉及了资本主义的局部改造和修正，并没有触及资本主义的根本制度。

第三，生态社会主义主张实行一种"混合型"的社会主义经济模式。这种社会主义主张把市场与计划相结合、集中与分散相统一、中央与地方的作用相互补充，这种社会主义的经济注重生产资料的管理，但缺乏对生产资料的所有制问题的重视。而且这种经济制度同科学社会主义是有着本质的区别，工人阶级看似参与对生产资料的管理，可以保障自身权利，但在不触及资本主义所有制的前提下进行参与式的管理对于资本主义制度下劳资双方的关系是无法从根本上得到改善的。从政治上来看，生态社会主义主张的基层民主与自治、实现社会正义也是难以实现的。

生态社会主义将其理论体系建构在伦理价值之上，试图以对生态问题的批判来代替对人类社会基本矛盾的认识，因此，他们的生态社会主义理想注定是无法实现的。我们认为生态危机的真正克服，一方面在于人们生态意识的提高，即由浅层生态意识向深层生态意识的发展，由片面地限制性发展向更高基础上的人的创造性的发展；另一方面，虽然生态社会主义在分析资本主义的生产方式来解释环境危机的过程中抓住了问题的核心，但从社会正义的角度来看，我们是否可以接受通过自然环境的发展变化到实现"社会正义"这一路径？我们认为，仅仅从生态学转向社会正义并不能克服生态社会主义理论的内在缺陷。将资本主义社会的基本矛盾转化为人与自然的矛盾，把生态看成是凌驾于经济问题之上的问题，或用"生态危机"取代"经济危机"，必然导致资本主义社会的基本矛盾被人与自然的矛盾所取代。这种分析背离了马克思主义关于资本主义社会基本矛盾的基本理论。

环境问题的真正原因是社会关系和社会结构的非正义性。由于资本主义制度所导致的人与自然关系的处理方式出现了问题，造成了资本主义制度框架下其内部生态环境的恶化。因此，解决环境问题的关键也就理所应当地集中到通过协调社会关系和改变社会结构来维护人与自然和谐统一,重建社会正义的路径。因为正是社会关系的这种不平等或非正义性才导致了人与自然关系的恶化,才塑成了一种试图主宰自然的价值观念。

(三)生态社会主义正义愿景的乌托邦性质

生态社会主义对发达资本主义变革战略的"正义"理想的设计具有主观、改良的色彩,带有乌托邦的性质。

首先,生态社会主义对资本主义社会人们"控制自然"观念的分析可能会促使资产阶级生态意识的觉醒,并在自身生产关系范围内调整经济合理性与生态合理性的冲突与矛盾。但是他们早期把生态危机的原因归于人们的消费观念和消费方式却偏离了历史唯物主义视角。

在马克思主义理论视域中,观念本身也是对人类社会生活和社会实践的一种反映,马克思指出:"观念的东西不外是移入人的头脑并在人的头脑中改造过的物质的东西而已。"①人们的消费观念和消费方式是和一定的社会生产方式联系在一起的,当人们的生活并不富裕,简单地倡导"更少的劳动、更好的生活",强调"人的满足最终在于生产活动而不在于消费活动"等观点就会显得贫乏而缺乏历史厚重感。"控制自然"的观念本身并不是生态危机的根源。生态危机的真正根源应从人们"控制自然"的社会制度及其生产方式中去寻找。从生态社会主义所反对的人类中心主义观点来看,虽然我们不提倡人类中心主义的价值观,但是我们也并不能简单否定以人类为中心的价值观,关键在于我们所强调的"中心"是什么"中心"。当然理论意义上的"中心"是不存在的,"人类中心"观念主要是一种价值观念,这种价值观念意味着人在自然界面前的自我权利和责任意识,意味着人行为的出发点和选择的界限所在。由此,我们所要做的工作是反思、批判和超越传统的人类中心主义,树立一种有节制的、温和的、合理的人类中心主义。因为无论在任何时候和任何条件下,我们都需要利用自然来为人类造福。而且在生态价值观上,我们并不

---

① 中共中央马克思恩格斯列宁斯大林著作编译局. 马克思恩格斯选集(第2卷)[M]. 北京:人民出版社,2012:93.

反对限制人类消费行为的观念,但这种限制也是有其限度的。我们主张通过人类自然意识的唤醒并在充分尊重自然规律和人类生存和发展权利的基础上来平衡对自然的重任和义务问题,并合理地找寻人类可持续发展的路径。

其次,生态社会主义这一流派的许多学者都主张用小规模的技术去取代由于大规模的技术生产所带来的生态危机,他们的这一愿景带有主观臆断的色彩,因为它是否符合技术发展的规律还很难断定。另外,由于将人与自然关系问题放在首要地位,这就使生态社会主义在实践社会主义道路时,以人的需求为动力,正如阿格尔所说:"我们不是主张把生产资料归还给工人(虽然不排除这是一种可能的政治目标),而是主张把创造理性和自我指导性交还给长期生活在专家奴役之下的工人。"①在阿格尔的理论中,对于实现生态社会主义和无产阶级的自由和解放问题,显然是带有乌托邦的性质。因此在实现"正义"动力方面也有较多的空想成分。尽管生态社会主义的确是从现实经济生活的角度来介入对资本主义的批判,但由于其大多无法了解经济生活的文化及政治意义,看不到资本主义发展过程中的结构性转型,因而生态社会主义大多停留在消费不足的层面上。

再次,生态社会主义认为,社会变革的主体力量和领导力量包括"中间阶层",主要是指知识分子、青年学生和工会。在他们看来,工人阶级是不能领导这场所谓的"生态革命"的。因为革命的动力应该是自于人的需求,因此,不能以阶级的立场来划分,而应该"以觉悟和知识"来划分革命的动力与非动力,这就偏离了马克思主义的阶级分析方法,淡化了资本主义社会的基本矛盾。

大部分生态社会主义者都接受了西方马克思主义者的观点,即工人阶级已经被当代资本主义社会同化了,并失去了战斗力和革命性,所以在生态社会主义看来,工人阶级无法承担起马克思主义所说的社会革命的领导重任,加之西方社会的中间力量不断分化,生态社会主义者对他们失去了信心。未来革命的领导力量将取决于各主体主观条件的成熟,而不是主观地把某个社会集团设为领导力量。生态社会主义者认为工人阶级和工会应该受到重视。他们认为,随着生活水平的不

---

① [加]本·阿格尔.西方马克思主义概论[M].慎之,等译.北京:中国人民大学出版社,1991:515.

断提高和工人阶级人数的相对减少，工人阶级已经逐渐丧失了自身的革命性和批判性，进而丧失了资本主义“掘墓人”的历史作用。当然，虽然工人阶级缺乏“生态意识”，很难成为领导阶级，但他们毕竟是从事社会直接的生产劳动、也直接跟自然进行物质交换，他们的生产和生活将直接受到环境污染的危害，因此工人阶级仍然蕴藏巨大的革命性，这一特性一旦被激发出来将是一股巨大的力量。

最后，生态社会主义认为，当代资本主义社会中的各种社会运动和社会力量可以形成一支世界性的“反资本主义体系的力量”。这些力量包括：反战和平运动、反种族主义运动、反生态帝国主义运动以及生态女性主义运动等。这些从本质上来看与科学社会主义所揭示的无产阶级的历史使命是有一致性的。

不管怎样，作为伴随着生态环境问题日益扩大和人们生态环境意识的觉醒而产生的一种社会思潮，虽然对“正义”理想的设计上带有明显的乌托邦色彩，这一研究路径也不可能从理论上真正解决社会的正义问题，但生态社会主义在对现行的资本主义制度的批判和否定上是一种新的探索，而且不可否认的是生态社会主义对正义的思考定位为实现“社会正义”提供了一个全新的思路，它提出的某些观点是有一定参考价值的思想资源。当代社会主义理论家意大利学者卢西那·卡斯特林（Rusina Kasterina）在《为什么“红的”一定是“绿的”》一文中指出，生态学的马克思主义“无疑是代表了我们这个世纪的最后岁月里马克思主义发展的一个新阶段”①。

对生态社会主义正义观，我们既有分析又有批判，但足以让我们全面把握生态社会主义正义观。理论分析要为现实服务，正如马克思在《关于费尔巴哈的提纲》第十一条中的经典概括：“哲学家们只是用不同的方式解释世界，而问题在于改变世界。”②现在，我们必须从新时代中国特色社会主义的现实出发去考察和借鉴生态社会主义正义观的有益滋养。

---

① 转引自俞可平主编. 全球化时代的“社会主义”——九十年代国外社会主义述评[M]. 北京：中央编译出版社，1998：211.

② 中共中央马克思恩格斯列宁斯大林著作编译局. 马克思恩格斯选集（第1卷）[M]. 北京：人民出版社，2012：140.

主要参考文献

[1]中共中央马克思恩格斯列宁斯大林著作编译局:《马克思恩格斯文集》第1—10卷,人民出版社2009年版。

[2]中共中央马克思恩格斯列宁斯大林著作编译局:《马克思恩格斯选集》第1—4卷,人民出版社2012年版。

[3]中共中央马克思恩格斯列宁斯大林著作编译局:《列宁选集》第1—4卷,人民出版社,2012年版。

[4]毛泽东:《毛泽东选集》第1—4卷,人民出版社1991年版。

[5]邓小平:《邓小平文选》第三卷,人民出版社1993年版。

[6]习近平:《习近平谈治国理政》第1—4,外文出版社2022年版。

[7]世界环境与发展委员会:《我们共同的未来》,王之佳、柯金良,等译,吉林人民出版社1997年版。

[8][美]詹姆斯·奥康纳:《自然的理由:生态学马克思主义研究》,唐正东、臧佩洪,译,南京大学出版社2003年版。

[9][法]安德烈·高兹:《资本主义,社会主义,生态:迷失与方向》,彭姝祎译,商务印书馆2018年版。

[10][加]威廉·莱斯:《自然的控制》,岳长岭、李建华,译,重庆出版社2007年版。

[11][加]威廉·莱斯:《满足的限度》,李永学,译,商务印书馆2016年版。

[12][美]丹尼斯·L.米都斯:《增长的极限》,李宝恒,译,四川人民出版社1984年版。

[13][美]蕾切尔·卡森:《寂静的春天》,吕瑞兰、李长生,译,上海译文出版社2008年版。

[14][美]蕾切尔·卡森:《海之滨》,庄安祺,译,北京联合出版公司2019年版。

[15][加]本·阿格尔:《西方马克思主义概论》,慎之,等译,中国人民大学出版社1991年版。

[16][印]萨拉·萨卡:《生态社会主义还是生态资本主义》,张淑兰,译,山东大学出版社2012年版。

[17][日]岩佐茂:《环境的思想:环境保护与马克思主义的结合处》,韩立新,等译,中央编译出版社1997年版。

[18][英]戴维·佩珀:《现代环境主义导论》,宋玉波、朱丹琼,译,格致出版社2011年版。

[19][英]戴维·佩珀:《生态社会主义:从深生态学到社会正义》,刘颖,译,山东大学出版社2012年版。

[20][美]赫伯特·马尔库塞:《单向度的人——发达工业社会意识形态研究》,刘继,译,上海译文出版社1989年版。

[21][美]约翰·贝拉米·福斯特:《生态革命——与地球和平相处》,刘仁胜,等译,人民出版社2015年版。

[22][美]约翰·贝拉米·福斯特:《生态危机与资本主义》,耿建新、宋兴无,译,上海译文出版社2006年版。

[23][美]约翰·贝拉米·福斯特:《马克思的生态学:唯物主义与自然》,刘仁胜、肖峰,译,高等教育出版社2006年版。

[24][美]乔治·科威尔:《自然的敌人:资本主义的终结还是世界的毁灭?》,杨燕飞、冯春涌,译,中国人民大学出版社2015年版。

[25][日]庄司光、宫本宪一:《可怕的公害》,张乙,等译,中国环境科学出版社 1987 年版。

[26][英]乔纳森·休斯:《生态与历史唯物主义》,张晓琼、侯晓滨,译,江苏人民出版社 2011 年版。

[27][美]奥尔多·利奥波德:《沙乡年鉴》,侯文蕙,译,吉林人民出版社 1997 年版。

[28][美]彼得·S. 温茨:《环境正义论》,朱丹琼、宋玉波,译,上海人民出版社 2007 年版。

[29][美]巴里·康芒纳:《封闭的循环》,侯文蕙,译,吉林人民出版社 1997 年版。

[30][美]赫尔曼·E. 达利、小约翰·B. 柯布:《21 世纪生态经济学》,王俊、韩冬筠,译,中央编译出版社 2015 年版。

[31][美]苏珊·格里芬:《女人与自然:她内在的呼号》,毛喻原,译,重庆出版社 2007 年版。

[32][美]戴维·哈维:《正义、自然和差异地理学》,胡大平,译,上海人民出版社 2015 年版。

[33][美]约翰·罗尔斯:《正义论》,何怀宏,等译,中国社会科学出版社 1988 年版。

[34][美]罗伯特·诺齐克:《无政府、国家与乌托邦》,何怀宏,等译,中国社会科学出版社 1991 年版。

[35][英]戴维·米勒:《社会正义原则》,应奇,译,江苏人民出版社 2008 年版。

[36][美]艾伦·布坎南:《马克思与正义》,林进平,译,人民出版社 2013 年版。

[37]陈学明:《生态社会主义》,扬智文化事业股份有限公司 2003 年版。

[38]陈学明:《谁是罪魁祸首——追寻生态危机的根源》,人民出版社 2012 年版。

[39]徐觉哉:《社会主义流派史》,上海人民出版社2007年版。

[40]王雨辰:《伦理批判与道德乌托邦——西方马克思主义伦理思想研究》,人民出版社2014年版。

[41]王雨辰:《生态批判与绿色乌托邦——生态学马克思主义理论研究》,人民出版社2009年版。

[42]刘仁胜:《生态马克思主义概论》,中央编译出版社2007年版。

[43]俞可平:《全球化时代的"社会主义"——九十年代国外社会主义述评》,中央编译出版社1998年版。

[44]郭剑仁:《生态地批判——福斯特的生态学马克思主义思想研究》,人民出版社2008年版。

[45]李惠斌、薛晓源、王治河:《生态文明与马克思主义》,中央编译出版社2008年版。

[46]陈永森、蔡华杰:《人的解放与自然的解放:生态社会主义研究》,学习出版社2015年版。

[47]郇庆治:《绿色乌托邦:生态主义的社会哲学》,泰山出版社1998年版。

[48]郇庆治主编:《重建现代文明的根基:生态社会主义研究》,北京大学出版社2010年版。

[49]郇庆治:《当代西方绿色左翼政治理论》,北京大学出版社2011年版。

[50]郇庆治:《环境政治学:理论与实践》,山东大学出版社2007年版。

[51]解保军:《马克思自然观的生态哲学意蕴——"红"与"绿"结合的理论先声》,黑龙江人民出版社2002年版。

[52]吴宁:《生态学马克思主义思想简论》上、下册,中国环境出版社2015年版。

[53]田启波:《生态正义研究》,中国社会科学出版社2016年版。

[54]时青昊:《20世纪90年代以后的生态社会主义》,上海人民出版社2009年版。

[55]吴忠民:《社会公正何以可能》,人民出版社2017年版。

[56]万俊人:《正义为何如此脆弱》,经济科学出版社 2012 年版。

[57]廖小明:《生态正义:基于马克思恩格斯生态思想的研究》,人民出版社 2016 年版。

[58]杨谦、王桂艳:《公平与正义问题研究》,广西人民出版社 2018 年版。

[59]James O' Connor, *The Meaning of Economic Imperialism*, Ann Arbor: The Radical Education Project, 1967.

[60]James O' Connor, *The Corporations and The State: Essays in the Theory of Capitalism and Imperialism*, New York: Harper Collins, 1974.

[61] James O' Connor, *Accumulation Crisis*, New York: Basil Blackwell Inc, 1984.

[62]James O' Connor, *The Meaning of Crisis: A Theoretical Introduction*, New York: Basil Blackwell, 1987.

[63]James O' Connor, *Natural Causes: Essays in Ecological Marxism*, New York: The Guilford Press, 1998.

[64]James O' Connor, *The Fiscal Crisis of the State*, New Brunswick & London: Transaction Publishers, 2002.

[65]William Leiss, *The Limits to Satisfaction: An Essay on the Problem of Needs and Commodities*, Kingston and Montreal: McGill-Queen' s University Press, 1988.

[66]André Gorz, *The Division of Labour: the labour process and class-struggle in modern capitalism*, Hassocks: Harvester Press, 1976.

[67]André Gorz, *Ecology As Politics*, Boston: South End Press, 1980.

[68]André Gorz, *Farewell to the Working Class: An Essay on Post-Industrial Socialism*, London Pluto Press, 1982.

[69]André Gorz, *Paths to Paradise: On the Liberation from Work*, London: Pluto Press, 1985.

[70]André Gorz, *Critique of Economic Reason*. London & New York: Verso, 1989.

[71]André Gorz, *Capitalism Socialism Ecology*, London & New York: Verso, 1994.

[72] André Gorz, *Reclaiming Work: Beyond the wage-based society*, Cambridge: Polity Press, 1999.

[73] Joel Kovel, *The Enemy of Nature: The End of The Capitalism or The End of The World? 2nd ed*, London & New York: Zed Books Ltd, 2007.

后　记

随着经济社会的发展,国内生态环境问题日益凸显,生态社会主义研究逐渐成为一种显学,尤其是在中国式现代化征程中,人们不断拓展美好生活意蕴,在追求物质、文化需要发展的同时,逐渐形成对美好生活的生态诉求。由于人类社会与自然是实践基础上的统一体,生态危机与社会危机具有内在的一致性,因而生态环境问题就其实质来说是一个社会问题,要解决生态环境问题必须从社会正义的层面出发,协调人与自然、人与人之间的和谐发展,才能实现人类社会可持续发展。

基于此,我们开展了关于生态正义、社会正义的专门研究,并为此申请了天津市社会科学规划项目"生态社会主义的生态正义观研究"(TJZX15-006),教育部人文社会科学研究项目"国外马克思主义视阈内的社会正义问题研究"(07JA710021),等等。但真正进入这一领域之后,就发现这个殿堂的宏大壮美,需要"十年磨一剑"的定力与耐心进行研究,才有可能"一朝露锋芒"。于是,基于这些项目的成果,我们对生态社会主义正义观继续展开研究,终形成这一本小书。

本书的整体框架和主要内容由王桂艳教授设计、撰写,并完成最终统一定稿,天津师范大学马克思主义学院博士生陈虹(武夷学院马克思主义学院)完成第一章部分内容以及第二章,总计约五万三千字,四川轻化工大学马克思主义学院彭均国也参与了本书的部分写作工作,并对本书的写作提出了富有启发性的见解，这些见解对本书的写作颇有裨益，在此表示感谢。

本书的宗旨是探究生态社会主义这一思潮对西方资本主义社会出现正义危机根源以及实现正义路径的论述，并在“述”的基础上，对生态社会主义正义观进行简要的评析，使读者对生态社会主义正义观有一个较清晰的认识，同时也预留给读者探讨、思考的方向与空间。

那么，生态正义、社会正义到底离我们有多远？生态社会主义通过对“资本的癌性增长”“资本主义经济制度的非正义性生产”“货币的价值通约性”“资本主义政治制度的反生态性”“生态帝国主义的非正义扩张”“科学技术的反生态性”等批判，明确了资本主义非正义性。同时，生态社会主义通过改良的社会主义制度，凝聚多元变革力量，以非暴力革命的方式实现社会领域的变革，以达到生态权益与社会正义的统一，但这具有明显的乌托邦色彩，其构想的生态社会主义社会难以实现生态正义、社会正义。唯有以社会主义制度为根本制度保障，以人民需求为价值取向，配之以切实可行的绿色发展方式以及生活方式，才能实现生态正义、社会正义。因而，在中国式现代化的征程中，如何解决束缚生态正义和社会正义的主客观因素、健全制度保障机制、转变生产生活方式等问题仍是我们努力的研究方向，我们将持续关注这一问题，以期为人与自然和谐共生的现代化发展贡献绵薄之力。

最后，对在本书的写作过程中提供宝贵意见的同仁以及出版社的编校人员，表示衷心地感谢！此外，由于编者水平和能力有限，难免会出现错误或不当之处，敬请各位专家学者批评指正。

2022 年 2 月